AF531875
...LIWICK OF GUERNSEY
LIFE BOATS 1824-1974
COURVOISIER S.A.
GUERNSEY POST OFFICE
PHILATELIC BUREAU
R N
L I
15 JAN 1974
FIRST DAY OF ISSUE

ANKERHERZ

DAS KLEINE BUCH VOM MEER

HELDEN

VON
STEFAN KRUECKEN HRSG.
UND OLAF KANTER

DAS KLEINE BUCH VOM MEER – HELDEN

© Texte: Stefan Kruecken, Hollenstedt (Hrsg.), Olaf Kanter, Hamburg
© Fotografie: Ankerherz Verlag GmbH,
Adobe Stock S. 122–129, iStock S. 107, 168/169, 225,
Alamy S. 12, 30, 34, 50, 56, 59, 62, 65, 84, 76/77, 90, 94, 95, 100, 118, 119, 132, 156–167, 176
Chris Hewitt S. 104, Andree Kaiser S. 128, Christian O. Bruch S. 150, 155,
Princess Cruises S. 181
Illustrationen: Bernd Muss, Hamburg
Titelgestaltung: Susanne Schmaus, Berlin
Buchgestaltung und Satz: Daniela Greven, Berlin, Susanne Schmaus, Berlin
Bildbearbeitung: Markus Drangsal, Berlin
Lektorat: Olaf Kanter, Hamburg
Korrektorat: Sarah Schroepf, Losheim am See

Druck und Bindung: UnitedPress Tipografija , SIA, Riga, Lettland
Gedruckt auf FSC-zertifiziertem, holz- und säurefreiem Papier.
Printed in Latvia.
3 4 5 6 7 26 25 24 23 22

Bibliografische Informationen der Deutschen Nationalbibliothek:
Die Deutsche Nationalbibliothek verzeichnet diese Publikation
in der Deutschen Nationalbibliografie; detaillierte bibliografische
Angaben sind im Internet unter http://d-nb.de abrufbar.

Ankerherz Verlag GmbH, Hollenstedt
info@ankerherz.de
www.ankerherz.de

ISBN 978-3-945877-33-3

INHALT

Vorwort
WAS WIRKLICH ZÄHLT – ÜBER UNSERE HELDEN DER SEE
S.8

1 / Grace Darling
DIE TOCHTER DES LEUCHTTURMWÄRTERS
S.12

2 / Lotsen
DIE UNSICHTBAREN
S.18

3 / Johann Niemann
EIN FAST VERGESSENER HELD
S.24

Piratinnen
DIE VIER GEFÄHRLICHSTEN FRAUEN ZUR SEE
S.54

6 / Alexander Seton
FRAUEN UND KINDER ZUERST!
S.68

7 / Banksy
DAS RETTUNGSBOOT VON BANKSY
S.76

8 / Seenotretter
DIE TODESFAHRT DER VEGESACK
S.80

12 / Störtebeker
VEREHRTER RÄUBER
S.110

Heldenfilme
S.122

13 / Kapitän Schwandt
DAS LETZTE GUTE GEWISSEN
S.128

14 / John Maynard
NOCH ZEHN MINUTEN BIS BUFFALO
S.132

16 / Pete Goss
DIE WENDE
S.168

17 / Kapitän Arma
„DANKE, MEINE GLADIATOREN."
S.178

Gedicht
LAND IN SICHT
RIO REISER
S.182

18 / Jonathan Darby
DER FREUND DER SEELEUTE
S.184

21 / Leif Larsen
SHETLAND LARSEN
S.234

Gedicht
ULYSSES
S.28

4 Kapitän Koldewey
GANZ WEIT IM NORDEN
S.30

Entdecker
HIERMIT TAUFE ICH DICH AUF MEINEN NAMEN
S.44

5 Kapitän Carlsen
EIN ECHTER KAPITÄN
S.50

Seehelden
WELCHER EUROPÄER WAR DENN NUN ZUERST IN AMERIKA
S.84

9 Samuel Plimsoll
BIS HIERHIN UND NICHT WEITER
S.90

10 Fisherman's Friends
DAS MÄRCHEN DER SINGENDEN FISCHER
S.104

11 Captain Fryatt
HELDEN WIDER WILLEN
S.108

Das frühe Instagram
POSTKARTEN MIT HELDEN
S.138

Das ABC
...DER ENTDECKER
S.140

15 Johannes Hirtz
DER TRAWLERKAPITÄN
S.150

Schiffe
DIE SCHIFFE DER SEEHELDEN
S.156

Expeditionen
SIE KAMEN NICHT ZURÜCK
S.188

19 Lillian Bilocca
DIE REVOLUTIONÄRIN MIT DEM KOPFTUCH
S.200

20 Oskar Kusch
DER AUFSTAND DES KOMMANDANTEN
S.206

Romane
DIE TRAUEN SICH WAS
S.226

Jaap Pronk half 2675 Menschen in Seenot

ÜBER UNSERE HELDEN DER SEE

Was wirklich zählt

Während wir an diesem Buch recherchieren und schreiben, erreicht uns eine traurige Nachricht aus den Niederlanden. Ein Seenotretter ist gestorben, er hieß Jaap Pronk und arbeitete auf der Station Scheveningen bei Den Haag. Er wurde 66 Jahre alt.

Was in der Mitteilung der Seenotretter steht, beeindruckt uns zutiefst. Zu 1896 Rettungen ist Jaap Pronk im Laufe der Jahre auf die Nordsee hinausgefahren, oft im Sturm und in schwerer See. „Viele Rettungen fanden unter schwierigen und riskanten Bedingungen statt", schreiben die Seenotretter. „Jaap hat immer die Interessen von Menschen in Not über seine eigenen gestellt."

Jaap Pronk half 2675 Menschen in Seenot.

2675! Was für eine unglaubliche Zahl.

Ein ganzes Dorf hat der Seenotretter Pronk mit seiner Courage aus den Wellen gerettet, und wenn man davon ausgeht, dass jeder dieser Menschen Familie hat oder vielleicht noch eine Familie gründete, dann hat sein Mut das Leben vieler Tausend Menschen in eine andere Richtung gelenkt. Er hat vielen Menschen Leid und Unglück erspart.

Doch es gibt nicht viele Google-Treffer, wenn man mehr über den Mann Jaap Pronk erfahren möchte. Man findet wenig über ihn, eigentlich so gut wie nichts, und wenn, dann erschienen die Beiträge nach seinem Tod. Ein paar Meldungen existieren und ein kurzer Bericht der Lokalzeitung. Der Redakteur will im Interview wissen, ob sich Pronk als Held fühle?

„Held, wieso Held? Das sind tote Menschen", erwiderte Jaap Pronk.

Über „Helden“ wird gerne und häufig geschrieben in unserer Zeit. Helden, das sind auch Leute, die eine Pizza unfallfrei ausfahren. Helden versenken Elfmeter oder verkaufen Teppiche, und in einem Supermarktregal entdeckte ich vor Kurzem eine krumm gewachsene Möhre mit dem Werbe-Hinweis „Bio-Held“.

Unter dem Begriff des Helden lässt sich so ziemlich alles gut verkaufen, denn jeder möchte mit Helden zu tun haben. Je unruhiger und unübersichtlicher die Zeiten sind, desto größer ist der Bedarf nach Helden.

Das Seltsame ist nur: Echte Helden, die im Alltag anderen aus der Klemme helfen, echt und zum Anfassen, spielen eher selten eine Rolle. Helden, wie sie von der Redaktion des Duden definiert werden: Held, /Héld/, Substantiv, maskulin [der]: „Jemand, der sich mit Unerschrockenheit und Mut einer schweren Aufgabe stellt, eine ungewöhnliche Tat vollbringt, die ihm Bewunderung einträgt.“

Menschen wie Jaap Pronk, das sind für uns von Ankerherz echte Helden. Was gibt es Größeres, als einen anderen, den man nicht kennt, aus höchster Not zu retten? Und dies draußen auf See, also in einer Umgebung, die keine Fehler verzeiht?

Dieses Buch ist der dritte Band der Reihe „Kleines Buch vom Meer“. Nach Inseln und Leuchttürmen widmen wir uns den Helden der See.

Es gehört Mut dazu, sich auf das Meer zu wagen. Es braucht Courage, die Ozeane zu befahren, damals noch mehr als heute. Es ist auch heute noch eine Herausforderung, sich dieser lebensfeindlichen Welt weit draußen zu stellen. Menschen haben auf See eigentlich nichts verloren, vor allem dann nicht, wenn das Meer wütend wird. Stürme, Monsterwellen oder Fallwinde sind die natürlichen Gegner jedes Seemanns.

Wir möchten dieses Buch Menschen widmen, die Großes für andere Menschen geleistet haben. Die Leben gerettet oder Leben verbessert haben. Menschen, die anderen ein Beispiel sind und vielleicht sogar ein Vorbild. Menschen, die mit ihrem Mut Grenzen verschoben.

Einige Namen sind gewiss bekannt, wie einige Entdecker oder Seehelden, deren Legende weitergetragen wird. Wir erzählen aber auch von Lillian Bilocca, Arbeiterin in einer Fischfabrik von Hull in England, die nach dem Tod ihres Mannes für mehr Sicherheit auf Trawlern kämpfte und dafür bestraft wurde. Wir erzählen von einem Kapitän, der sein Schiff in der unmöglichsten Lage nicht aufgeben mochte und den Ruhm, der darauf folgte, ablehnte. Wir erzählen von Grace Darling, Tochter eines Leuchtturmwärters, die zu einer Ikone ihrer Zeit wurde. Wir berichten von einem Regattasegler, der umkehrt und gegen den Sturm zurücksegelt, um einem Konkurrenten in Not zu helfen. Wir sind bei den Helden unserer Zeit, den Seenotrettern, an der deutschen Küste und auf dem Mittelmeer. Wir beleuchten eine Legende namens Störtebeker und sind an Bord einer deutschen Expedition ans kalte Ende der Welt.

Der schwierigste Teil unserer Arbeit war es, manche Helden zum Reden zu bewegen. Zum Beispiel Kapitän Hritz aus Bremerhaven, einem Hochseefischer, der selbst die dramatischsten Geschichten ganz lapidar erzählt. Sein Beruf ist hart. Sein Arbeitsplatz auf dem Nordatlantik gefährlich. Doch um jeden Preis möchte Kapitän Hritz vermeiden, angeberisch zu klingen.

Vielleicht liegt es auch daran, dass die wahren Helden selten auftauchen.

Wir wünschen gute Unterhaltung mit diesem Buch.

Heldin Grace Darling **Ort** Nordostküste Englands **Datum** 7. September 1838

1/

Die Tochter DES LEUCHTTURMWÄRTERS

Manche Heldengeschichten lesen sich, als habe man das Drehbuch eines kitschigen Fernsehfilms abgeschrieben. Wie die Geschichte von Grace Darling, der mutigen Tochter eines Leuchtturmwärters im Norden von England. Was sie leistete, beeindruckte sogar die Königin – und wird bis heute erzählt.

Grace Darling lebte auf dem Leuchtturm von Longstone an der Nordostküste Englands, Grafschaft Northumberland. Zu den Farne-Inseln ist es nicht weit; Holy Island war einst ein Zentrum keltischer Kultur, bis es einmal zu oft von den Wikingern überfallen wurde. Der Leuchtturm, in dem Familie Darling einst wohnte, steht heute noch. Ein beliebtes Fotomotiv, angepinselt in Rot und in Weiß, das die Boote für Tagestouristen aus dem Hafen des Fischerdorfs Seahouses ansteuern. Im oberen weißen Ring soll sich das Zimmer von Grace Darling befunden haben.

Aus diesem Fenster sah sie am frühen Morgen des 7. September 1838 einen Schatten auf der gegenüberliegenden Felseninsel Big Harcar. Das Wetter war schlecht, es regnete und stürmte. Als der Morgen dämmerte, erkannte sie die Silhouette eines Schiffes. Sofort rief sie nach ihrem Vater William Darling, dem Leuchtturmwärter.

Was war geschehen?

Auf der „SS Forfarshire“, einem Raddampfer im Pendeldienst zwischen dem schottischen Dundee und dem englischen Hull, war die Maschine ausgefallen. Bei schwerer See trieb das Schiff auf die Klippen von Big Harcar, wo es in zwei Teile zerbrach. Es war so stürmisch, dass die Boote der Seenotretter

Schwierigkeiten haben würden, aus Seahouses herüberzukommen. Der Leuchtturmwärter und seine Tochter zogen ihre Jacken an und eilten zum Ruderboot. Von der Küste drangen die Schüsse der Kanonen herüber, mit denen Fischer alarmiert wurden, dass es einen Seenotfall gab.

In Sturm und Regen kämpften sich der Leuchtturmwärter und seine Tochter nur mit der Kraft ihrer Arme durch die Wellen und erreichten nach etwa einer Seemeile den Havaristen. Sie halfen vier Männern und der einzigen überlebenden Frau, Sarah Dawson, ins Boot. Mrs Dawson stand unter Schock, sie hatte in der Nacht ihre kleinen Kinder James und Matilda an die See verloren. William Darling ruderte das Boot mit drei Männern zurück zum Leuchtturm. Während sich Grace um die Schiffbrüchigen kümmerte, ruderte ihr Vater mit den Männern, die dazu körperlich imstande waren, zurück zum Wrack, um vier weitere Überlebende zu retten.

Auch die Fischer aus Seahouses erreichten die „Forfarshire". Sie fanden keine Überlebenden, sondern nur die Leichen der Kinder. 43 Menschen starben bei der Havarie der „SS Forfarshire", unter ihnen auch der Kapitän und seine Frau. Der Sturm steigerte sich zum Orkan. Die Fischer, denen der Rückweg abgeschnitten war, fragten den Leuchtturmwärter um Hilfe. Gemeinsam ruderten die Boote zum Leuchtturm von Longstone; drei Tage lang harrten sie dort aus, bis sich das Wetter beruhigte.

Die Geschichte der selbstlosen Rettung verbreitete sich rasch, und die Rolle von Grace Darling fand besondere Beachtung. Sie und ihr Vater wurden von der „Royal National Institution for the Preservation of Life from Shipwreck", der Vorgängerorganisation der Seenotretter, mit der silbernen Medaille für Tapferkeit ausgezeichnet. Königin Victoria beteiligte sich mit einer Spende von 50 Pfund, damals ein kleines Vermögen, an einer Spendenaktion für die Familie. Grace Darling erhielt kistenweise Geschenke, Briefe und mehrere Heiratsanträge. Wie berichtet wird, machte sich in den Wochen nach der Rettungsaktion ein Dutzend Maler auf den Weg zur Leuchtturminsel, um die Heldin zu porträtieren. Gemälde von William Bett Scott oder Thomas Musgrave Joy (das besonders dramatisch geriet) hängen noch heute in Museen. Ihre Popularität war so groß, dass der Herzog von Northumberland eine Patenschaft für sie übernahm und ihr eine Teekanne aus Silber schenkte.

Grace Darling wurde zur Legende. Sie taucht im „Ulysses“ des James Joyce auf, und der Romantiker William Wordsworth, dem die Geschichte natürlich besonders gefiel, widmete ihr ein langes wie schmalziges Gedicht.

Die Geschichte der Grace Darling endete, man ahnt es, auf tragische Weise. Bei einer Reise aufs Festland erkrankte sie an der Tuberkulose. Ihr Zustand verschlechterte sich in den nächsten Wochen, und auch Versuche des Herzogs, ihr zu helfen, scheiterten. Sie starb im Oktober 1842 im Alter von nur 26 Jahren.

Ihr Grab befindet sich auf dem Kirchhof der St. Aidan's Kirche von Bamburgh, in der ihr Porträt ein Kirchenfenster schmückt. Bis heute lebt ihre Heldengeschichte weiter, in Gedichten, Liedern und einem Hotel, das im australischen Melbourne zu ihren Ehren eröffnete. ▪

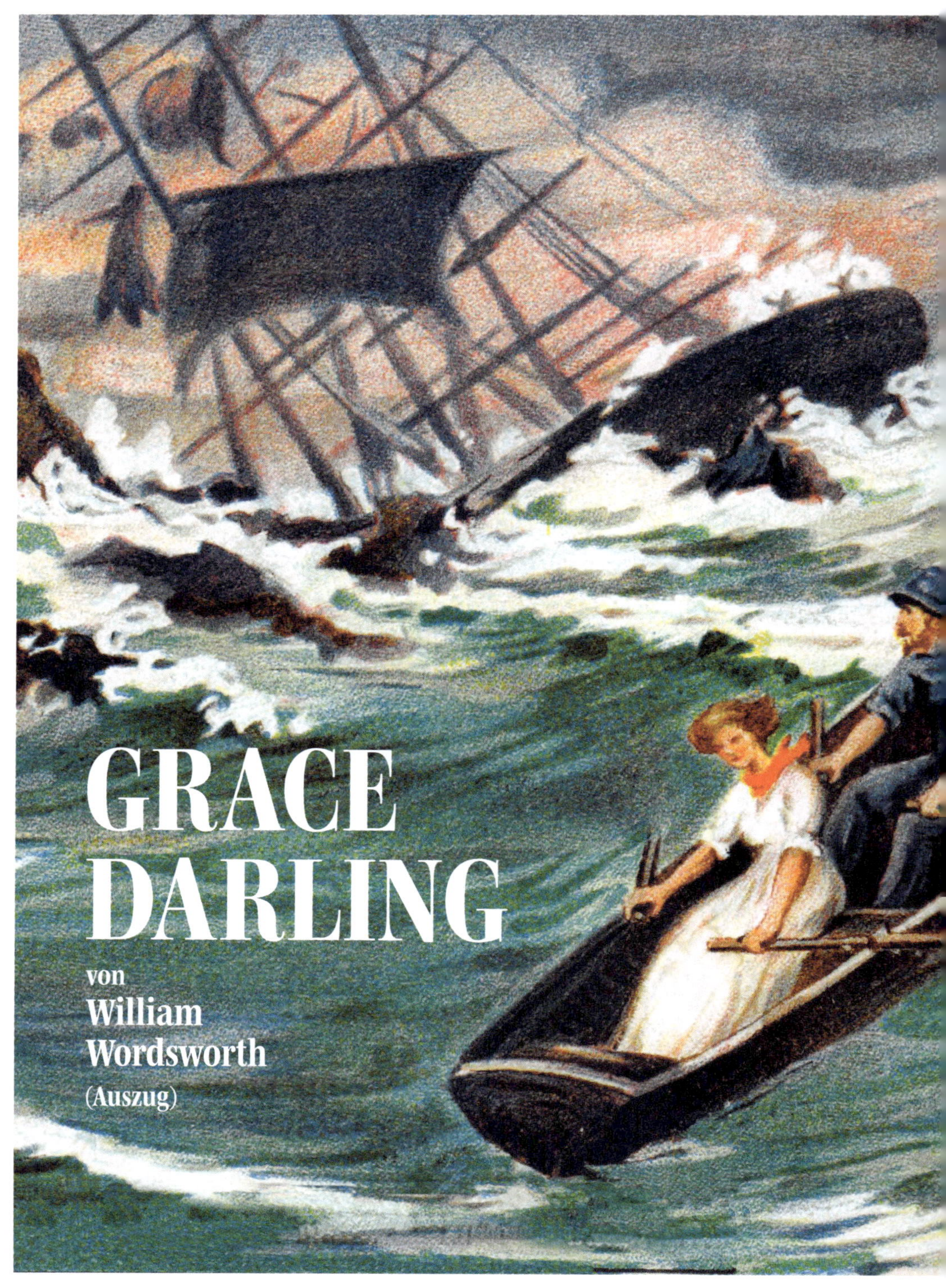

GRACE DARLING

von
William Wordsworth
(Auszug)

True to the mark,
They stem the current of that perilous gorge,
Their arms still strengthening with
the strengthening heart,
Though danger, as the Wreck is neared, becomes
More imminent. Not unseen do they approach;
And rapture, with varieties of fear
Incessantly conflicting, thrills the frames
Of those who, in that dauntless energy,
Foretaste deliverance; but the least perturbed
Can scarcely trust his eyes, when he perceives
That of the pair, tossed on the waves to bring
Hope to the hopeless, to the dying, life,
One is a Woman, a poor earthly sister,
Or, be the Visitant other than she seems,
A guardian Spirit sent from pitying Heaven,
In woman's shape. But why prolong the tale,
Casting weak words amid a host of thoughts
Armed to repel them? Every hazard faced
And difficulty mastered, with resolve
That no one breathing should be left to perish,
This last remainder of the crew are all
Placed in the little boat, then o'er the deep
Are safely borne, landed upon the beach,
And, in fulfilment of God's mercy, lodged
Within the sheltering Lighthouse. Shout, ye Waves
Send forth a song of triumph. Waves and Winds,
Exult in this deliverance wrought through faith
In Him whose Providence your rage hath served!
Ye screaming Sea-mews, in the concert join!
And would that some immortal Voice, a Voice
Fitly attuned to all that gratitude
Breathes out from floor or couch, through pallid lips
Of the survivors, to the clouds might bear,
Blended with praise of that parental love,
Beneath whose watchful eye the Maiden grew
Pious and pure, modest and yet so brave,
Though young so wise, though meek so resolute,
Might carry to the clouds and to the stars,
Yea, to celestial Choirs, Grace Darling's name!

Helden Lotsen **Ort** Häfen weltweit **Datum** 365 Tage im Jahr

LOT SEN

2/

Die UNSICHTBAREN

Sie sind ausgebildete Nautiker, die gelegentlich die Talente von Stuntmen mitbringen müssen. Machen sie einen groben Fehler, landen sie damit in der „Tagesschau". Dennoch hört man wenig über Lotsen. Wieso eigentlich?

Auf dem Deck der Hamburger Hafenfähre „62", die von den St. Pauli Landungsbrücken nach Finkenwerder pendelt, war kaum ein Stehplatz frei. Hamburg ist besonders im Sommer beliebt, und dass die „Bügeleisen", wie der Volksmund die Fähren wegen ihrer Form nennt, eine preiswerte Alternative zur Hafenrundfahrt bieten, hat sich bis in die Mongolei herumgesprochen. Die Fähre passierte einen Großcontainerfrachter, die 364 Meter lange „Nyk Eagle", als sich in der Bordwand, in etwa sieben Metern Höhe, eine Tür öffnete.

Ein Lotsenboot fuhr heran. Ein Mann in gelber Weste begann damit, zügig die Jakobsleiter hinunterzuklettern, aus etwa sieben Metern Höhe. Dann stieg er mit lässiger Bewegung über an Bord des kleinen Bootes. Natürlich während der Fahrt. An Bord der Fähre herrschte Staunen über die unerwartete Einlage.

Ich habe mehrfach zusehen können, wie Lotsen auf ein Schiff übersetzen. Einmal mochte ich es kaum glauben, bei bewegter See und sieben Beaufort im Firth of Forth vor Edinburgh. Das kleine Lotsenboot kämpfte mit der See und brauchte eine Zeit, bis es ohne Probleme die Bordwand des Kreuzfahrtschiffs erreicht hatte. Die Vorstellung, bei diesen Bedingungen an eine Bordwand zu springen und eine wacklige Strickleiter hinaufzuklettern, ließ mich erschaudern.

PILOTS

Der Beruf des Lotsen erfordert Nerven und Mut. Die Lotsen tragen enorme Verantwortung für Menschen, Schiff und Ladung, die Milliarden Euro wert sein kann. Ein grober Fehler bedeutet, dass sie beim Umstieg in der See oder der Elbe landen. Oder eben direkt in der „Tagesschau". Mit vierhundert Meter langen Riesenschiffen fährt man besser nirgendwo gegen.

Ein Lotse ist der Berater des Kapitäns. Er hilft ihm durch die Tücken des Reviers, er lotst ihn an Untiefen vorbei und durch den teilweise extrem dichten Verkehr in einem vergleichsweise schmalen Fahrwasser. Letzte Verantwortung behält immer der Kapitän. Doch im Prinzip ist es so, dass der Lotse das Schiff fährt. Der Kapitän bestätigt die Kommandos des Lotsen. Was manchmal eine heikle Symbiose ergeben kann.

Ein ehemaliger Lotse, Henry Keller aus Blankenese, Jahrgang 1928, der seine Laufbahn als Seemann als Schiffsjunge auf der legendären Viermastbark „Padua" begonnen hatte, erzählte mir von der heikelsten Situation. Als er das größte Schiff seiner Laufbahn, einen 315 Meter langen und 54 Meter breiten Eisenerzfrachter namens „Rhine Ore" Richtung Nordsee lotste, frischte der Wind auf. Auf Höhe von Freiburg-Reede, einer kleinen Einbuchtung, in der gelegentlich Schiffe ankern, schwojten mehrere Schiffe. Schwojen bedeutet, dass die Schiffe mit dem Strom der Gezeiten drehen. Ein Frachter, 180 Meter lang, dessen Kapitän zu viel Ankerkette gesteckt hatte, blockierte die Fahrrinne. Doch auf der Brücke meldete sich niemand. Es wurde hektisch.

Die Minuten, in denen Keller mit dem gewaltigen Erzfrachter den Fluss hinunterschob, mit nur geringen Aussichten, eine Kollision zu vermeiden, beschrieb er als die „unangenehmsten und längsten meines Berufslebens". Alles ging gut. Der Kapitän des Frachters, der als Hindernis im Strom lag, kam in buchstäblich letzter Minute zurück auf seine Brücke und manövrierte sein Schiff aus der Gefahrenzone hinaus.

Exakt 7405 Schiffe lotste Keller in 32 Jahren die Elbe stromauf und stromab, darunter den britischen Flugzeugträger „Ark Royal", das Segelschulschiff „Gorch Fock", ein atombetriebenes U-Boot und diverse Kreuzfahrtschiffe. Jedes einzelne trug er penibel in zwei Bücher ein, die er privat führte, versehen mit den Basisinformationen: Tiefgang, Radar, Flagge.

280 Lotsen sind in der Lotsenbrüderschaft Elbe organisiert, eine Vereinigung der Superlative. Keine hat mehr Tradition aufzuweisen, keine ist größer.

24 Stunden täglich stehen sie bereit für eines der anspruchsvollsten Reviere Europas. Elbaufwärts lotsen sie die Schiffe ab Tonne E3 bis auf die Höhe ihrer Station bei Teufelsbrück, wo dann die Hafenlotsen übernehmen. Auslaufende Schiffe begleiten sie in die Deutsche Bucht oder zum Nordostseekanal. Bei Sturm, wenn der Wellengang zu stark ist, werden sie mit dem Helikopter von Deck gewinscht. Sie sind Nautiker, oftmals ehemalige Kapitäne – und nebenher müssen sie Eigenschaften wie ein Stuntman mitbringen.

Sie sind ein wichtiges Element im großen Organismus des Hamburger Hafens, der immerzu in Bewegung ist. Die Lotsen sind so etwas wie die unbesungenen Helden des Hafens und der Küste. Doch es gibt ein Problem: Die jungen Leute fehlen. Auf den Schiffen der meisten Reedereien fahren wenige deutsche Seeleute, weil sie zu „teuer“ sind. Die Jobaussichten sind schlecht, und überdies gilt der Beruf des Seemanns als unattraktiv. Kaum jemand hat heute noch Lust, monatelang auf See und nicht zu Hause zu sein. Doch bis heute gilt die Regel: Wer Lotse werden will, muss ein Nautikstudium abgeschlossen haben und Fahrzeit als Offizier eines Handelsschiffs nachweisen. In früheren Zeiten galt der Beruf als so begehrt, dass nur beste Kontakte oder die Heirat mit der Tochter eines Lotsen in die Brüderschaft führten. „Zu meiner Zeit musste man sechs Jahre lang als Kapitän auf großer Fahrt unterwegs gewesen sein, einen guten Fürsprecher haben und diverse Prüfungen bestehen“, erzählte Keller, der alte Lotse aus Blankenese.

Diskussionen haben begonnen, ob man die heutigen Kriterien nicht verändern muss. Ob die obligatorischen Fahrzeiten entfallen oder die Ausbildung verkürzt werden kann. Bis zum Jahr 2030 wird die Hälfte der heutigen Elblotsen in Rente gehen. ■

JO HANN NIE MANN

Held Johann Niemann **Ort** Prerow, Darß **Datum** 1920er-Jahre

Ein fast VERGESSENER HELD

Entlang der deutschen Küsten gibt es Menschen, die durch ihren Einsatz zu Helden wurden. Doch weil es niemanden gab, der ihre Taten festhielt, verschwimmt die Erinnerung. Ein solcher Fall ist Johann Niemann, legendärer Vormann der Seenotretter in Prerow auf dem Darß. Erst spät fand er eine Würdigung.

Eine kleine Anekdote erklärt manchmal mehr als ein Historienroman. Nordstrand, Darß, Ende der Zwanzigerjahre, das genaue Datum weiß man nicht mehr. Ein heftiger Sturm hatte ein Schiff auf eine Untiefe geworfen. Bis heute gilt das Revier vor Fischland wegen seiner Sandbänke und Strömungen als gefährlich, besonders bei schlechtem Wetter. Vormann Johann Niemann war nicht zu Hause, als die Seenotretter alarmiert wurden. Als er schließlich an den Strand eilte, kamen ihm seine Männer schon entgegen. Sie hatten erschöpfte und durchnässte Schiffbrüchige bei sich, die sie eben aus den Wellen gerettet hatten.

„Sünd dat all?", fragte Niemann.

Seine Männer antworteten, es handele sich um alle. Also alle bis auf einen, den sie nicht mehr erreichen könnten. Der Sturm werde immer stärker, die Wellen seien enorm. Nun sei es unmöglich, den letzten Mann vom Wrack zu holen. Keine Chance.

Niemann war nicht zufrieden mit dem, was er hörte.

„Entweder wi halen all – orrer wi bliewen all!", brummte er. Entweder wir holen alle, oder wir bleiben alle.

Was für ein Satz.

Ohne ein Wort der Widerrede lief die Mannschaft mit Niemann zurück zum Strand, stieg mit ihm in ein Boot und ruderte hinaus in die tosende See. Die Rettung gelang. Niemann wurde endgültig zu einer legendären Figur.

Auf dem Darß, diesem beinahe paradiesisch schönen Streifen Dünen und Strand vor der Küste Mecklenburg-Vorpommerns, erzählen sich die Alten die Geschichten noch immer.

Was wissen wir heute über Johann Niemann, dessen Porträt in der Galerie der Seenotretter einen Mann mit markanter Nase, Schnauzbart und Südwester zeigt? Die Seenotretter haben sein Andenken bewahrt. Auch dafür gebührt ihnen Dank.

Geboren wurde er am 9. September 1866 in Prerow, ein Jahr nach der Gründung der damals noch jungen Deutschen Gesellschaft zur Rettung Schiffbrüchiger (DGzRS). Fast alle Männer vom Darß fuhren in jener Zeit zur See, und Niemann war keine Ausnahme. Vom Schiffsjungen arbeitete er sich zum Steuermann, schließlich zum Kapitän hoch. 1894 legte Niemann sein Patent ab und segelte mit großen Schiffen um die Welt. 1906 kehrte er auf den Darß zurück. Er meldete sich als freiwilliger Seenotretter.

Mehr als siebzig Leben bewahrte er in den nächsten Jahren, oftmals unter schwierigsten Bedingungen, bei Sturm und Brandung. Bis 1948 leistete er seinen Dienst als Vormann, gewissermaßen als „Kapitän“ der Station. Noch im Alter von 70 Jahren ruderte er hinaus, um zehn polnische und drei holländische Seeleute ans sichere Ufer zu bringen. Dafür bekam er die Prinz-Heinrich-Medaille, die von der DGzRS seinerzeit jährlich für die schwerste Rettungsfahrt ausgelobt wurde.

1963 starb Johann Niemann im Alter von 96 Jahren. Man begrub ihn auf dem Seemannsfriedhof von Prerow. Eine Gedenktafel ehrt ihn heute, darauf steht der Satz: „Der Wille ist die Seele der Tat“. Genau wie auf der Prinz-Heinrich-Medaille.

Das Ostseebad Prerow hat inzwischen auch einen Weg nach seinem vielleicht mutigsten Bürger benannt. Der „Johann-Niemann-Weg“ beginnt in Höhe des historischen Stationsgebäudes, in dem Niemann als Vormann arbeitete. Es wird heute noch genutzt.

„ENTWEDER WIR HOLEN ALLE, ODER WIR BLEIBEN ALLE."

In den Stationen der Royal National Lifeboat Institution (RNLI) gibt es einen schönen Brauch: Die britischen Seenotretter halten seit jeher auf großen Tafeln die spektakulärsten Einsätze fest, meist in weißer Schrift auf schwarzem Grund. Ein Schildermaler notiert in chronologischer Folge Datum der Rettung, äußere Umstände, Name des Havaristen, Zahl der Geretteten. Die wenigen Angaben reichen aus, um die Fantasie anzuregen – und sie sorgen dafür, dass der Mut der Retter nicht in Vergessenheit gerät.

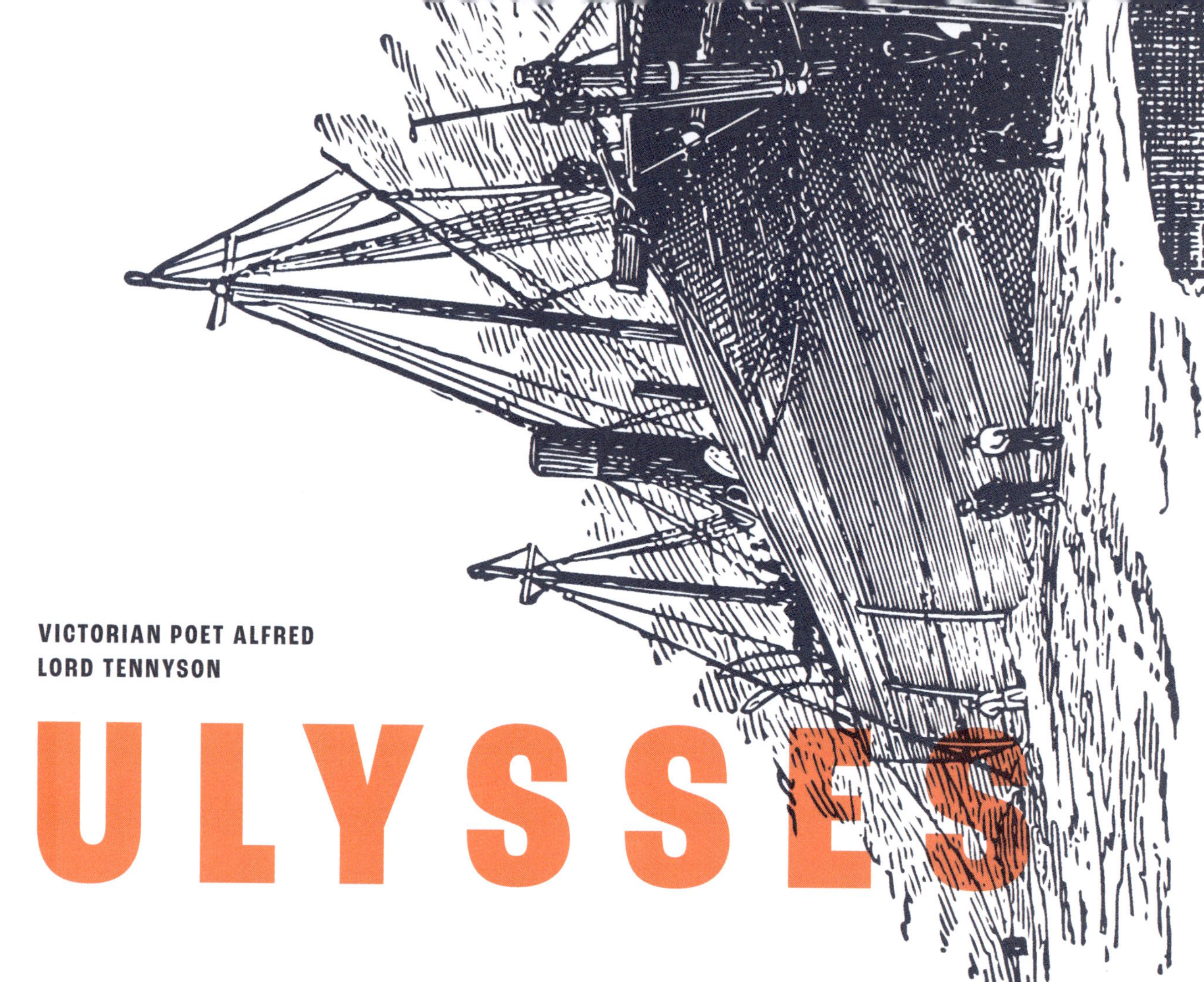
VICTORIAN POET ALFRED
LORD TENNYSON
ULYSSES

...COME, MY FRIENDS,

'TIS NOT TOO LATE TO SEEK A NEWER WORLD.
PUSH OFF, AND SITTING WELL IN ORDER SMITE
THE SOUNDING FURROWS; FOR MY PURPOSE HOLDS
TO SAIL BEYOND THE SUNSET, AND THE BATHS
OF ALL THE WESTERN STARS, UNTIL I DIE.
IT MAY BE THAT THE GULFS WILL WASH US DOWN;
IT MAY BE WE SHALL TOUCH THE HAPPY ISLES,
AND SEE THE GREAT ACHILLES, WHOM WE KNEW.

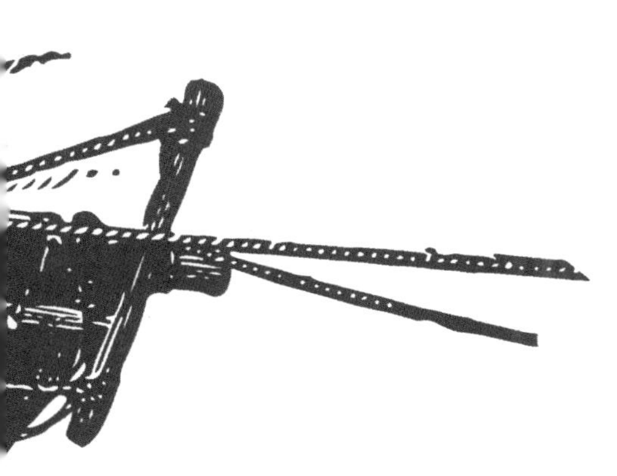

KAPITÄN
KO DE
W E Y
Held Kapitän Koldewey **Ort** Nordpolarmeer **Datum** Mai 1867

Ganz weit IM NORDEN

Im Mai 1867 segelt die erste deutsche Polarexpedition los. Kapitän Koldewey hat den Auftrag, den direkten Seeweg zum Nordpol zu finden. Das kann natürlich nicht funktionieren. Die Reise der „Grönland" wird dennoch ein Erfolg – kein Schiff ohne Motor ist bis heute so weit nach Norden vorgedrungen.

Sofort steigt einem der intensive Geruch in die Nase, wenn man die Stufen hinab in die Crewmesse nimmt. Ein durchdringendes Aroma von braunem Teer, von Kohle, die in einem Ofen qualmt, vom Öl der Lampen. Es ist kein unangenehmer Geruch, denn es ist gemütlich unter Deck des alten Segelschiffs.

Der Geruch regt die Fantasie an. Sofort läuft ein Film im „Kopfkino" ab: Was haben die Seeleute an Bord dieses alten Seglers erlebt? Wie mögen sie hier zusammengesessen haben in den Stürmen, während das Schiff immer weiter auf nördlichem Kurs segelte? Dieses Schiff, das heute in Bremerhaven liegt, hat die deutsche Polarforschung begründet.

Äußerlich ist die „Grönland" ein eher unscheinbares Schiff, keine 30 Meter lang, schwarz gestrichener Rumpf, gebaut als robustes Arbeitsschiff. Nordische Jagt nannte man diese robusten Arbeitsschiffe, die bis ins 20. Jahrhundert typisch waren für die rauen Küsten Norwegens. Die „Grönland" wurde in Skanevik gebaut, in der Werft von Toleff Toleffsen, und gedacht war sie eigentlich für die Jagd auf Robben.

Die „Grönland" ist eine Legende. Bis heute ist kein Schiff ohne Motor so weit nördlich aufgekreuzt, bis 81°4,5'N auf, um genau zu sein. Weil man heute in jedes Schiff einen kleinen Hilfsmotor einbaut, wird dies wohl eine ewige Bestmarke bleiben. Soll man die Männer, die im Mai 1867 in die Polarregion vorstießen, Helden nennen? Ist das die richtige Bezeichnung für die Crew der „Grönland"? Auf jeden Fall waren es mutige Seeleute, die unter dem Kommando von Carl Koldewey vom norwegischen Bergen aus in See stachen.

Wer zu jener Zeit zu einer solchen Expedition aufbrach, konnte nicht unbedingt davon ausgehen, wieder heimzukehren. Stürme, Wellen, Eisberge waren gefährliche Gegner. Eisbären. Die Seegebiete waren in keiner Karte verzeichnet. Hilfe im Notfall? Wer lossegelte an den Rand der Welt, der war auf sich gestellt. Die Männer vertrauten ihr Leben Kapitän Koldewey an.

Im Hafen von Bergen bereitete der Kapitän mit dem dichten Bart im Jahre 1867 die erste deutsche Polarexpedition vor. Die Gründe, die zur Reise führten, lagen auch in der neu erwachten Begeisterung für das Nationale. Expeditionen, möglichst abenteuerlich, versprachen internationales Renommee. Die Bürger engagierten sich, und zu ihnen gehörte auch der Geograf und Publizist August Petermann (1822 bis 1878). Ein bekannter Kartograf aus Gotha, der es liebte, neue Entdeckungen in Atlanten einzutragen. Seine Karten gehörten zu den feinsten ihrer Zeit, und die monatliche Schrift „Petermanns Geographische Mitteilungen", die er als Herausgeber betreute, genoss einen exzellenten Ruf in ganz Europa. Nachdem er sich in der Afrikaforschung einen Namen gemacht hatte, wandte er sich den Polargebieten zu. Wohlgemerkt, er erlebte die Abenteuer vom Schreibtisch aus – persönlich brach er nie zu einer Fernreise auf.

Die Polarregion gehörte zu den letzten buchstäblich weißen Flecken auf den Landkarten. Petermann betrachtete es als „nationale Aufgabe", dieses Gebiet zu erforschen, und stellte eine kühne These auf: Hinter einem Gürtel aus Treibeis und Packeis gab es vor Grönland nach seiner Ansicht offenes Meer, über das man den Nordpol erreichen konnte. Wer also einen Weg durch diese Barriere fände, davon war Petermann überzeugt, der könnte mühelos bis zum Pol durchsegeln. Diese These wirkt aus heutiger Sicht ebenso seltsam wie der Umstand, dass er kaum Gegenrede fand. Petermann galt eben als Experte auf diesem Gebiet – und die Öffentlichkeit sehnte sich nach Abenteuergeschichten.

Zunächst jedoch scheiterten mehrere Versuche, eine Expedition zu finanzieren, unter anderem während einer Anhörung vor hochrangigen Vertretern der preußischen Marine. Laut eines Protokolls der Sitzung gab Petermann ein „klägliches Bild" ab; die Experten wiesen seine Pläne rundweg ab. Was König Wilhelm I. jedoch nicht davon abhielt, eine Polarexpedition anzuordnen. Als Preußen und Österreich wenig später in den Krieg zogen, hatte sich dies aber erledigt. Petermann gab nicht auf.

Als im November 1866 eine Spende von 500 Thalern einging, eine beachtliche Summe, entschied Petermann, die Expedition selber zu finanzieren und darauf zu vertrauen, von der Öffentlichkeit getragen zu werden. Vermutlich plante er auch, die Investition durch den Verkauf des Expeditionsberichts in seiner Monatsschrift zu refinanzieren. Als Expeditionsleiter engagierte Petermann nach der Empfehlung eines Bremer Seefahrtsdirektors den Nautiker Carl Koldewey.

Das Abenteuer konnte beginnen.

Zunächst suchte Koldewey eine Crew aus erfahrenen Seeleuten zusammen, die „durchwettert und geschult" sein mussten, wie er es in seinem Expeditionsbericht schrieb. Der Bericht liest sich in Teilen wie ein Abenteuerroman. Zwölf Männer waren an Bord der „Grönland", die am 24. Mai 1867 aus dem Hafen von Bergen segelt: Der Erste Steuermann hieß Richard Hildebrand und kam aus Magdeburg, der zweite Steuermann Georg Heinrich Sengstacke aus Altona. Zimmermann Johann Wendelmann war ein Insulaner von Föhr. Dazu kamen Matrosen aus Worden, Bremen, Minden, den Niederlanden und zwei Norweger. Einen ausgewiesenen Wissenschaftler hatte die wissenschaftliche Expedition nicht an Bord.

Mit Erstaunen vermerkte Koldewey, dass einige aus seiner Crew beim ersten Wellengang seekrank wurden. Anscheinend brauchten sie etwas Zeit, um mit den Bewegungen des kleinen Schiffes zurechtzukommen. Etwas spöttisch notierte Koldewey: *„Es war äußerst komisch, diese breiten, kräftigen Gestalten und seegewohnten Leute zu sehen, mit welchen unglücklichen Mienen sie jede starke Bewegung des Schiffes begleiteten."*

Mit seinem Schiff, das „wie eine Möwe über die See hinwegflog, ohne einen Tropfen Wasser an Deck zu haben", zeigte sich Koldewey indes zufrieden. Er hatte vor der Reise den Bug verstärken und einen neuen Mast einsetzen

„DIE GANZE MANNSCHAFT HATTE NUN NICHTS EILIGERES ZU TUN, ALS TUMULTARISCH HINTER DEM BÄREN HERZUSTÜRZEN.“

lassen. So segelte die „Grönland“ immer weiter auf einem nördlichen Kurs über den Nordatlantik. Der erste Sturm ließ nicht lange auf sich warten. Wie groß das Vertrauen der Crew in ihr Schiff war, beweist ein Eintrag Koldeweys:

„Ein Sturm auf offenem Meer hat überhaupt, wenn man sich auf einem guten, seetüchtigen Schiffe befindet, durchaus nichts Gefährliches irgendwelcher Art; man refft eben die Segel dicht, dreht bei, und macht es sich behaglich und bequem, wie es die Umstände nur irgend gestatten wollen. Wir hatten in unserer Kajüte ein lustiges Feuer im Ofen brennen, rauchten unsere Pfeife, lasen oder unterhielten uns, draußen mochte es toben und wettern, soviel es wollte. Der Wachthabende Offizier mit der Wachtmannschaft war natürlich auf dem Deck, doch auch diese waren durch das sogenannte Schauerkleid, welches wir an der Luv-Seite hingebunden hatten, einigermaßen geschützt, und konnten ungestört ihre Pfeife rauchen.“

An Bord kehrte eine Routine ein, wie sie viele Seeleute so schätzen. Morgens um 6 Uhr weckte der wachhabende Offizier (der seit vier Uhr an Deck ist, um den Mann am Steuer zu beaufsichtigen und das Wetter zu beobachten) und rief die Leute zusammen: Schiff reinigen! Deck klar! Nach einer Stunde drehte er eine Kontrollrunde. Er sah nach, ob die Arbeiten in seinem Sinne ausgeführt wurden, ob die Segel kantig standen und die Taue aufgerollt waren. Danach wurde gefrühstückt – und Kapitän Koldewey erschien an Deck, zu einem „Spaziergang mit Morgencigarre“ (Koldewey), nachdem er Wind, Wetter und Kurs geprüft hatte.

Die Matrosen erhielten vom Steuermann oder vom Bootsmann ihre Aufgaben für den Tag: Taue spleißen, Blöcke schmieren, Segel ausbessern. Der Wachdienst blieb immer gleich, Steuern, Ausgucken, Bergen und Setzen der Segel, Loggen und Loten, für die Crew alles Routine.

„An Müßiggang, wie man wohl oft im Binnenlande meint, ist nicht zu denken“, schrieb Koldewey.

Mittags bestimmte er die Position und setzte den Kurs ab. Nachmittags wiederholten sich die Arbeiten des Morgens; eine Wache ruhte, um halb sieben nahm man das Abendbrot ein. Nach dem Essen lenzte man Wasser, sofern welches eingedrungen war, und ab acht Uhr übernahm die Nachtwache.

Um dem wissenschaftlichen Aspekt der Reise zu genügen, ließ Koldewey im Abstand von zwei Stunden den Stand des Barometers ablesen. Temperatur von Wasser und Luft maßen die Matrosen und trugen die Ergebnisse im Journal ein, ebenso wie Beobachtungen zu Wind, Wetter, Seetiefe oder astronomischen Ortsbestimmungen. „Kurzum, es wurde alles beobachtet und notiert, was nur irgend beobachtungswert war.“ (Koldewey) Sogar Farbe und Aussehen des Meeres ließ er akribisch festhalten.

Tag um Tag verging, ohne irgendeine Abwechslung, mit Ausnahme der Sonntage. *„Jeder, der nicht gerade Dienst hat, kann sich seinem religiösen Bedürfnis gemäß beschäftigen. Der eine liest, der andere flickt sein Zeug, ein Dritter sitzt auf dem Spillkopf und summt sein Liedchen.“* Wer seine Beschreibungen liest, hat den Eindruck, dass es sich um eine harmonische Männer-WG handelte.

Je weiter das Segelschiff nach Norden vordrang, desto abenteuerlicher liest sich Koldeweys Bericht. Die Männer der „Grönland“ kämpften mit Stürmen, mit Nebel und mit Eisgang. Es war Sommer, viele Jahre vor der Erwärmung des Weltklimas. Es war kalt, sehr kalt. Am 8. Juni hielt Koldewey im Expeditionstagebuch fest:

„Stürmisches Wetter mit heftigen Schneeschauern. Das Eis setzte sich im Westen mehr und mehr an, und wir waren genötigt, von einem Wasserbecken in das andere zu flüchten und zwischen den Eisschollen so gut nach Osten zu arbeiten, wie es angehen konnte. Die Schifffahrt im Eise bei solchem Sturm und Schneewetter ist von der allerschwierigsten Art, und die Lenkung des Schiffes erfordert (...) vor allen Dingen Ruhe und Geistesgegenwart des Commandierenden. Alles Eis ist in heftiger Bewegung.“

Wenige Seiten im Expeditionsbericht später ist die „Grönland“ tatsächlich an der Eisgrenze eingeschlossen. Eisbären näherten sich dem Schiff. *„Die ganze Mannschaft hatte nun nichts Eiligeres zu tun, als tumultarisch hinter dem Bären herzustürzen“*, schreibt Koldewey. *„Triumphierend wurde der Körper von den Leuten über die Eisschollen zum Schiff geschleppt und das Fell abgezogen.“*

Dem Kapitän gelang es, die „Grönland“ aus dem Eis herauszumanövrieren und mit anderen Schiffen Kontakt aufzunehmen. Unter anderem mit der „Diana“, einem Robbenjäger aus dem britischen Hull. Was Koldewey von den anderen Kapitänen erfuhr, änderte seine Pläne: Eisbarrieren, überall. Koldewey wartete noch einige Tage ab, in denen die Mannschaft Schäden am Schiffsrumpf beseitigte. Dann gab er den Befehl, Richtung Spitzbergen zu versegeln. Dort wollte er einen neuen Anlauf nehmen, den Gürtel aus Eis zu durchbrechen. Doch auch dort sahen die Männer nichts anderes als eine weiße Wand. Es gab kein Durchkommen, erst recht nicht für ein Segelschiff wie die „Grönland". *„Nach den Aussagen der Walfischfahrer war dieses Jahr in jeder Beziehung ein ganz abnormales, ein Eisjahr wie seit langer Zeit nicht"*, notierte Koldewey frustriert. Zumindest schaffte es die Crew, in den nächsten Tagen Belsund auf Spitzbergen anzulaufen, um Wasser zu bunkern und zu jagen. Wenig später traf die „Grönland" auf den schottischen Walfänger „Jan Mayen", der wegen der schlechten Sicht beigedreht hatte. Koldewey setzte mit dem Beiboot über, um sich mit dem Kapitän auszutauschen und Post zu übergeben. Die neuen Informationen von günstigen Eisverhältnissen machten ihm Mut.

Doch im Zielgebiet angekommen, verflog die Euphorie rasch: Tagelang kreuzte Koldewey, um doch eine Möglichkeit zu finden, die Küste zu erreichen – doch es blieb eine vergebliche Mühe. *„Unsere Hoffnung war jetzt vollständig zerstört. In den letzten Tagen war es uns klar geworden, dass eine Möglichkeit dazu in diesem Jahr mit den Mitteln, die uns zur Verfügung standen, nicht mehr vorhanden war. Ich musste mich daher, wenngleich mit dem größten Widerstreben, entschließen, der Küste den Rücken zu kehren"*, schreibt Koldewey resigniert im Expeditionsbericht.

Ein schwerer Sturm zog auf. Tagelang schüttelte er die „Grönland", doch die Crew wetterte auch diesen Orkan erfolgreich ab. Am 18. August umrundete man das Nordkap Spitzbergens. Eine andere Nordische Jagt tauchte auf, Walrossjäger. Nach einem Erfahrungsaustausch entschied Koldewey, Kurs südliche Hinlopenstraße zu setzen. In den folgenden Tagen entdeckte er einige Inseln, die noch in keiner Karte eingezeichnet waren. Am 15. September kreuzte die „Grönland" bis zu einer Breite von 81°4,30" auf.

Dies ist bis heute der nördlichste Punkt, den ein Segelschiff ohne Maschine nachweislich erreicht hat.

Nun war es spät im Jahr, es wurde immer kälter und an eine Überwinterung im Eis nicht zu denken. Koldewey ging auf Heimatkurs. Nach kurzem Aufenthalt im norwegischen Bergen erreichte das Schiff am 9. Oktober die Mündung der Weser. Herbstwetter, reichlich Wind, doch zur Freude der Besatzung lief der Schleppdampfer „Diana" dem Segelschiff entgegen und zog es nach Bremerhaven. Die Stadt empfing ihre Helden. *„Wir wurden auf eine so großartige Weise empfangen, wie wir es uns wahrlich niemals hätten träumen lassen"*, notierte Koldewey. Es ist einer der letzten Vermerke seines Expeditionsberichts.

Der Kapitän und seine Crew hatten dreitausend Seemeilen im Nordatlantik zurückgelegt. Ohne einen tödlichen Unfall, ohne einen Mann zu verlieren. Viele Beobachtungen, etwa zur Beschaffenheit des Eises, gaben späteren nachfolgenden Expeditionen in Grönland wichtige Hinweise. Aus den Aufzeichnungen, die Koldewey mitbrachte, fertigte man Karten über Strömungsverhältnisse vor der Küste Grönlands. Wissenschaftler freuten sich über Daten aus einem bis dahin unbekannten Meer. Koldewey hatte das östliche Spitzbergen vermessen und die Westküste von Nord-Ost-Land; noch heute erinnern einige geografische Namen (etwa in der Hinlopenstraße) an die erste deutsche Polarexpedition. Die gesammelten Erfahrungswerte halfen auch dabei, die nächsten Expeditionen vorzubereiten: Für künftige Reisen brauchte es, wenn sie wissenschaftliche Erkenntnisse liefern sollten, ein größeres Schiff, eine größere Besatzung und eine bessere Ausrüstung. Heute gilt als unstrittig, dass der Mut Koldeweys und seiner Crew den Grundstein für die deutsche Forschungsschifffahrt legte. Noch während der Feierlichkeiten, die der Bremer Senat wegen der glücklichen Heimkehr ausgerichtet hatte, wurden Pläne für die zweite Expedition besprochen.

Doch Petermann, treibende Kraft hinter der Expedition, Organisator und Finanzier, verhielt sich merkwürdig still. Er verzögerte die Veröffentlichung des Expeditionsberichts, obwohl die Öffentlichkeit darauf wartete. Um ein Jahr, um zwei, erst nach drei Jahren erschien die Publikation. Warum nur? Petermann soll auch abwertende Urteile über die Expedition verbreitet haben, die doch allgemein als große seemännische Leistung gelobt wurde. War es verletzte Eitelkeit? War es Neid auf den Kapitän, hinter dem er zurückstand? Mochte sich Petermann nicht damit abfinden, dass seine Hypothesen von einem offenen Seeweg an den Pol nicht mit der Wirklichkeit übereinstimmten?

Kapitän Koldewey schadete dies alles nicht. Er leitete auch die zweite Polarexpedition, die am 15. Juni 1869 mit zwei Schiffen, der „Germania“ und „Hansa“, in See ging. Im Nebel verloren sich die Schiffe am Rande des Packeises auf Position 74°4’ nördlicher Breite aus den Augen. Die „Hansa“ wurde Ende Oktober vom Eis eingeschlossen und zermalmt; die Besatzung rettete sich. Die Männer überlebten zweihundert Tage auf dem Eis und legten auf der driftenden Scholle knapp zweitausend Kilometer zurück, bis sie im Mai 1870

„GRÖNLAND"

MSC

endlich offenes Wasser erreichten. Mit drei intakten Beibooten, die sie mitzogen, steuerten sie eine Missionsstation an der Südspitze Grönlands an. Sie erreichten das Dorf am 13. Juli 1870 und kehrten wenig später über Kopenhagen nach Deutschland zurück.

Kein einziger Mann ging verloren.

Die „Grönland“ liegt heute in Bremerhaven. Für eine zweite Arktisexpedition hatte man sie damals als zu klein erachtet – und schon 1871 zurück nach Norwegen verkauft. Sie wechselte mehrfach den Besitzer, kam nach Haugesund, Tromsö, schließlich nach Trondheim, wurde zum Fischfang und zur Jagd auf Robben eingesetzt. Eine Zeit lang nutzte man sie als Frachtsegler, bevor ein Schiffsmakler sie als Sportboot kaufte. 1973 kaufte das Deutsche Schifffahrtsmuseum in Bremerhaven die „Grönland“ für 120.000 D-Mark. Sie wurde restauriert. Heute kümmert sich eine Crew von Ehrenamtlern rührend um das historische Schiff. Es ist als „schwimmender Botschafter“ Bremerhavens immer wieder im Einsatz, segelt zu Hafengeburtstagen oder zur Insel Helgoland. ▪

Hiermit taufe ich dich auf meinen Namen

Labrador, Kolumbien, Vancouver, Tasmanien:
Nicht jeder erkennt gleich, dass hier große Entdecker ihren Namen verewigt haben oder von ihren Kollegen geehrt wurden. Seefahrer und Forscher hinterließen so auf ihren Reisen um die Welt ihre Signatur. Eine Sammlung der schönsten Beispiele.

Alphonse-Atoll

winzige Insel im Archipel der Seychellen

Namensgeber: der französische Ritter Alphonse de Pontevez, der das Atoll 1730 entdeckte

Amerika

Doppelkontinent zwischen Atlantik und Pazifik

Namensgeber: der italienische Navigator Amerigo Vespucci (* 1454 – † 1512), der als erster Europäer erkannte, dass Amerika ein eigener Kontinent ist

Amundsensee

Randmeer des Südlichen Ozeans vor der Westküste der Antarktis

Namensgeber: der norwegische Polarforscher Roald Amundsen (* 1872 – † 1928), der als erster Mensch am Südpol stand. Der norwegische Kapitän Nils Larsen, der das Gewässer 1929 erkundete, taufte es auf den Namen seines berühmten Landsmanns

Baffin Bay

Randmeer des Atlantiks zwischen Grönland und Kanada

Namensgeber: der englische Seefahrer William Baffin
(* 1584 – † 1622); auf der Suche nach der Nordwestpassage entdeckte er die riesige Bucht 1616

Barentsburg

Bergarbeitersiedlung am Isfjord auf Spitzbergen

Namensgeber: der niederländische Entdecker Spitzbergens Willem Barents (* 1550 – † 1597)

Bass-Straße

Meerenge zwischen der Südspitze Australiens und Tasmanien

Namensgeber: der britische Forscher und Schiffsarzt George Bass (* 1771 – † 1803); an Bord eines Walfängers segelte er 1798 rund um Tasmanien

Beagle-Kanal

natürliche Wasserstraße, die im Süden Feuerlands Atlantik und Pazifik verbindet

Namensgeber: das Forschungsschiff „Beagle", mit dem der britische Marineoffizier und Meteorologe Robert FitzRoy (* 1805 – † 1865) das Gewässer entdeckte

Beringstraße

Meerenge zwischen Asien und Amerika im Nordpazifik

Namensgeber: der dänische Marineoffizier Vitus Bering (* 1681 – † 1741)

Bounty-Inseln

Archipel im Südpazifik

Namensgeber: das Schiff „Bounty" des britischen Seeoffiziers William Bligh, das später durch die legendäre Meuterei in die Geschichte eingeht

Bougainvillea

Pflanze aus der Gattung der Wunderblumengewächse

Namensgeber: der französische Weltumsegler Louis Antoine de Bougainville (* 1729 – † 1811)

Bouvetinsel

von Norwegen verwaltete Vulkaninsel im Südatlantik,
2500 Kilometer südwestlich von Südafrika

Namensgeber: der französische Entdecker Jean-Baptiste Charles Bouvet de Lozier (* 1705 – † 1786)

Clavering

Insel vor der Westküste Grönlands

Namensgeber: der verschollene britische Arktisforscher Douglas Charles Clavering (* 1794 – † 1827)

Clerke Rocks

Archipel mit 15 winzigen felsigen Inseln im Atlantik südöstlich von Südgeorgien

Namensgeber: der britische Seeoffizier Charles Clerke (* 1741 – † 1779), der nach dem Tod von James Cook das Kommando auf der „Discovery" übernahm.

Clipperton-Insel
zu Frankreich gehörendes Atoll im Südpazifik

Namensgeber: der englische Pirat John Clipperton, der die Insel als Basis für seine Überfälle nutzte

Cookinseln
Inselstaat auf einem Archipel im südlichen Pazifik

Namensgeber: der britische Entdecker James Cook (* 1728 – † 1779)

Crozier
Einschlagskrater auf dem Mond, am südwestlichen Rand des Mare Fecunditatis

Namensgeber: der irische Polarforscher Francis Rawdon Moira Crozier (* 1796 – † 1848); er war der zweithöchste Offizier auf der Franklin-Expedition. Nach ihm sind außerdem ein Kap in der Antarktis, eine Insel in der Arktis und ein Berg auf den Kerguelen benannt

Dampier
Seehafen im Nordwesten Australiens

Namensgeber: der britische Freibeuter und Weltumsegler William Dampier (* 1651 – † 1715)

Davis-Straße
Meerenge zwischen der kanadischen Baffininsel und Grönland

Namensgeber: der englische Seefahrer und Entdecker John Davis (* 1550 – † 1605)

Drake-Passage
Meeresstraße zwischen Kap Hoorn und der Nordspitze der Antarktischen Halbinsel

Namensgeber: der englische Freibeuter und Weltumsegler Francis Drake (* um 1540 – † 1596); auf der Suche nach zwei Schiffen seiner Flottille, die im Sturm abgetrieben waren, entdeckte er die Passage 1578 zufällig

Edgeøya
Insel im nordatlantischen Svalbard-Archipel, östlich von Spitzbergen

Namensgeber: der englische Händler und Walfänger Thomas Edge (* 1588 – † 1624)

Fitz Roy
auch Cerro Fitzroy genannt, 3406 Meter hoher Andengipfel in Chile

Namensgeber: der britische Marineoffizier und Meteorologe Robert FitzRoy (* 1805 – † 1865), Kapitän des Forschungsschiffs „Beagle", mit dem Charles Darwin um die Welt reiste

Flinders Island
Insel am östlichen Ausgang der Bass-Straße zwischen Australien und Tasmanien

Namensgeber: der britische Forschungsreisende Matthew Flinders (1774 – 1814), der die Insel 1798 zusammen mit George Bass umrundete

Franklin-Insel
Vulkaninsel im antarktischen Rossmeer

Namensgeber: der englische Konteradmiral und Polarforscher John Franklin (* 1786 – † 1847), der mit allen Leuten auf der Suche nach der Nordwestpassage umkam

Gough
Vulkaninsel in der Tristan da Cunha-Inselgruppe im Südatlantik

Namensgeber: der englische Seefahrer Charles Gough, der die Insel 1731 wiederentdeckte

Hudson Bay
Randmeer des Atlantiks im Nordosten Kanadas

Namensgeber: der englische Entdecker Henry Hudson (* 1565 – † 1611), der die riesige Bucht 1610 als erster Europäer erkundete

Jan Mayen
Insel im Nordatlantik, 300 Seemeilen nordöstlich von Island, gehört zu Norwegen

Namensgeber: der niederländische Walfangkapitän Jan Jacobs May van Schellinkhout, der die Insel 1614 sichtete

Juan-Fernández-Inseln

Archipel von Vulkaninseln im südlichen Pazifik, gehört zu Chile

Namensgeber: der spanische Seefahrer Juan Fernández (* 1536 – † 1604), der die Inseln 1574 erstmals sichtete

Kap Deschnjow

östlichster Punkt des asiatischen Kontinents

Namensgeber: der Russe Semjon Iwanowitsch Deschnjow (* 1605 – † 1673), der die Landspitze 1648 als Erster umsegelte

Kerguelen

subantarktische Inselgruppe im südlichen Indischen Ozean

Namensgeber: der französische Marineoffizier Yves Joseph de Kerguelen de Trémarec (* 1734 – † 1794), der die Insel 1772 entdeckte

Kolumbien

Staat im Norden Südamerikas, an Karibik und Pazifik grenzend

Namensgeber: Die Seefahrer Alonso de Ojeda und Amerigo Vespucci waren die ersten Europäer in Kolumbien, sie gaben ihm den Namen ihres berühmten Kollegen Christoph Kolumbus (* 1451 – † 1506)

Labrador

subarktische Halbinsel, Teil der kanadischen Provinz Neufundland und Labrador

Namensgeber: der Portugiese João Fernandes Lavrador (* 1453 – † 1501), der den Entdecker Giovanni Caboto 1497 auf eine Expedition über den Atlantik begleitete

Magellanstraße

Meerenge, die im Süden Patagoniens den Atlantischen mit dem Pazifischen Ozean verbindet

Namensgeber: der portugiesische Ritter Ferdinand Magellan (* 1485 – † 1521), der diese Passage zwischen den Inseln Patagoniens 1520 als Erster befuhr

Malden

Koralleninsel im südlichen Pazifik, gehört zum Inselstaat Kiribati

Namensgeber: der britische Seefahrer Charles Robert Malden, der 1825 als erster Europäer auf der Insel landete

Marion-Insel

Vulkaninsel im Indischen Ozean, die größere der Prinz-Edward-Inseln, gehört zu Südafrika

Namensgeber: der französische Seefahrer Marc-Joseph Marion du Fresne (* 1724 – † 1772), der erstmals die Position der 1663 von Holländern entdeckten Insel bestimmte

Mount Dampier

3440 Meter hoher Berggipfel in den neuseeländischen Alpen

Namensgeber: der britische Freibeuter und Weltumsegler William Dampier (* 1651 – † 1715)

Pitcairn

Vulkaninsel im Südpazifik, 2700 Seemeilen östlich von Neuseeland, britische Kolonie

Namensgeber: der britische Seekadett Robert Pitcairn an Bord der „HMS Swallow" unter Kapitän Philipp Carteret, der die Insel als Erster gesichtet hat

Port Moresby

Hauptstadt Papua-Neuguineas

Namensgeber: der britische Marineoffizier John Moresby (* 1830 – † 1922), der die Küste Neuguineas 1870 erforschte und dabei auf den großen Naturhafen stieß

Ross Schelfeis

von Gletschern gespeistes, größtes Schelfeis der Antarktis

Namensgeber: der englische Polarforscher James Clark Ross (* 1800 – † 1862), der 1841 bei seiner Antarktisexpedition auf die senkrechte Front der gigantischen Eisplatte stieß

Shackleton

Einschlagkrater auf der Mondvorderseite, am Südpol des Mondes

Namensgeber: der irische Polarforscher Ernest Shackleton (* 1874 - † 1922), der nach dem Untergang seines Schiffes in der Antarktis alle seine Männer rettete

Shortland-Inseln

Archipel mit hundert winzigen Inseln in der Salomonsee, Pazifik

Namensgeber: John Shortland (1769 - † 1810), Kapitän der Royal Navy, der die Inseln 1788 als erster Europäer erreichte

Starbuck

unbewohnte Koralleninsel im Pazifik, gehört zum Inselstaat Kiribati

Namensgeber: Valentine Starbuck, Walfang-Kapitän von Nantucket, der die Insel 1823 entdeckte

Store Koldewey

Arktisinsel vor der Nordostküste Grönlands

Namensgeber: der deutsche Polarforscher Carl Koldewey (* 1837 - † 1908), Leiter der Zweiten Deutschen Nordpolar-Expedition nach Grönland

Tasmanien

130 Seemeilen südlich des australischen Festlands gelegene Insel im Indischen Ozean

Namensgeber: der niederländische Seefahrer Abel Janszoon Tasman (* 1602 - † 1659), der die Insel 1642 als erster Europäer erreichte

Torres-Straße

Meerenge zwischen dem nordaustralischen Cape York und der Südspitze Neuguineas

Namensgeber: der - wahrscheinlich spanische - Seefahrer Luis Váez de Torres (* um 1565 - † 1607), er durchsegelte die Meerenge 1606 als erster Europäer

Tristan da Cunha

Vulkaninsel im Südatlantik, 1500 Meilen vom Kap der Guten Hoffnung entfernt, britisches Überseegebiet

Namensgeber: der portugiesische Admiral Tristão da Cunha (* 1460 - † 1539), der die Insel auf seinem Weg nach Indien entdeckte

Vancouver

Hafenstadt an der Westküste Kanadas, in der Provinz British Columbia; 630.000 Einwohner

Namensgeber: George Vancouver (* 1757 - † 1798), Kapitän der Royal Navy, der die Gewässer der amerikanischen Nordwestküste 1792 erkundete

Weddell-Meer

Randmeer des Südlichen Ozeans, östlich der Antarktischen Halbinsel

Namensgeber: der britische Robbenjäger James Weddell (* 1787 - † 1834), dem es 1823 als Erstem gelang, in die Bucht zu segeln, die bis heute eigentlich nur von Eisbrechern befahren werden kann

Wilkesland

zu Australien gehörendes Territorium im Osten der Antarktis

Namensgeber: der US-amerikanische Marineoffizier und Polarforscher Charles Wilkes (* 1798 - † 1877); er leitete 1838 bis 1842 eine Expedition in den Südlichen Ozean - und erkannte als Erster, dass die Antarktis ein eigener Kontinent war

KAPITÄN CARLSEN

Held Kurt Carlsen **Ort** Britische Inseln **Datum** Dezember 1951

5

Ein echter KAPITÄN

Als der Ruderschaft bricht, treibt der Stückgutfrachter „Flying Enterprise" hilflos im Sturm vor den Britischen Inseln. Die Lage scheint aussichtslos zu sein, doch Hendrik Kurt Carlsen, der junge Kapitän, weigert sich hartnäckig, sein Schiff zu verlassen. Vor den Augen der Welt nimmt ein Drama seinen Lauf.

Ein Kapitän verlässt als Letzter sein sinkendes Schiff. Dies galt lange Zeit als ein Gesetz der See, das nicht geschrieben werden musste, weil es ein Ehrenkodex war. Zumindest, bevor es Seeleute wie Francesco Schettino gab, der im Januar 2012 das Kreuzfahrtschiff „Costa Concordia" vor der italienischen Insel Giglio auf die Felsen setzte – und dann als einer der Ersten im Rettungsboot saß. Viele Seeleute, die ich kenne, bekommen bei der bloßen Nennung des Namens Schettino hektische Flecken im Gesicht.

Die Geschichte, die ich erzählen möchte, handelt von einem dänischen Kapitän, einem Gegenentwurf zu Schettino. Mutig, pflichtbewusst, zäh und bescheiden, „ein echter Kapitän", wie ihn seinerzeit eine große deutsche Wochenzeitschrift bezeichnete.

Dezember 1951, westlich der Britischen Inseln. Der Frachter „Flying Enterprise" befindet sich auf dem Weg von Hamburg nach New York City, als das Schiff in einen schweren Orkan gerät. Der Ruderschaft bricht, und das Schiff rollt heftig in der See, was dazu führt, dass die Ladung aus Roheisen verrutscht. Die „Flying Enterprise" hat nun starke Schlagseite, mehr als 50 Grad, und verzweifelte Versuche, ein Notruder anzubringen, scheitern. Kapitän ist Hendrik Kurt Carlsen, 37, der seit seinem vierzehnten Lebensjahr zur See fährt und mit nur 22 Jahren Kapitän wurde. Er lässt die Maschine stoppen und ein Mayday absetzen. Einige Frachtschiffe und ein amerikanischer Truppentransporter empfangen den Notruf und ändern sofort den Kurs. Doch der Sturm tobt noch immer so heftig, und die Wellen sind so hoch, dass es unmöglich ist, die 48 Crewmitglieder und zehn Passagiere von Bord zu retten.

Als sich das Wetter nach vier Tagen etwas bessert, gibt Kapitän Carlsen die Order, dass alle Crewmitglieder die „Flying Enterprise“ verlassen sollen. Freiwillige des Dampfers „Southland“ lassen ein Rettungsboot zu Wasser und rudern zum Havaristen. Sie bringen die Schiffbrüchigen in Sicherheit. Kapitän Carlsen aber bleibt an Bord. Er weigert sich, sein Schiff zu verlassen. Er will noch nicht aufgeben.

Das Drama beginnt.

Nach zwei weiteren Tagen in schwerer See erreicht der britische Hochseeschlepper „Turmoil“ den Einsatzort. Das Wetter: unverändert stürmisch, neun Beaufort, enormer Wellengang. Die „Flying Enterprise“ hat inzwischen knapp 60 Grad Schlagseite. An Bord des Schleppers hegen einige Seeleute Zweifel, ob eine Rettung des Schiffs überhaupt noch möglich ist. Mehrere Versuche, eine Schleppverbindung herzustellen, scheitern. Der Kapitän der „Turmoil“ fordert seinen Kollegen auf einzusehen, dass es keinen Sinn mehr hat, und das Schiff zu verlassen. Doch Carlsen denkt nicht daran.

Stattdessen bittet er seinen Kollegen sogar darum, ihm Verstärkung an Bord zu schicken. Ein Freiwilliger meldet sich, der Erste Offizier, ein Mann namens Kenneth Dancy. Ihm gelingt es bei einem kühnen Manöver, auf das Heck der „Flying Enterprise“ zu springen. Mit vereinten Kräften schaffen es die Seeleute, die Schlepptrosse anzubringen. Nun gibt es wieder Hoffnung für die „Flying Enterprise“. Der Schleppverband kämpft sich durch die Wellen, in der Hoffnung, den Nothafen Falmouth in Cornwall zu erreichen.

Fünf weitere Tage geht das gut.

Doch dann, etwa 60 Seemeilen vor dem Ziel, bricht die Schlepptrosse. Das Schiff liegt mit 65 Grad auf der Seite. Nun gibt selbst der sture Däne Carlsen auf, nach insgesamt 13 Tagen an Bord des Havaristen. Carlsen und Dancy verlassen die „Flying Enterprise“. Kurz darauf sinkt das Schiff, auf Position 49° 38’0” Nord, 004° 23’0” West, knapp 85 Meter tief auf Grund.

Was auf See geschah, hat die Öffentlichkeit fasziniert in den Zeitungen und im Radio verfolgt. Ein maritimer Krimi, mit einem wahren Helden auf der Brücke. Der Mut und Durchhaltewillen Carlsens werden in Zeitungen von London bis New York gefeiert. Dem Kapitän selbst ist der Rummel unheimlich. In London droht er einer Fluggesellschaft, er werde sein Ticket zurückgeben, sollte er bei seinem Abflug nach New York wieder Reportern „ausgesetzt“ sein. Seine Abreise aber bleibt nicht geheim, denn als er, von einem Polizisten begleitet, die letzten hundert Meter zur wartenden Maschine läuft, eilen ihm Journalisten hinterher.

Carlsen ruft ihnen zu: „Meine Herren: Ich habe Ihnen nichts zu sagen, überhaupt nichts zu sagen, nichts zu sagen, nichts zu sagen, gar nichts zu sagen.“

Der Versicherer Lloyd's of London verleiht Carlsen keine zwölf Monate nach den Ereignissen die Silbermedaille für „besondere Dienste“. Der amerikanische Kongress würdigt ihn mit dem „Merchant Marine Distinguished Service Award“. Eine Hollywood-Produktion bietet ihm für die Verwertung seiner Lebensgeschichte die für damalige Verhältnisse unglaubliche Summe von 2,5 Millionen US-Dollar.

Kapitän Carlsen lehnt das Angebot ab. ■

DIE VIER GEFÄHR-LICHSTEN FRAUEN ZUR SEE

Sie kaperten Schiffe, sie plünderten und mordeten. Trotzdem wurden Grace O'Malley, Mary Read, Anne Bonny und Chen I Sao als Piratinnen zu Volksheldinnen, die heute noch gefeiert werden. Weil sie kühn mit allen Konventionen brachen.

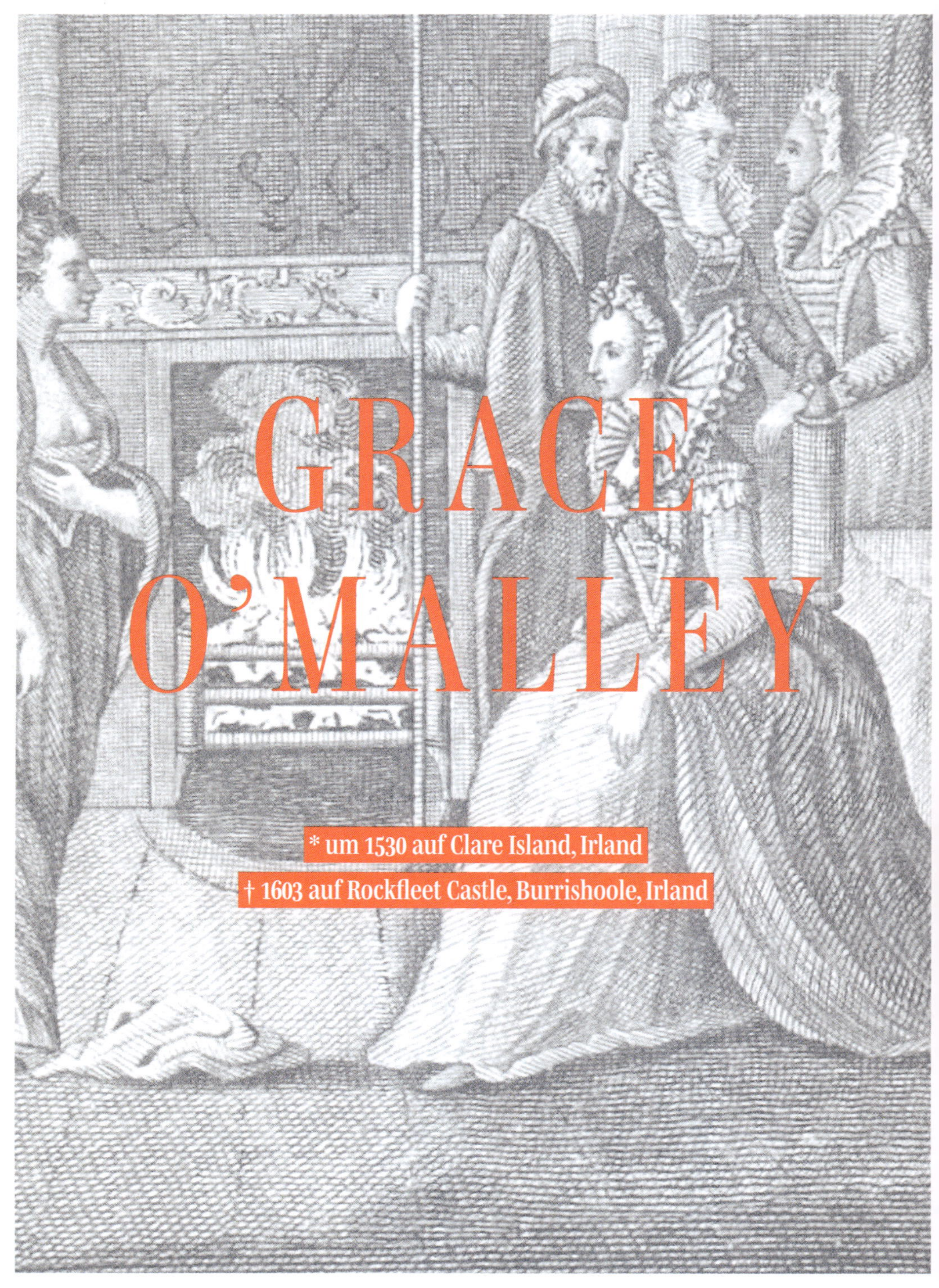

GRACE O'MALLEY

* um 1530 auf Clare Island, Irland

† 1603 auf Rockfleet Castle, Burrishoole, Irland

... heißt eigentlich auf Gälisch Gráinne Ní Mháille und ist die Tochter eines mächtigen Clan-Chefs im Westen Irlands. Ihr Vater, Eoghan Dubhdaire – „Schwarzeiche" – Ó Máille, ist Seefahrer, Händler und Herrscher über die Küsten der Grafschaft Mayo, wo er von den Fischern seine eigenen Steuern eintreibt. Als er seine Tochter Gráinne zum ersten Mal mit auf See nimmt, zählt sie gerade einmal elf Jahre. Er bringt ihr alles bei, was er über das Segeln und das Navigieren in den schwierigen Küstengewässern des Atlantiks weiß – und begeht dann einen folgenschweren Fehler. Auf einer Reise nach Spanien will er Gráinne nicht mitnehmen, mit der sonderbaren Begründung, er habe Sorge, dass sie mit ihrer langen Mähne irgendwo in das laufende Tauwerk gerate. Was macht die Tochter? Säbelt sich kurzerhand die Haare ab und nennt sich fortan „Granuaile", was im Gälischen geschoren oder glatzköpfig bedeutet. Es ist die Geburt einer Legende.

Sie heiratet mit 16 den Anführer eines Clans aus dem benachbarten Connemara, Dónall Ó Flaithearta. Granuaile zieht bei ihm auf der Burg in Connemara ein, sie haben drei Kinder, Eoghan, Méadhbh und Murchadh. Dónall fällt im Kampf gegen einen Nachbarn, seine Frau übernimmt das Kommando und verteidigt die Burg. Gegen die Rivalen aus der Region, aber später auch gegen die Engländer, die bei ihrem Versuch, ganz Irland zu unterjochen, immer öfter weit in den Westen der Insel vorstoßen. Nur treffen sie hier auf erbitterten Widerstand: auf Gráinne Ní Mháille, oder Grace O'Malley, wie die Invasoren sie nennen.

Gráinne kehrt mit ihrem Gefolge an den Stammsitz des Clans an der Clew Bay zurück, übernimmt die Geschäfte der Familie und baut vor allem eine Unternehmung aus, die ihr Vater und ihr Ehemann eher als Nebenerwerb betrachtet hatten – die Piraterie. Sie kapert und plündert mit großem Erfolg die Frachter, die an ihrer Küste vorbeisegeln. Der Legende nach geht sie mit großer Härte ins Gefecht, zeigt nach dem Kampf aber Milde im Umgang mit den Besiegten, und sie teilt die Beute gerecht unter ihren Männern auf.

So wird sie zur Königin der Piraten, zur unumstrittenen Herrscherin über den wilden Westen Irlands. Eine Frau, wie sie die irische und wahrscheinlich die gesamte europäische Geschichte noch nicht gesehen hat.

Sie nimmt sich einen Schiffbrüchigen als Liebhaber. Als der von einem rivalisierenden Clan ermordet wird, überfällt sie die Burg der Täter und richtet sie hin. Sie heiratet wieder, Risdeárd an Iarainn Bourke, aber die Ehe hält nicht lange, Gráinne soll den Neuen schon nach einem Jahr vor die Tür gesetzt haben. Aber sie ist schwanger, bringt ihr viertes Kind Teabóid auf See zur Welt. Am Morgen nach der Geburt, heißt es, sollen algerische Piraten versucht haben, ihr Schiff zu überfallen. Keine gute Idee, Gráinne greift sich ihr Schwert und kämpft an der Seite ihrer Leute. Das weitere Schicksal der Angreifer ist nicht überliefert.

Eine Königin Gráinne im Westen Irlands passt allerdings den Engländern so gar nicht ins Konzept. Sie stellen die Clan-Chefs vor die Wahl: Akzeptiert unsere

Queen Elizabeth I. als euer Oberhaupt, dann bekommt ihr einen englischen Titel und dürft eure Ländereien behalten. Weigert euch, und wir schicken unsere Truppen. Gráinne nimmt den Kampf auf, und bekommt es mit dem englischen Statthalter Elizabeths in Galway zu tun, Sir Richard Bingham. Er zettelt eine Rebellion unter den Clans an, konfisziert das Land der O'Malleys und nimmt die drei Söhne gefangen. Auch Gráinne gerät bei einer Schlacht in Gefangenschaft, kann unter mysteriösen Umständen jedoch aus dem Kerker in Limerick entkommen. Sie ist eine Frau, das hat ihre Biografie bis hierhin schon hinreichend bewiesen, die auch schwierige Angelegenheiten ohne Zögern angeht. Und zwar immer sehr direkt: 1593 reist Gráinne nach London, um die Sache mit Elizabeth höchstselbst zu klären, von Königin zu Königin.

Die Piratin trägt bei dieser Audienz zwar ihr feinstes Gewand, doch sie weigert sich, ihren Dolch abzugeben. Elizabeth akzeptiert es und schluckt auch den nächsten Affront: Gráinne denkt nicht daran, sich zu verbeugen, sie beugt sich nicht, niemandem. Da die Irin kein Englisch und Elizabeth kein Gälisch spricht, wird das Gespräch auf Latein geführt. Mit einem denkwürdigen Ergebnis: Gráinne darf im Westen weiter regieren, auch Schiffe überfallen und plündern, sofern es sich bei den Seefahrern um Feinde Englands handelt. Ihre Söhne kommen frei, und der Statthalter Englands, der den O'Malleys so zugesetzt hat, wird von seinem Posten abgezogen. Dafür muss Gráinne ihre Unterstützung der irischen Rebellen einstellen.

Die Piratin hat offensichtlich Eindruck gemacht auf die englische Königin; mit einem solchen Ausgang der Unterredung hatte niemand gerechnet. Elizabeth hätte auf keine der Forderungen eingehen müssen. Sie hat den längeren Hebel, die Lage in Irland ist unter Kontrolle.

Alles gut also? Von wegen. In der Umsetzung klappt nicht ganz, was die Königinnen besprochen haben. Die Engländer rücken den beschlagnahmten Besitz der Irin nicht vollständig he-raus, und auch der verhasste Richard Bingham kehrt wenig später zurück, um die widerspenstige Kolonie zu regieren. Gráinne aber hält ihre Stellung, und solange sie lebt, bleibt den Engländern der ultimative Sieg über die Iren verwehrt. Über ihre letzten Lebensjahre ist kaum etwas überliefert, die Königin der Piraten stirbt 1603 – im selben Jahr wie die englische Monarchin Elizabeth I.

MARY READ

* 1685 in London

† 1721 in Santiago de la Vega, Jamaika

... muss schon früh die Kunst der perfekten Täuschung lernen. Ihre Mutter ist mit einem Matrosen verheiratet, sie haben einen Sohn. Der Seemann geht auf Reisen und ward nicht mehr gesehen. Seine Frau wird wieder schwanger, von wem, ist nicht überliefert, und Mary kommt zur Welt. Ihr Halbbruder wird krank und stirbt, was die Mutter den Schwiegereltern jedoch verschweigt, denn sie ist auf deren finanzielle Unterstützung angewiesen. Ihre Lösung: Sie verkleidet Mary und lässt sie die Rolle des toten Jungen einnehmen. Der Plan geht auf.

Bis die Großeltern sterben. Wieder stehen Mutter und Tochter vor der Frage, wie sie ihren Lebensunterhalt bestreiten sollen. Und wieder fällt ihnen nur der Rollenwechsel als Ausweg ein. Mary, jetzt 13 Jahre alt, heuert als Schiffsjunge auf einem Segler namens „French Lady" an. Die Seefahrt liegt ihr, nur mit dem Dasein als Laufbursche will sie sich nicht zufriedengeben. In ihrer Verkleidung, die sie längst so gut beherrscht, dass niemand ihr wahres Geschlecht erkennt, verdingt sie sich als Matrose auf einem Kriegsschiff der Royal Navy.

Die Welt sieht sie als Mann, und daran findet sie Gefallen. In Flandern wird sie Soldat, kämpft als Kadett der Infanterie und bewährt sich in zahlreichen Schlachten. Nur eine Beförderung zum Offizier bleibt ihr verwehrt, weil man zu dieser Zeit Geld und Einfluss braucht, um aufzusteigen beim Militär. Sie wechselt zur Kavallerie, wo es ihr genauso ergeht, doch dann passiert, was in ihrer Rolle eigentlich nicht passieren darf: Sie verliebt sich, in einen flämischen Kameraden. Und jetzt? Sie lässt den Mann „zufällig" selbst entdecken, dass sein vermeintlicher Zeltnachbar eine Frau ist. Die beiden werden ein Paar, quittieren den Dienst, heiraten. Zusammen führen sie das Gasthaus „De Drie Hoefijzers" – Die drei Hufeisen – im niederländischen Breda. Bis der Ehemann sechs Jahre später stirbt.

Woher wir das alles wissen? Aus einer Enzyklopädie des Piratenwesens mit dem Titel „A General History of the Robberies and Murders of the most notorious Pyrates", die 1724 in England erschienen ist. Als Autor wird ein Captain Charles Johnson angegeben, doch Literaturwissenschaftler sind sich einig, dass sich hinter diesem Pseudonym der englische Journalist und Schriftsteller Daniel Defoe verbirgt, der nur wenige Jahre zuvor seinen großen Abenteuerroman „Robinson Crusoe" vollendet hat. Defoe hat zusammengetragen, was über die Piraten seiner Zeit bekannt ist; welche Quellen er verwendet, gibt er nicht im Detail an. Und die unglaubliche Geschichte der Mary Read geht jetzt erst richtig los.

Der Mann tot, der Gasthof pleite, und was macht Read? Schlüpft wieder in die vertraute Rolle des anderen Geschlechts. Wird erneut Soldat, jetzt in niederländischen Diensten. Nach Kriegsende heuert sie wieder auf einem Schiff an, auf einem Frachtsegler, der die Karibik ansteuert. Das Schiff wird von englischen Piraten überfallen und geplündert. Danach lassen die Seeräuber ihre Opfer ziehen, nur den einzigen Engländer an Bord behalten sie.

Mary Read ist jetzt unter Piraten.

Eine königliche Amnestie verspricht den Seeräubern Straffreiheit, wenn sie sich stellen. Mary Reads Piraten nehmen das Angebot an, und eine Weile lebt sie friedlich auf einer der britischen Inseln in der Karibik, bis der Gouverneur von Providence nach Freibeutern sucht, die Jagd auf die verhassten Spanier und ihre Schiffe machen sollen. Mary heuert an, als See-Mann natürlich. Sie ist wieder Mark Read.

Daniel Defoes Beschreibungen werden nun ein wenig vage, die Umstände des weiteren Hergangs sind nicht völlig klar: Auf ihrem neuen Schiff kommt es zu einer Meuterei, angeblich weil der Kapitän sich weigert, ein französisches Schiff zu attackieren, das reiche Beute verspricht; Mark/Mary schlägt sich auf die Seite der Meuterer und landet damit auf der falschen Seite des Gesetzes. Er/sie wechselt auf das Schiff eines der legendären Karibik-Piraten, Calico Jack Rackham. Und in seiner Crew trifft sie 1720 auf einen Matrosen namens Adam Bonny, der ein Geheimnis hat wie Mary Read. Er ist kein Adam, sondern eine Anne. Weil beide ab sofort unzertrennlich sind, erzählen wir die Fortsetzung dieser aberwitzigen Geschichte im nächsten Kapitel, das unserer dritten berühmten Piratin gewidmet ist.

ANNE BONNY

* um 1698 in der Grafschaft Cork, Irland

† um 1782 in Charles Town, South Carolina

... ist ebenfalls ein uneheliches Kind. Ihre Mutter Peg Brennan ist Magd im Haus des Juristen William Cormac, und er ist der Vater. Um den Ehebruch zu vertuschen, gibt er Anne als Kind von entfernten Verwandten aus – und kleidet sie als Jungen. Die Ehefrau aber durchschaut den Betrug. Um dem gesellschaftlichen Skandal zu entgehen, siedelt Cormac in die englischen Kolonien über, nach South Carolina, wo er Land kauft und sich als Plantagenbesitzer neu erfindet. Anne darf als Mädchen aufwachsen, doch als sie sich bei ihren Zügen durch die Tavernen der Hafenstadt Charles Town in einen Seemann und Gelegenheitspiraten namens James Bonny verliebt und ihn wenig später heiratet, wird sie von ihrem Vater verstoßen. Hier, schreibt Daniel Defoe, zeigt sich zum ersten Mal das Finstere und Skrupellose im Charakter der jungen Anne: Aus Rache brennt sie die Plantage nieder.

Mit ihrem Ehemann segelt sie nach Nassau auf den Bahamas – damals so etwas wie die Welthauptstadt der Seeräuber. Anne lernt den Piraten Calico Jack Rackham kennen und ist so beeindruckt, dass sie ihrem eben erst angetrauten Mann den Laufpass gibt. Woher der Spitzname Calico kommt? Rackham liebt es schrillbunt, am liebsten trägt er Baumwolle in leuchtenden Farben, wie sie aus dem indischen Kalikut kommt. Er ist Steuermann auf dem Schiff des Freibeuters Charles Vane. Weil Frauen an Bord bekanntlich Unglück bringen, muss sich Anne, wir ahnen es schon, wieder verkleiden. Als Adam heuert sie an. Ein Mitglied der Crew durchschaut die Maskerade – und wird von Adam/Anne mit einem Stich ins Herz für immer zum Schweigen gebracht.

Kapitän Charles Vane ist das nächste Opfer. Er wird erst abgesetzt und dann auf der nächstgelegenen Insel ausgesetzt. Rackham und Bonny haben jetzt ihr eigenes Schiff. Aber die Piratenbraut ist schwanger. Als ihr Bauch zu groß wird, geht sie auf Kuba von Bord. Das Kind kommt zur Welt, und auch Defoe kann uns nicht sagen, was aus ihm wird. Denn die Mutter will so schnell wie möglich wieder an Bord. Auf New Providence, der Hauptinsel der Bahamas, lernt sie den jungen Seemann Mark Read kennen, und damit nimmt die Geschichte eine weitere spektakuläre Wendung. Mark, wir wissen es ja schon, ist eine Mary – und macht aus dem eh schon ungewöhnlichen Seeräuberpaar ein noch spezielleres Trio.

Plündernd und mordend ziehen sie durch die Karibik, wobei Adam und Mark schon bald das Kommando übernehmen. Die beiden scheinen unzertrennlich, und Rackham brennt vor Eifersucht. Am liebsten würde er dem neuen Mann die Kehle durchschneiden, doch dann platzt er eines Tages, ohne zu klopfen, in Annes Quartier an Bord und findet die beiden nackt im Bett. Nun hat auch er es kapiert: Mark ist Mary.

Ab jetzt ist die Maskerade nicht mehr Notwendigkeit, sondern ein Spiel. Anne und Mary führen das Schiff, und mal treten sie als Frauen auf, mal in Männerkleidung. Für Rackham bleibt nur eine Nebenrolle, er betäubt sich mit Rum. Die Piratinnen aber drehen jetzt richtig auf. Kapern und übernehmen ein zweites Schiff, hecken immer dreistere Überfälle aus, bis die Briten schließlich ein Kopfgeld auf die beiden Frauen aussetzen. Kapitän Jonathan Barnet, ein ehemaliger englischer Freibeuter, der sich darauf verlegt hat, Piraten zu jagen, fahndet nach Bonny und Read.

Am 20. Oktober 1720 findet er die beiden vor der Nordküste Jamaikas. Ihr Schiff liegt vor Anker, ihre Männer – inklusive Calico Jack Rackham, liegen betrunken in den Kojen. Nur die beiden Frauen und ein weiterer Mann sind an Deck. Sie versuchen noch, den Anker zu lichten und die Segel zu setzen, doch Barnet feuert eine Breitseite in das Schiff der Piraten und geht längsseits zum Entern. Bonny und Read stellen sich den Angreifern, sie wollen nicht kampflos untergehen. Doch allein haben sie gegen Barnets Crew keine Chance, eine Stunde später ist es vorbei, alle Piraten sind in Ketten.

In Port Royal auf Jamaika wird ihnen der Prozess gemacht. Rackham, Bonny und Read und ihre gesamte Mannschaft werden zum Tode durch den Strang verurteilt. Die beiden Frauen geben an, schwanger zu sein, worauf ihre Hinrichtung ausgesetzt wird. Bonny darf Rackham ein letztes Mal sehen. Der Legende nach, und mehr haben wir nicht als möglicherweise dramatisch ausgeschmückte Überlieferungen, soll sie ihn mit einem Fluch in den Tod geschickt haben: „Tut mir leid, dich in dieser misslichen Lage zu sehen. Aber wenn du wie ein Mann gekämpft hättest, als es darauf ankam, würden sie dich jetzt nicht hängen wie einen Hund."

Rackham hängt, Mary Read stirbt im Gefängnis an einem Fieber. Im Wochenbett? Oder hat sie sich mit einer Tropenkrankheit angesteckt? Unklar, in der Literatur finden sich beide Erklärungen. Noch rätselhafter ist der Fall Anne Bonny: Mehrfach, schreibt Daniel Defoe, wird ihre Hinrichtung aufgeschoben. Aber dann verliert sich plötzlich ihre Spur. Mit Sicherheit sagen lässt sich nur: Sie entkommt dem Tod durch den Strang. In einigen Quellen heißt es, sie habe ihr Kind noch zur Welt gebracht. Und sei dann irgendwie aus dem Gefängnis entwischt. Einige Chronisten wollen wissen, dass sich ihr Vater für sie eingesetzt und sie zurück nach Charles Town geholt habe, wo sie geheiratet und drei weitere Kinder gehabt haben soll. Ein friedliches Familienleben nach den ausschweifenden Abenteuern auf See? Kaum vorstellbar, es klingt eher, als hätten sich die Fortschreiber ihrer Geschichte alle Mühe gegeben, die schrille Biografie der Piratin zu einem konventionellen Ende zu bringen. Danach soll Anne Bonny im hohen Alter von 84 Jahren gestorben sein. Und nicht im Kampf auf See, nicht im Kanonendonner und Klirren von Säbeln.

Können wir das glauben? Oder vielmehr: Wollen wir?

KÖNNEN WIR DAS GLAUBEN? ODER VIELMEHR: WOLLEN WIR?

CHENG I SAO

* 1775 in Canton

† 1844 in Macau oder Canton

... heißt ursprünglich Ching Shih und arbeitet als Prostituierte im südchinesischen Canton, bis sich der Anführer der Piraten in der Region, Cheng I, in sie verliebt. Er verschwendet keine Zeit damit, lange um die Angebetete zu werben - er raubt sie im Jahr 1801 einfach aus dem Bordell. Die genauen Umstände sind nicht bekannt, und eine Autobiografie hat Ching Shih der Nachwelt leider nicht hinterlassen, doch sie muss wohl recht schnell verstanden haben, dass eine Verbindung mit dem Piraten eine lu-krative Perspektive haben könnte. Als hätte es seine überfallartige Annäherung nicht gegeben, schlägt sie ihm vor: Machen wir halt fifty-fifty, wir teilen uns die Befehlsgewalt über deine Flotte und die Profite. Dann heirate ich dich. Cheng I erkennt, dass er es mit einer gewieften Geschäftsfrau zu tun hat, und willigt ein. Sie nennt sich nun Cheng I Sao, die Frau des Cheng I. Und China wird lernen, diesen Namen zu fürchten.

Denn sie treibt die Expansion des Unternehmens geschickt voran. Ihr gelingt, was Cheng I vorher nicht geschafft hat: die verfeindeten Piratenflotten der südchinesischen Küste zu vereinen und unter ihr Kommando zu stellen. 70.000 Mann, Hunderte große Dschunken und tausend kleinere Schiffe – das Ehepaar Cheng verfügt nun über einen mächtigen Hebel, und den setzen sie auch ein. Sie kontrollieren den Seeweg von Ostasien nach Arabien und Europa, fangen die reich beladenen Frachter der Briten, Niederländer und Portugiesen ab. Immer wieder überfallen sie auch Hafenstädte, erpressen Schutzgelder von Bauern und Fischern. Die erbeuteten Schiffe werden der eigenen Flotte zugeschlagen, die damit zu einer immer größeren Armada heranwächst. Die Crews leben mit ihren Familien auf den Dschunken, die sie zu schwimmenden Städten auf dem Meer vertäuen. Und das Kaiserreich China? Muss tatenlos zusehen, die Piraten-Allianz der Chengs ist längst zu mächtig geworden, ein Angriff wäre ein Himmelfahrtskommando.

Um 1805 adoptieren die Chengs einen jungen Mann namens Chang Po, den Sohn armer Fischersleute, um ihn schrittweise zum Nachfolger aufzubauen. Chang Po ist wie Cheng I Sao von den Piraten geraubt worden, er ist bei ihnen aufgewachsen und von Cheng I persönlich unterrichtet worden. Seine Stärke ist sein Charisma, die Crews der Kampf-Dschunken vertrauen ihm, er ist als Anführer beliebt.

Und er muss schneller in der neuen Rolle antreten als gedacht: Cheng I kommt um. Einige Chronisten schreiben, er sei mit seinem Schiff im Sturm untergegangen, andere berichten, er sei bei Kämpfen an der Küste Vietnams getötet worden. Cheng I Sao trauert nicht lange und macht den jungen Chang Po zum Partner – im Geschäft wie im Privatleben. Sie nennt sich jetzt die Witwe Cheng und übernimmt die Führung des Piratenimperiums; Chang Po wird ihr Oberbefehlshaber für die täglichen Operationen. Gemeinsam bauen sie die gewaltige Flotte noch weiter aus. Nur wenige Staaten, stellen Historiker fest, hätten damals über eine Seestreitmacht verfügt wie das chinesische Powerpaar.

Um den gewaltigen Apparat kontrollieren zu können, führen sie einen Verhaltenskodex ein, der bei Vergehen drakonische Strafen vorsieht. Deserteure bekommen die Ohren abgeschnitten, Unterschlagung von Beute wird mit Auspeitschen geahndet, auf Befehlsverweigerung oder Diebstahl steht die Todesstrafe. Auch der Umgang mit Gefangenen wird strikt geregelt: Wer Gewalt gegen Frauen anwendet oder sie gar vergewaltigt, wird geköpft. Beute muss einem Zahlmeister präsentiert werden; zwanzig Prozent gehen an die erfolgreiche Crew, der Rest an die Gemeinschaft – also in die Kriegskasse der Piraten-Witwe.

Im Jahr 1808, die Cheng I Sao und ihr Flottenchef sind auf der Höhe ihrer Macht, wagt das Kaiserreich einen erneuten – und schlecht vorbereiteten – Vorstoß, die Allianz der Seeräuber zu zerschlagen. Es wird ein Fiasko: Der chinesische Admiral Li kommt im Geschützfeuer der Piraten um, seine Flotte wird vernichtend geschlagen. Witwe Cheng unterbreitet den überlebenden kaiserlichen Matrosen ein Angebot, das sie nicht ablehnen können: Entweder ihr kämpft ab sofort auf unserer Seite – oder wir legen euch um. Die gut ausgerüsteten Schiffe der chinesischen Marine fahren fortan unter der Flagge der Piraten.

Doch nun wendet sich das Blatt. Die chinesische Regierung ersucht die europäischen Seemächte um Hilfe, es geht schließlich auch um die Sicherheit ihrer Schiffe in der Region. Briten, Niederländer und Portugiesen sagen ihre Unterstützung zu, es formiert sich eine Streitmacht, die der Witwe Cheng und Chang Po hätte gefährlich werden können. Strategisch klug erkennt sie, was sich zusammenbraut, und entscheidet sich zu verhandeln, solange sie noch aus einer Position der Stärke die Bedingungen diktieren kann. Der Gegenseite ist ebenfalls bewusst, welches Unheil die Allianz der Piraten noch anrichten könnte, wenn Cheng I Sao sie auf die Dörfer und Städte an der südchinesischen Küste loslässt. Und so kommt es im April 1810 zu einer überraschenden Einigung: Die Seeräuber übergeben ihre Dschunken und ihre Waffen an die Regierung, die im Gegenzug Straffreiheit für die meisten Piraten gewährt. Sie dürfen sogar ihre Beute behalten und sich der kaiserlichen Marine anschließen. Nur ein paar Hundert Seeräuber sollen nicht in den Genuss der Amnestie kommen, weil sie sich besonders grausamer Verbrechen schuldig gemacht haben. 126 von ihnen werden gehängt oder enthauptet, ihre Köpfe zur Abschreckung aufgespießt und öffentlich präsentiert. Konnte oder wollte Cheng I Sao ihre Mitstreiter nicht schützen? Das bleibt ihr Geheimnis, doch es wird wohl davon auszugehen sein, dass sie mit einer Taktik in die Verhandlungen gegangen ist, die auch der Gegenseite den einen oder anderen Erfolg zugestehen würde.

Cheng I Sao ist gerade einmal 35 Jahre alt und unfassbar reich, als sie noch einmal ein neues Leben anfängt. Die Piratin wird sesshaft. Eröffnet ein Bordell, betreibt ein Spielkasino, investiert in das lukrative Geschäft des Opiumschmuggels. Sie lebt, schreiben die Chronisten, ein unauffälliges, friedliches Leben. So unauffällig und friedlich, dass nichts mehr über ihren weiteren Weg bekannt wird. Sie stirbt im Alter von 69 Jahren, heißt es. Und bei ihr kann man sich das gut vorstellen: Sie handelte nie impulsiv, sie war keine Draufgängerin wie Mary Read oder Anne Bonny und auch keine Rebellin wie Grace O'Malley. Sondern eine Großmeisterin der Strategie, die mit ihren politischen Schachzügen am Ende alle matt gesetzt hat.

Held Alexander Seton **Ort** Südafrika **Datum** Februar 1852

ALEX ANDER SETON

6

Frauen UND KINDER ZUERST!

1852 rammt ein britischer Truppentransporter vor Südafrika ein Riff. Das Schiff sinkt schnell, an Bord bricht Panik aus. Ein Offizier der Infanterie behält die Übersicht und gibt einen Befehl, der zu einem universalen Gesetz der Seefahrt wird.

Der Auftrag

Im Süden Afrikas herrscht Krieg, seit fast hundert Jahren schon. Die europäischen Kolonisten stoßen nach Osten vor und vertreiben die Stämme der Xhosa aus ihrem Territorium. Die weißen Siedler, Buren und Briten, haben es auf das Ackerland und die Weiden der Xhosa abgesehen. Die Ureinwohner wehren sich, sie überfallen Farmen, die Weißen bilden Milizen und schlagen zurück. 1779 kommt es zum ersten „Grenzkrieg" um die Linie, die Weiß und Schwarz trennt. Es folgen noch viele Schlachten, und 1850 peitscht ein Xhosa-Prophet namens Mlanjeni sein Volk erneut zum Widerstand gegen die europäischen Eindringlinge auf. Die Krieger, predigte Mlanjeni, seien immun gegen die Kugeln der Weißen. Chronisten verzeichnen den achten Grenzkrieg.

Großbritannien schickt Verstärkung. Am 7. Februar 1852 legt der Truppentransporter „Birkenhead" im irischen Queenstown ab. An Bord sind 130 Mann Besatzung, 491 Soldaten, drei Ärzte, außerdem 25 Frauen und 31 Kinder.

Der Dampfer

Die britische Admiralität hat sich lange geweigert, neue Schiffe in Auftrag zu geben, die aus Eisen gefertigt werden. Doch Holz wird immer knapper, und die ersten Handelsschiffe mit einem eisernen Rumpf bewähren sich. 1845 lässt die Marine in Birkenhead eine erste Fregatte aus dem neuen Baumaterial auflegen. 60 Meter lang, 11,30 Meter breit, mit einer Verdrängung von knapp 2000 Tonnen. „Vulcan" soll das Schiff heißen, und es wird ein typischer Kompromiss seiner Ära, als Segel und Maschine um die Vorherrschaft ringen. Die „Vulcan" bekommt eine Takelage wie eine Brigantine: drei Masten, vorne Rahsegel, hinten Schratsegel. Zwischen den beiden Hauptmasten ragt ein langer Schornstein aus dem Deck, darunter arbeiten zwei Dampfmaschinen, die ihre Leistung von 350 PS auf zwei mächtige Seitenschaufelräder übertragen. Ursprünglich ist der Rumpf durch wasserdichte Schotten unterteilt, doch als man sich ein paar Jahre später entscheidet, das Schiff als Truppentransporter einzusetzen, werden Durchgänge in die Schotten geschnitten, damit sich Soldaten und Crew unter Deck besser bewegen können. Keine gute Idee, wie die verhängnisvolle Reise nach Südafrika beweisen wird.

Der Felsen

Mit der neuen Funktion erhält die Fregatte einen neuen Namen. „Birkenhead" heißt sie jetzt, nach der Stadt, in der sie vom Stapel lief. Mitte Februar macht das Schiff in Kapstadt fest, die Crew bunkert Proviant und Treibstoff, lädt Pferde ein für die Kavallerie und läuft wieder aus. Kapitän Robert Salmond nimmt Kurs auf Port Elizabeth, den großen Hafen am Ostkap Südafrikas. Seine Vorgesetzten haben ihm noch einmal eingeschärft, dass Eile geboten ist. Also fährt Salmond nicht weit raus auf das offene Meer, sondern bleibt dicht unter der Küste; das Land ist nie weiter als drei Meilen entfernt. Das Wetter spielt mit, die See ist ruhig, die „Birkenhead" kommt mit einer Marschgeschwindigkeit von 8,5 Knoten gut voran. Kurz vor Danger Point, einer felsigen Halbinsel auf halber Strecke, die aus gutem Grund so heißt, lässt der wachhabende Offizier mit dem Lot die Tiefe messen, Routine. 22 Meter nur, so flach!

Der Mann auf der Brücke flucht und lässt die Messung wiederholen. Aber da ist es bereits zu spät. Ungebremst donnert die „Birkenhead" um kurz vor zwei Uhr in der Nacht auf ein Riff, das in den Karten nicht zu finden ist. Der Felsen reißt ein gewaltiges Loch in das Vorschiff, Wasser strömt in den Rumpf, und zwar so schnell, dass etwa hundert Soldaten nicht mehr rechtzeitig aus ihren Hängematten kommen und ertrinken.

An Deck herrscht Chaos. Von acht Rettungsbooten lassen sich nur vier klarmachen, das ist bei Weitem nicht genug für die vielen Menschen an Bord, und dann wird eines noch vom einstürzenden Schornstein zerschmettert. Die Crew treibt die Pferde von Deck in die See, wo sie sofort von Haien attackiert werden. Kapitän Salmond begeht nun einen unerklärlichen wie folgenschweren Fehler. Das Schiff sitzt doch auf dem Riff und läuft voll. Warum bloß befiehlt er „volle Kraft rückwärts"? Glaubt er, dass er es mit seinem Schiff noch bis zum Land schaffen kann? Wie ein Dosenöffner fährt der Felsen durch den eisernen Rumpf und schlitzt die „Birkenhead" noch weiter auf. 60 Mann kämpfen schon an den Pumpen, doch gegen diese Flut kommen sie nicht an. Das Schiff ist verloren. Salmond weiß das, Lieutenant Colonel Alexander Seton auch. Er ist der kommandierende Offizier der Soldaten an Bord, alles Männer des 74th Highland Regiment of Foot, also Infanterie. Und Seton trifft eine harte Entscheidung.

Der Offizier

Was wissen wir über Alexander Seton? Geboren am 4. Oktober 1814 in Mounie, Aberdeenshire, also im Osten Schottlands. Seine adligen Eltern schicken ihn nicht zur Schule, sie unterrichten ihn selbst, und mit fünfzehn geht er zur Ausbildung nach Frankreich und Italien. In Pisa studiert er Mathematik und Chemie, er soll außerdem ein besonderes Talent für Sprachen gehabt haben. Mit sechzehn beginnt seine Karriere beim Militär, als Füsilier, sein Regiment wird nach Australien verlegt. Mit 22 Jahren ist er Leutnant, es folgt die Versetzung nach Indien. Dann Studium am Royal Military College in Chatham, weiter zum Dienst in Irland, als Stellvertreter des dortigen Generalquartiermeisters. 1851 bekommt er das Kommando über die Truppen, die den Kolonisten am Kap zu Hilfe kommen sollen, er wird zum Oberstleutnant befördert. Ein undatiertes Gemälde zeigt den jungen Offizier in seiner roten Uniform, ein Mann mit feinen, weichen Gesichtszügen, mehr Kind noch als Mann. Aber auf der „Birkenhead“ gibt es keinen, der auch nur eine Sekunde an seiner Autorität zweifelt.

Es hilft wahrscheinlich, dass er so groß ist, mit seinen 1,92 überragt er die meisten seiner Männer, er behält jedenfalls den Überblick. Überlebende berichten später bei der militärgerichtlichen Untersuchung des Untergangs, er habe seine Befehle auch in allergrößter Not mit ruhiger und klarer Stimme gegeben. „Gentlemen, would you please be kind enough to preserve order and silence amongst the men and ensure that any orders given by Captain Salmond are instantly obeyed?“, lautet die höfliche, aber bestimmte Aufforderung an seine Leute. Meine Herren, hätten Sie die Güte, Ruhe zu bewahren und sicherzustellen, dass den Anordnungen Kapitäns Salmonds umgehend Folge geleistet wird? Wir wissen nicht, in welchem Maß die Augenzeugen die geschilderten Szenen in der Rückschau geschönt oder überhöht haben, wie viel davon Legende ist und wie viel Wahrheit. Doch es ist andererseits auch keine Stimme zu hören, die dieser Darstellung widerspricht.

Nur Minuten später bricht das Schiff in Höhe des Großmastes auseinander, verzweifelt drängen sich die Menschen nun auf dem Achterschiff, und von Kapitän Salmond kommt die Order, auf die alle warten: „Rette sich, wer kann, springt über Bord und schwimmt um euer Leben.“ Aber da schreitet Seton ein. Er zieht seinen Säbel, um seine Ansage zu unterstreichen. Achtung soll das heißen, was jetzt kommt, ist nicht verhandelbar, was ich sage, das gilt. Mit diesem nächsten Befehl wird er zum Helden, mit diesem einen Satz nur schreibt er Geschichte.

Der Befehl

Seton sieht die Panik an Deck, die wenigen Boote, die schnell überfüllt sein und unter der Last der vielen sinken werden. „Frauen und Kinder zuerst“, lautet sein Kommando. Alle anderen stillgestanden, in Reih und Glied. Seine Leute folgen ihm, sie nehmen an Deck Stellung auf, keiner protestiert, keiner schert aus. Der Kutter mit Frauen und Kindern kommt frei vom sinkenden Schiff, die Riemen fassen Wasser, aber noch sind die Schiffbrüchigen nicht in Sicherheit, das erkennt Seton. Er muss verhindern, dass ihr Boot von Schwimmern erreicht und möglicherweise doch noch zum Kentern gebracht wird. So bleibt er stehen, den Säbel in der Hand, und seine Männer bleiben stehen. Bis die „Birkenhead“ sinkt. Einige wenige können sich in die Reste der Takelage retten, die noch aus dem Wasser ragen, andere schaffen es, an Trümmer des Wracks geklammert, bis ans rettende Ufer. 193 Menschen überleben das Unglück, darunter alle Frauen und Kinder. Hunderte ertrinken, sofern sie nicht von Haien gefressen werden.

Auch Alexander Seton kommt ums Leben. Aber sein selbstloser Reflex, diejenigen zu schützen, die sich nicht selbst schützen können, wird zu einem – ungeschriebenen – Universalgesetz der Seefahrt. Auf dem sinkenden Dampfer muss der schottische Offizier in Sekundenschnelle über Leben und Tod entscheiden und schafft einen moralischen Präzedenzfall. Fortan gilt auf See nicht mehr „Rette sich, wer kann“, sondern das ethische Prinzip, dass die Starken den Schwachen helfen. Und dass ferner Kapitän oder Befehlshaber unter allen Umständen die Letzten sein sollen, die sich in Sicherheit bringen.

Als „Birkenhead Drill“ geht Setons Order in die Geschichte ein, wobei es im Laufe der Zeit zu einer Verschiebung der Bedeutung kommt, die er kaum beabsichtigt haben dürfte, als er im Angesicht des Todes erkennt, dass er andere noch retten kann mit seinem Befehl. „Remember the Birkenhead“ werden künftig Generäle und Admiräle brüllen, wenn sie von ihren Soldaten Kampf bis zur Selbstaufgabe verlangen. „Birkenhead Drill“ wird zum Synonym für: Achtung, jetzt geht es in ein Himmelfahrtskommando.

Epilog

Vor einigen Jahren haben Mikael Elinder und Oscar Erixson von der schwedischen Uppsala Universität untersucht, ob und wie sich das hehre Prinzip in der grausamen Realität des Schiffbruchs tatsächlich durchgesetzt hat. Wer hat denn, wenn es zum Untergang deines Dampfers kommt, die besseren Überlebenschancen? Männer oder Frauen und Kinder? 18 Schiffsunglücke haben die Forscher analysiert, bei denen insgesamt 15.000 Menschen in Seenot geraten waren. Ihre Auswertung umfasst die unvergessenen, schlimmsten Katastrophen in der Geschichte der Seefahrt: darunter die Kollision der „Titanic“ mit einem Eisberg, der Torpedotreffer der „Lusitania“, das Feuer auf der „Morro Castle“, und der Untergang der „Estonia“ im Sturm auf der Ostsee.

Das Fazit der Schweden ist einerseits ernüchternd: Männer kommen eher davon, in der Katastrophe sind ihre Chancen, gerettet zu werden, signifikant höher. Auch sind die Aussichten der Crew und des Kapitäns viel besser, das Desaster zu überleben, als die ihrer Passagiere. Was natürlich damit zu tun hat, dass die Besatzung mit den Abläufen auf einem Schiff besser vertraut ist und in der Regel sogar für den Seenotfall trainiert hat. Andererseits, und da kommt Alexander Seton wieder ins Spiel, steigt die Überlebensrate von Frauen und Kindern deutlich an, wenn die Schiffsführung – wie beispielsweise auf der „Titanic“ – deren Rettung zur Priorität erklärt.

Selbstlosigkeit, postulieren die Wissenschaftler, ist nicht die soziale Norm. Es braucht einen Anführer, auf See also einen Kapitän, der seinen Leuten signalisiert: Ihr müsst jetzt Helden sein. ■

FORTAN GILT AUF SEE NICHT MEHR „RETTE SICH, WER KANN“.

MAY 2nd
DEEP HOUSE MUSIC
FREE ENTRY
104-108 curtain road EC2 | 6pm-late
Nearest tube, Old St / Liverpool St
The Depot Studios
29-31 Brewery Road
Kings Cross
www.seetickets.com
08712 200 260
www.nuphonic.co.uk
MR HERO
Coca-Cola

BANKSY

Held Banksy **Ort** Mittelmeer **Datum** 2020

7

Das Rettungsboot VON BANKSY

Mit der E-Mail eines Phantoms beginnt eine Geschichte, die Hoffnung macht in einer seltsamen Zeit.

Der englische Street-Art-Künstler Banksy ist ein Gespenst und eine Art Robin Hood der Kunstwelt. Seine Schablonen-Graffiti sind weltberühmt, darunter das „Ballon Girl": Ein Mädchen, das einen herzförmigen Ballon fliegen lässt. An Wänden, in U-Bahnen und überall auf der Welt tauchen die politischen Straßenkunstwerke auf, als Zeichen gegen Rassismus, Unterdrückung und Ausbeutung. Unvergessen seine Aktion gegen den Kommerz in der Kunst, als ein für 1,2 Millionen Euro ersteigertes Gemälde während der Auktion zur Hälfte geschreddert wurde.

Wer der Mensch hinter dem Pseudonym Banksy ist? Niemand weiß das, und diese geheimnisvolle Aura sorgt für einen noch größeren medialen Wirbel.

Als die deutsche Kapitänin Pia Klemp im September 2019 eine E-Mail mit dem Absender Banksy bekam, dachte sie zunächst an einen Scherz. Klemp, eine toughe, tätowierte Frau, Jahrgang 1983, die auf Booten verschiedener NGO Hunderte Leben im Mittelmeer rettete, las: „Hello Pia, ich habe von dir in der Zeitung gelesen. Klingt krass, was du machst. Ich bin ein Künstler aus dem Vereinigten Königreich und habe einige Arbeiten über die Flüchtlingskrise gemacht. Natürlich kann ich das Geld nicht behalten. Könntest du es benutzen, um ein neues Schiff oder etwas anderes zu kaufen? Lass es mich bitte wissen. Gut gemacht. Banksy."

Das Schiff, das die Kapitänin unter strengster Geheimhaltung beschaffte, ist nun auf dem Mittelmeer unterwegs. Ihre Crew hat gleich bei ihrer ersten Rettungsaktion 89 Menschen in Seenot geholfen, darunter 14 Frauen und vier Kinder. Es heißt „Louise Michel", benannt nach einer feministischen Anarchistin aus dem 19. Jahrhundert, es ist 31 Meter lang, hellgrau und im Graffiti-Style pinkfarben besprüht. Mitten auf dem Rumpf, knapp über der Wasserlinie, prangt der Schriftzug „RESCUE" – ebenfalls in Pink. Auf dem Aufbau hat sich Banksy verewigt: mit einer Abwandlung seines Ballon-Mädchens. Hier hat der Ballon die Form eines herzförmigen Rettungsrings. Das Kunstwerk zeigt ein Mädchen, das einen pinken Rettungsring in Herzform hält.

Die „Louise Michel", ein ehemaliges Patrouillenboot des französischen Zolls, fährt unter deutscher Flagge. Es ist bis zu 27 Knoten schnell. „Damit können wir hoffentlich der sogenannten libyschen Küstenwache zuvorkommen", sagte Kapitänin Klemp der britischen Zeitung „Guardian", die als Erste über Banksys Engagement berichtete.

Pia Klemp leitet die aktuelle Rettungsmission, an der zehn erfahrene Seenotretter beteiligt sind. Alle haben eine Geschichte als antifaschistische Aktivisten. Weil die „Louise Michel" ein feministisches Projekt ist, dürfen nur weibliche Crewmitglieder im Namen des Schiffes sprechen. Geplant wurde die Mission in London, Berlin und dem spanischen Burriana, wo das Schiff ausgerüstet wurde. Alles geschah heimlich: Die Crew fürchtete, dass der mediale Wirbel um das Schiff dazu führen würde, von den Behörden noch vor dem ersten Einsatz in die Kette gelegt zu werden.

Banksy selbst ist nicht an Bord. Seine Rolle ist die „finanzielle Unterstützung der Aktion". „Er wird nicht so tun, dass er besser weiß, wie man ein solches Schiff führt, und wir werden nicht so tun, als seien wir Künstler", sagt die Kapitänin. Das Schiff kreuzt nun auf dem Mittelmeer, vor der libyschen Küste, die zu einem Friedhof für Tausende geworden ist. ■

SEENOT
RET
TER
Helden Seenotretter Ort Horumersiel Datum 3. Dezember 1909

8

Die Todesfahrt DER „VEGESACK“

Im Dezember 1909 zieht ein Wintersturm über den Norden. Auf der Außenjade gerät eine Tjalk aus den Niederlanden in Seenot. Die Besatzung des Seenotrettungsbootes „Vegesack“ rudert hinaus.

Wer heute mit Seenotrettern über die Einsätze vergangener Zeiten spricht, der hört oft einen Ausdruck: „Respekt“. Tiefste Bewunderung für die Willenskraft und Selbstlosigkeit, mit der die Retter früherer Generationen versuchten, Menschen in Not zu helfen. In offenen Booten ruderten die Männer durch die Brandung, völlig ungeschützt, den Gewalten der Elemente ausgesetzt.

Die Einsätze waren nicht nur kräftezehrend, sondern auch lebensgefährlich. Außer dem Ölzeug trugen die Retter Schwimmwesten aus Kork. Als Proviant gab es ein Stück Speck, etwas Schnaps und eine Dose Trockenobst. Es galt nie als sicher, dass sie zurückkehren würden. Oft versammelten sich Menschen auf dem Deich, um sie zu verabschieden.

Anfang Dezember 1909 läuft das Seenotrettungsboot „Vegesack“ von der Station Horumersiel zu einem heiklen Einsatz aus. Die holländische Tjalk „Ora et labora“, mit einer Ladung Ölkuchen[1] auf dem Weg von Hamburg nach Wildervank bei Groningen, ist bei auffrischendem Wind auf Grund gelaufen. Als die Männer der „Vegesack“ beim Havaristen eintreffen, weigert sich der Kapitän, sein Schiff zu verlassen: Er habe noch Hoffnung, seine wirtschaftliche Existenz zu retten. Die Rettungsmänner helfen beim Lenzen. Als das Panzerschiff „Kurfürst Friedrich Wilhelm“ eintrifft und die „Ora et labora“ in Schlepp nimmt, scheint der Rettungseinsatz glücklich auszugehen.

[1] *Rückstände aus Ölmühlen, die als Düngemittel verwendet werden*

Doch der Sturm wird immer stärker. Im Fahrwasser des Kriegsschiffs rollt die Tjalk hin und her, bis schließlich die Schleppverbindung reißt. Das Panzerschiff, durch den Sturm weit aus dem Fahrwasser versetzt, befindet sich nun selbst in Gefahr, auf Grund zu laufen. Es kann nicht mehr helfen.

Nun müssen die Niederländer ihr Schiff doch verlassen. Die Seenotretter wollen sie an Land rudern und nehmen auf dem Weg zwei weitere Schiffbrüchige auf: Die Tjalk „Ettina“ aus Westrhauderfehn, die Klinker geladen hatte, ist auf dem Weg nach Wangerooge gesunken.

Der Orkan wird immer wütender. Für den Vormann Heinrich Tjarks, einen Malermeister, ist es kaum noch möglich, sich in der Dunkelheit und inmitten der Wellen zu orientieren. Sturzseen treffen das offene Boot. Kälte und Erschöpfung setzen Rettern und Geretteten schwer zu. Das Baby des Kapitäns stirbt. Dann seine Frau, schließlich auch der niederländische Kapitän selbst. Am Rande der Verzweiflung, kämpfen die Rettungsmänner ums Überleben.

Um zwei Uhr morgens erreichen sie die unbewohnte Insel Minsener Oog, auf der eine Bake aus Holz steht, die als Notunterkunft für Schiffbrüchige dienen soll. Von den Schiffbrüchigen atmet nur noch der Steuermann der „Ora et labora“. Auch Rettungsmann Heinrich Behrens zählt zu den Opfern. Als „Todesfahrt der Vegesack“ stehen die Geschehnisse in den Annalen der Seenotretter.

Neben dem Unfall der „Adolph Bermpohl“ im Februar 1967 gilt die Tragödie als eines der schwersten Unglücke in der Geschichte der deutschen Seenotretter. 45 Männer sind seit Gründung der DGzRS auf See geblieben. Wir dokumentieren das Urteil, mit dem das Seeamt in Brake das Unglück bewertete, im Wortlaut.

„In der Nacht vom zweiten zum dritten Dezember 1909 war die holländische Tjark ‚Ora et Labora‘ leckgesprungen und musste von ihrer Besatzung, dem Kapitän, der seine Frau und ein kleines Kind mit sich führte, und zwei Brüdern verlassen werden. Sie sind von dem Rettungsboot ‚Vegesack‘ der Horumersieler Rettungsstation unter Führung des Vormanns Heinrich Tjarks abgeholt worden.

Das Rettungsboot hat ferner den Kapitän und den Bestmann des zu Westhauderfehn beheimateten Segelschiffs ‚Ettina‘ das gleichfalls infolge der Stürme leckge-

schlagen und verlassen worden war, aus ihrem kleinen Boot gerettet. Trotz unsäglicher Mühe und Strapazen, trotz eines mehr als zwölfstündigen Kampfes mit der See und den Stürmen hat das Rettungsboot, das neun Mann Besatzung und sieben Schiffbrüchige trug, seine Insassen nicht sämtlich vor dem Tode retten können.

Infolge der erlittenen Anstrengungen sind das Kind des holländischen Kapitäns, seine Frau, dann er selbst, sowie der Kapitän der ‚Ettina' und auch einer der Brüder des holländischen Kapitäns während der Fahrt aus dem Leben geschieden. Desgleichen hat der zur Rettungsmannschaft gehörende Schuhmacher Behrens in der Ausübung des Rettungsdienstes den Tod infolge Überanstrengung erlitten.

Das mutige Vorgehen der Horumersieler Rettungsmannschaft, ihr gewaltiges Kämpfen mit den schlimmsten und widrigsten Gefahren der See ist über alles Lob erhaben und verdient höchste Anerkennung.

Umso mehr, als darunter kein Seemann von Berufe war." ■

SEEHELDEN

WELCHER EUROPÄER WAR DENN NUN ZUERST IN AMERIKA?

Die Jungfrau der Seefahrer
Alejo Feranández

WEM GEBÜHRT DER TITEL WIRKLICH?

Nach 1492 werden die Seekarten neu gezeichnet: Christoph Kolumbus ist auf eine bislang unbekannte Welt gestoßen – Amerika. Nur war der Navigator aus Genua wohl nicht der erste Seefahrer aus Europa, der am Westufer des Atlantiks landete.

Für uns ist das heute Grundwissen: Europa, Atlantik, Amerika, dann der Pazifik. Aber was für ein Wagnis war Kurs West, bevor sich die Botschaft von Christoph Kolumbus verbreitete, dass da wirklich noch etwas kommt? Der große Navigator aus Genua sticht am 3. August 1492 in See, um einen Weg nach China zu finden. Die Erde ist rund, das steht für den Italiener fest. Also muss man doch zwangsläufig in Fernost ankommen, wenn man nur lange genug nach Westen segelt. Die Annahme war richtig, nur hatte er gerade einmal einen Bruchteil der Wegstrecke geschafft, als er am 12. Oktober 1492 auf einer Insel der Bahamas an Land geht. In den folgenden zwölf Jahren unternimmt Kolumbus noch drei weitere Expeditionen in den fernen Westen; er ist bis zu seinem Tod unerschütterlich davon überzeugt, dass er die Küsten Chinas oder Indiens entdeckt haben muss.

Wobei: „Entdeckt" haben Amerika wohl wagemutige Siedler aus dem Osten Sibiriens, die bereits vor 12.000 Jahren die schmale Beringstraße gequert haben und erst zur Inselkette der Aleuten und dann nach Amerika gelangt sind. Kolumbus traf ja bei seinen Fahrten auf Ureinwohner. Er hat den Kontinent also bestenfalls als erster Europäer erreicht. Und selbst diesen Titel trägt er möglicherweise nicht zu Recht. Denn es gibt etliche Hinweise, manche von Archäologen belegt, andere von Historikern aus mythischen Reiseberichten extrahiert, dass andere Seefahrer schon viele Jahre vor Kolumbus „drüben" waren.

Manche sind wie der berühmte Italiener von einer großen Idee geleitet worden, andere interessierten sich nur für die reichen Fischbestände im Westen des Atlantiks, und einige haben sich auf ihrer Reise zu anderen Zielen wohl schlicht verfahren. Kühne Abenteurer waren diese Seefahrer alle. Sie hatten einen leeren Horizont vor sich und nicht die geringste Ahnung, was dahinter wohl liegen mochte. Und fuhren trotzdem einfach los, ohne Gewissheit, ob und wie sie wieder zurückkehren würden.

Dazu braucht man entweder Gottvertrauen oder richtig viel Mumm. Am besten wohl gleich beides.

Wer also war der erste Europäer, der den Kontinent Amerika erreichte? Wir stellen die Kandidaten in Stichworten vor und fragen bei jedem: Wann ist er gereist? Wie? Wo landeten die Seefahrer an der Küste der Neuen Welt? Und: Wie sicher sind die Quellen, die das belegen?

HEILIGER BRENDAN

WER WAR DAS
irischer Mönch und Klostergründer, Schutzpatron der Seefahrer

WANN
zwischen 565 und 573

WO
auf der Suche nach der „Terra Repromissionis sanctorum", einer angeblich paradiesischen Insel im Atlantik, soll Brendan über Island die Nordostküste Amerikas erreicht haben.

WIE
in einem offenen irischen Fischerboot, Curragh genannt, mit einer Crew von zwölf Mann. Curraghs bestehen aus einem leichten Spantengerippe aus Eschenholz, das mit Ochsenhäuten bespannt und mit Fett wasserdicht versiegelt wird. Die Boote gelten als extrem seetüchtig.

WER SAGT DAS
Die „Navigatio Sancti Brendani abbatis" – Seereise des Abtes Sankt Brendan – ist eine mythische Reiseerzählung, die ab dem 12. Jahrhundert in Europa kursiert. Brendan trifft auf den größten Fisch der Welt, beobachtet Meeresungeheuer beim Kampf und wird von einem riesenhaften Vogel attackiert. Manche Beschreibungen klingen sehr plausibel: Er spricht von einem „geronnenen Meer" und „treibenden Kristallpfeilern" – ist er Packeis und Eisbergen begegnet? Der britische Historiker und Abenteurer Tim Severin unternahm 1976 einen Selbstversuch: Er segelte mit einem Nachbau des Brendan-Curraghs über Island nach Neufundland. Unmöglich ist die Fahrt Brendans also nicht.

BJARNI HERJÓLFSSON

WER WAR DAS
ein 966 auf Island geborener Wikinger

WANN
986

WO
Neufundland oder Labrador

WIE
Auf der Reise nach Grönland verlieren Bjarni Herjólfsson und seine Crew im Nebel die Orientierung. Weit im Westen sichten sie bewaldete Hügel – gehen jedoch nicht an Land. Später richten sie ihren Bug wieder gen Osten, auf die offene See, und finden vier Tage später ihr ursprüngliches Ziel.

WER SAGT DAS
In der „Grænlendinga saga" werden die Fahrten einer Familie isländischer Seefahrer und Kaufleute nach Grönland und Neufundland beschrieben. Die Sage ist durch die Handschriftensammlung des „Flateyarbók" aus dem 14. Jahrhundert überliefert; Historiker sind überzeugt, dass die Sagen auf wahren Begebenheiten beruhen – auch wenn sie fantasievoll ausgeschmückt wurden.

LEIF ERIKSON

WER WAR DAS
ein 960 auf Island geborener Wikinger, Sohn des norwegischen Seefahrers Erik „der Rote" Thorvaldsson, der als Gründer der ersten skandinavischen Siedlung auf Grönland gilt.

WANN
um das Jahr 1000

WO
Neufundland oder Labrador

WIE
drei Fahrten zwischen Island, Grönland und dem amerikanischen Nordosten

WER SAGT DAS
Die isländische „Eiríks saga rauða" schildert die Reisen von Erik dem Roten und seiner Familie. Leif, genannt der „Glückliche", soll bei einer Grönlandreise zufällig auf Amerika gestoßen sein. Unterwegs, sagt die Sage, habe er außerdem Schiffbrüchige gerettet und die Grönländer zum Christentum bekehrt. Drei Reisen hat der Glückliche nach Westen unternommen, er soll auf Helluland („Steinplattenland", wahrscheinlich die Baffininsel), Markland („Waldland", die Küste Labradors) und Vinland („Farmland", vermutlich Nova Scotia oder New Brunswick) an Land gegangen sein. Dass Wikinger tatsächlich den nordamerikanischen Kontinent erreicht haben, ist belegt. Bei L'Anse aux Meadows in Neufundland gruben

Archäologen 1961 Reste einer Wikinger-Siedlung aus, die auf eine Zeit um das Jahr 1000 datiert werden: Das Lager bestand aus elf Häusern und einer Schmiede – und wurde 1978 von der Unesco zum Weltkulturerbe erklärt.

BASKEN

WER WAR DAS
Fischer aus dem Norden Spaniens, die weit im Westen des Atlantiks große Vorkommen an Kabeljau gefunden hatten

WANN
ausgehendes 14. Jahrhundert

WO
Neufundland, die Kabeljaugründe der Grand Banks

WIE
unklar, es gibt keine Beschreibungen von Fangfahrten aus der Zeit, keine archäologischen Funde, die eine Landung der Basken in Amerika belegen.

WER SAGT DAS
Historiker haben aus verschiedenen Indizien eine These destilliert, die der Amerikaner Mark Kurlansky in seiner „Biografie des Kabeljaus" schön zusammenfasst. Woher stammte eigentlich der Fisch, den die Basken im 14. Jahrhundert an ihre spanischen und portugiesischen Nachbarn und im gesamten Mittelmeerraum verkauften? Sie landeten große Mengen fertig gesalzenen und getrockneten Kabeljau an – ohne je zu berichten, wo ihre Fanggründe lagen. In ihren eigenen Gewässern kam der Fisch nicht vor, und in den europäischen Revieren, wo der Kabeljau zu finden war, hat man niemals Basken gesichtet. Und wo wurde der Fisch eigentlich gesalzen und getrocknet? An Deck eines Schiffs funktioniert das nicht. Giovanni Caboto, der fünf Jahre nach Kolumbus nach Nordamerika segelt, berichtet von unvorstellbar großen Kabeljauschwärmen. Man könne den Fisch einfach mit Körben aus dem Wasser ziehen. Hatten die Basken diese Ressource für sich entdeckt – und über viele Jahre geheim gehalten? Waren sie an Land gegangen, um den Fisch dort zu bearbeiten und transportfähig zu machen? Nicht unplausibel – aber leider (noch) nicht belegt.

PAUL KNUDSON

WER WAR DAS
norwegischer Beamter und Leibwächter des schwedischen Königs Magnus Eriksson

WANN
1354

WO
Grönland, Vinland (Amerikas Nordosten)

WIE
Mit einer Knorr, einem seetüchtigen Frachtschiff der Wikinger, segelte Knudson über Grönland und möglicherweise weiter zum amerikanischen Kontinent.

WER SAGT DAS
Die Siedler auf Grönland hatten sich mit einem Hilferuf an den schwedischen König gewandt; Magnus schickte Knudson als Kundschafter los, um mehr über die Lage der christlichen Gemeinden in der arktischen Kolonie in Erfahrung zu bringen. Doch die Siedlung im Westen Grönlands war zerstört. Knudson vermutete, dass sie sich nach Vinland geflüchtet hatten. Dort soll er mit einer Suchmannschaft an Land gegangen sein – und dann verliert sich seine Spur. Historiker können den geschilderten Verlauf der Knudson-Expedition nicht verifizieren. Ein Runenstein, der lange als der Beleg galt, stellte sich als Fälschung heraus. Angefertigt wohl, um die frühe Ankunft der Skandinavier in Amerika zu beweisen.

DIDRIG PINING UND JOÃO VAZ CORTE-REAL

WER WAR DAS
um 1428 in Hildesheim geborener deutscher Seefahrer und sein portugiesischer Begleiter, ein 1429 in Faro geborener Ritter

WANN
1474 bis 1476

WO
Labrador und Neufundland

WIE
Zwanzig Jahre vor Kolumbus macht sich im hohen Norden eine Expedition auf den Weg nach Westen, die Dänemark und Portugal gemeinsam ausgerüstet haben. Unter dem Kommando von Pining und Corte-Real sollen die Seefahrer einen westlichen Seeweg nach Indien finden – über Grönland.

WER SAGT DAS
Historiker vermuten, dass der deutsche Kapitän, sein Begleiter Corte-Real und ihre Crew tatsächlich bis Labrador vorgestoßen und an der Küste südwärts bis zur Mündung des Sankt-Lorenz-Stroms gesegelt sein könnten. Die Forscher stützen ihre Annahmen vor allem auf Einträge, die sie auf Seekarten aus der Zeit und auf dem berühmten Zerbster Globus fanden. Auf Letzterem ist am nördlichen Ufer der Davisstraße vermerkt: „Quij populi ad qous Joannes Scolvus Danus peruenit circa annum 1476". Diese Völker hat der Däne Johann Scolvus (der Steuermann Pinings) schon 1476 besucht. Also 16 Jahre vor Kolumbus. Corte-Real soll kurze Zeit später eine zweite Reise über den Atlantik unternommen und eine Insel entdeckt haben, die er Terra Nova do Bacalhau taufte – Neues Land des Kabeljaus; möglicherweise ein Teil von Neufundland. Für die Entdeckung wurde ihm der Titel eines Gouverneurs der Azoren verliehen. Ob seine Geschichte stimmt? Umstritten.

CHRISTOPHER KOLUMBUS

WER WAR DAS
1451 in Genua geborener Seefahrer – in spanischen Diensten

WANN
zwischen 1492 und 1504

WO
Mit seiner berühmten Flottille von drei Schiffen, der „Santa Maria", „Niña" und „Pinta", landet Kolumbus auf einer Insel der Bahamas und auf Kuba, auf späteren Reisen in die Neue Welt erreicht er Guadeloupe, die Kleinen Antillen, Antigua, Montserrat, Trinidad, die Mündung des Orinoco, Honduras und Panama.

WIE
Indien und China waren für Europäer wichtige neue Märkte, der Handel mit Gewürzen und Seide war äußerst lukrativ. Kolumbus war überzeugt, dass er in Richtung West eine Abkürzung nach Fernost finden konnte – um so den Portugiesen zuvorzukommen, die versuchten, Afrika zu umsegeln. Nach langem Werben gelang es ihm, die spanische Krone als Finanzier zu gewinnen.

WER SAGT DAS
Seine Reisen sind gut dokumentiert – nicht zuletzt durch seine Bordbücher und sonstigen Beweisstücke. Von seiner zweiten Reise brachte er sogar Hunderte Ureinwohner mit – als Sklaven. Kolumbus berichtete ausführlich, weil er immer gleich an die Finanzierung der nächsten Expedition dachte. Er war jedenfalls nicht allein von der Ambition getrieben, Neues zu entdecken. Es ging ihm von Beginn an darum, die neuen Kolonien ausbeuten zu können, und er ließ sich entsprechende Rechte von der Krone vertraglich zusichern.

GIOVANNI CABOTO

WER WAR DAS
1450 in Genua geborener Seefahrer, auch unter seinem englischen Namen „John Cabot" bekannt.

WANN
1497

WO
amerikanische Nordostküste zwischen Maine und Labrador

WIE
Caboto fuhr mit der Karavelle „Matthew" in 35 Tagen über den Atlantik und betrat anders als Kolumbus tatsächlich das nordamerikanische Festland. Wo genau, ist nicht zu ermitteln. Nur so viel ist bekannt: Er fand Spuren von Besiedlung und stieß aus Angst vor zahlenmäßig überlegenen Einheimischen nicht tiefer ins Land vor.

WER SAGT DAS
Der Italiener segelte mit einem Schutzbrief des englischen Königs Heinrich VII. – und seine Reise war hochpolitisch. Denn die Großmächte Spanien und Portugal hatten soeben im Vertrag von Tordesillas die Welt zur weiteren Kolonisierung unter sich aufgeteilt. Britische Expeditionen und Ambitionen waren darin

nicht vorgesehen. Caboto stand also unter größtmöglicher Beobachtung. Belege vom eigentlichen Landfall gibt es nicht - Cabotos Logbuch von der „Matthew" ist verloren. Es gibt zahlreiche Briefe und diplomatische Depeschen aus der Zeit nach seiner Rückkehr, die Details der Fahrt erwähnen. Caboto fuhr 1498 erneut gen Westen, mit einer Flottille von fünf Schiffen. Er wurde nie wieder gesehen.

VASCO NÚÑEZ DE BALBOA

WER WAR DAS

ein 1475 im spanischen Jerez geborener Abenteurer

WANN

1513

WO

Panama, Pazifikküste

WIE

Balboa war ein skrupelloser Konquistador. Auf der Suche nach den sagenhaften Goldschätzen der Ureinwohner führte er eine Expedition durch Panama und stand am 25. September 1513 als erster Europäer am Ufer des Pazifiks. Er hatte damit den Beweis erbracht, dass Amerika ein eigener Kontinent war - und westlich davon ein weiterer Ozean lag.

WER SAGT DAS

Mit einer Meuterei gelang es dem Abenteurer Balboa, ein Schiff unter sein Kommando zu bringen. Er landete an der Küste Kolumbiens und soll die erste feste Siedlung der Spanier auf dem südamerikanischen Kontinent gegründet haben - Santa María la Antigua del Darién. 1510 wurde er vom spanischen König Ferdinand V. zum Gouverneur der Region ernannt. Auf einer Expedition ins Binnenland hörte er von den Einheimischen Gerüchte, dass es im Westen ein großes Meer geben sollte und weitere sagenhaft reiche Völker. Balboa forderte von Spanien Unterstützung an, machte sich dann aber, ohne eine Antwort abzuwarten, mit einem kleinen Kontingent Soldaten auf den Weg. Unterwegs mordete er Ureinwohner, trieb seine Crew erbarmungslos voran - und verlor fast zwei Drittel seiner Männer. Fleißig schrieb er Lageberichte für seinen König und dessen erfolgreichsten Konquistadoren: Francisco Pizarro. 1519 wurde Balboa von seinem Konkurrenten Pedrarias Dávila gefangen genommen und hingerichtet.

AMERIGO VESPUCCI

WER WAR DAS

ein Bankier und Seefahrer aus Florenz, Jahrgang 1454. Führte das Bankhaus der Medicis in Sevilla, das die erste Reise von Kolumbus finanzierte.

WANN

zwischen 1497 und 1504 vier Reisen nach Amerika, wobei nur zwei Reisen zweifelsfrei belegt sind.

WO

Ostküste Südamerikas, Venezuela und Brasilien

WIE

Amerigo Vespucci schiffte sich auf den Expeditionen des spanischen Konquistadoren Juan de la Cosa und des portugiesischen Seefahrers Gonçalo Coelho ein. Er fertigte Karten an und gab den „Entdeckungen" der Expeditionen ihre Namen. Venezuela stammt von ihm, „kleines Venedig" - wegen der vielen Pfahlbauten. Auch Rio de Janeiro hat er getauft, „Januar-Fluss", den er am ersten Tag des Jahres 1502 erreichte. Der deutsche Kartograf Martin Waldseemüller war der Erste, der auf seiner Weltkarte von 1507 Vespucci selbst als Namensgeber nahm: Er nannte den neuen Kontinent, in der latinisierten Fassung des Vornamens, „America".

WER SAGT DAS

Vespucci hat einen Bericht über seine Reise geschrieben: „Mundus Novus" heißt das Werk, die neue Welt. Ursprünglich als Brief an seinen Freund Lorenzo di Pierfrancesco gedacht, wurde der Text aus dem Italienischen ins Lateinische übersetzt und in ganz Europa gelesen. Vespucci beschreibt seine strapaziöse, weil stürmische Überfahrt nach Brasilien und schildert seine Landgänge in Südamerika sehr detailliert. Später sind weitere Briefe erschienen, deren Authentizität von Historikern angezweifelt wird; es gibt offenbar zahlreiche Widersprüche bei Daten und Positionsangaben. Es ist nicht abschließend geklärt, ob es sich dabei um Fehler handelt, die bei den zahlreichen Übertragungen und Übersetzungen entstanden sind.

Held Samuel Plimsoll **Ort** England **Datum** 1866

SAMUEL

PLIMSOLL

Bis hierhin und NICHT WEITER

Noch im 19. Jahrhundert sinken Schiffe, weil sie heillos überladen sind. Reeder haben ihre Schiffe gut versichert – und manchen ist es beinahe egal, ob sie im Hafen ankommen. Bis der Abgeordnete Samuel Plimsoll den politischen Kampf für eine Freibordmarke aufnimmt.

Die „London" ist gerade einmal zwei Jahre alt, ein schlankes und schnelles Schiff, bei einer Werft in Blackwall an der Themse komplett aus Eisen gebaut. Für den Antrieb sorgt eine 200 PS starke Dampfmaschine, und wie alle Schiffe ihrer Zeit kann sie an ihren Masten zusätzlich Segel setzen. Die „London" schafft eine Reisegeschwindigkeit von neun Knoten und wird von der Reederei Money Wigram & Sons vor allem auf der Langstrecke eingesetzt. Als der Dampfer am 6. Januar 1866 die Südküste Englands hinter sich lässt, sind eine Crew von 69 Mann an Bord und 220 Passagiere. Es geht nach Melbourne in Australien.

Schon in der Biskaya gerät die „London" in einen Sturm. Die Bedingungen sind so hart, dass sich Kapitän John Bohun Martin entscheidet, nach Plymouth umzukehren. Schwer rollt sein Schiff in der aufgepeitschten See. Ein Brecher reißt die Abdeckung über dem Maschinenraum weg, Wasser rauscht durch die Öffnung und lässt das Feuer unter den Kesseln verlöschen. Die Crew setzt Segel, die vom Sturm sofort zerfetzt werden. Der Kapitän weiß, dass sein Schiff dem Untergang geweiht ist, und lässt die Rettungsboote ausbringen. Das erste kentert und ist sofort verloren. In das zweite wollen nur drei Passagiere einsteigen. So kommt es, dass 16 Mann der Besatzung Platz finden.

Das Rettungsboot ist keine hundert Meter von der „London“ entfernt, da sackt der Dampfer über das Heck in die Tiefe. Alle an Bord ertrinken.

Die Handelskammer, in England damals zuständig für die Umsetzung und Einhaltung von Regeln und Gesetzen in der Seefahrt, beruft eine Kommission, die das Unglück untersuchen soll. Zwei Ursachen werden ausgemacht: Kapitän Martin traf wohl eine Fehlentscheidung, als er den Kurs ändern ließ, denn er steuerte so zurück in das Zentrum des Sturms. Und der zweite Faktor, der zum Verhängnis wurde, war die Fracht der „London“. Der Dampfer war schon bis an die Grenze der Tragfähigkeit beladen, als weitere 350 Tonnen an Baumaterial für die Eisenbahn in Australien an Bord kamen. Außerdem wurden offenbar 50 Tonnen Kohle lose an Deck gelagert. Im Sturm verrutschte die Ladung. So verstopften die Speigatten, die eigentlich dafür sorgen sollen, dass überkommendes Wasser schnell abfließen kann.

Aber die Brecher hätten dem Schiff weniger zugesetzt, wenn es nicht so tief im Wasser gelegen hätte. Ein Sachverständiger, der die „London“ noch vor der Abfahrt sah, sagt vor der Kommission aus, ihr Freibord habe gerade einmal einen Meter betragen. Freibord ist die Höhe der Bordwand über dem Wasserspiegel. Selbst ein Laie erkennt, dass ein Meter nicht genug sein kann, wenn Sturmwellen auf ein Schiff einprügeln. Zeugen sagen, die „London“ habe nicht mehr geladen als auf ihren vorigen Reisen. Und die Untersuchungskommission kann kein Fehlverhalten der Reederei feststellen. Sie wiederholt lediglich eine Empfehlung, die sie in einem ähnlichen Fall ausgesprochen hat: Es sollten doch, bitte schön, alle Schiffe mit einer Markierung an der Bordwand versehen werden. Bis hierhin laden. Aber nicht weiter.

Die „London“ ist ein tragischer Fall von vielen. 1871 erscheint ein Bericht der Handelskammer zu den Schiffsverlusten an den Küsten Großbritanniens, der ein erschreckendes Bild zeichnet: 856 Schiffe waren im Vorjahr untergegangen, keine zehn Kilometer vom Ufer entfernt und bei moderaten Bedingungen. Weitere 149 gingen in Stürmen verloren, die einem guten Schiff mit einer guten Crew eigentlich nicht zum Verhängnis werden dürften. Für den Zeitraum von 1861 bis 1870 registriert die Handelskammer gar 5826 Havarien unmittelbar vor der Küste, die zu einem Schiffsverlust führten.

8105 Seeleute kamen dabei ums Leben. Die Ursachen sind in der überwiegenden Zahl der Fälle dieselben: Im Konkurrenzkampf der Reeder zählt jeder

Penny Profit. Schiffe schleppen mehr Ladung, als ihre Konstrukteure vorgesehen haben, sie sind oft in einem erbärmlichen Zustand, denn Reparaturen sind ein Kostenfaktor. Auch an der Ausbildung der Besatzung wird gespart. Und wenn ein Kahn absäuft, zahlt ja die Versicherung. Die Gesetzgebung deckt die Misswirtschaft sogar noch. Seeleuten, die sich weigern, an Bord eines Schiffs zu gehen, das ihnen nicht seetüchtig erscheint, drohen Strafen wegen Vertragsbruchs. Ein Gesetz aus dem Jahr 1870 sieht für ein solches Fehlverhalten eine dreimonatige Gefängnisstrafe vor. In den zwei Jahren nach dem Erlass des Gesetzes werden 1682 Seeleute verurteilt. Ein Kapitän, auch das ein Paragraf der grausamen Bestimmungen, kann beim Auslaufen seines Schiffs eine Polizeieskorte anfordern, die verhindern soll, dass Matrosen im letzten Moment noch über Bord springen.

So steht es also um die britische Handelsmarine, als Samuel Plimsoll die Bühne des Dramas betritt.

Plimsoll geht in die Politik

1824 im englischen Bristol geboren, wächst Plimsoll in Sheffield auf. Nach Lehrjahren in einer Anwaltskanzlei und als Buchhalter einer Brauerei macht er im Kohlenhandel ein Vermögen. Die industrielle Revolution hat das Königreich erfasst, das Land giert nach Brennstoff. Plimsoll hat außerdem ein erstaunliches Talent dafür, bei technischen Problemen eine simple Lösung zu finden. Er nimmt Dinge selbst in die Hand, buchstäblich, und macht sich als Erfinder einen Namen. So konstruiert er in der Brauerei ein Filtersystem, das Unreinheiten aus dem Bier entfernt. Er tüftelt an der Technik für einen faltbaren Regenschirm, den man einfach auf einen Spazierstock stecken kann. Und entwickelt ein Verfahren, wie man auch die Schlacke aus Öfen noch als Brennstoff aufbereiten kann. Patentieren lässt er sich eine Schütte zum Abfüllen von Kohlensäcken, die verhindert, dass so viele Brocken zu Staub zermahlen werden.

Salzwasser hat der Kohlenhändler nicht im Blut, keinen Tropfen. Das Meer und die Seefahrt kommen in seinem Kosmos nicht vor, bis er 1864 seine erste Seereise von London nach Redcar im Nordosten Englands unternimmt.

FT
T
F
SB
GL
S
W
FT
T
F
SB
S
W

30

29

28

27

26

25

24

23

22

21

Sein Schiff gerät in ein Unwetter, es wird eine ungemütliche Fahrt. Zur selben Zeit, das erfährt er später, sind vier weitere Schiffe auf dieser Route im Sturm gesunken. Plimsoll ist schockiert: Da gehen diese großen Frachter samt Besatzung und Ladung einfach unter? Dass ein Schiff im Sturm scheitert, lässt sich vielleicht noch als singulärer Schlag des Schicksals erklären. Aber gleich vier? Plimsolls mitfühlende Seele leidet mit den Opfern und ihren Hinterbliebenen, aber der Pragmatiker in ihm rebelliert. Da muss doch ein Systemfehler vorliegen, wenn so viele Menschen ihr Leben verlieren und wertvolle Güter abgeschrieben werden müssen. Lässt sich da nichts unternehmen?

Vorher steht noch ein wichtiger Schritt auf seiner Agenda: Plimsoll geht in die Politik. Es braucht zwei Anläufe, aber dann zieht er 1867 als Abgeordneter der Liberalen für die Stadt Derby ins Unterhaus ein. Im selben Jahr, als der Untergang der „Utopia“ Schlagzeilen macht: Der Frachter ist im Hafen von Liverpool nach einer Grundberührung leckgeschlagen. Der Hafeninspektor bringt eine Markierung am Rumpf an: vor der Reparatur sicherheitshalber nur bis hier beladen! Doch als die Fracht unter Deck verstaut ist, liegt die „Utopia“ deutlich tiefer im Wasser, als es die Marke vorsieht. Dann kommen als Decksladung noch 120 Tonnen Koks an Bord. Der Kapitän erhebt Einspruch – und wird gefeuert. Sein Ersatzmann protestiert – und wird vom Schiffsagenten erpresst. Entweder Sie fahren, oder wir sorgen dafür, dass Sie nie wieder ein Schiff bekommen. Er fährt. Mit einem Freibord von weniger als anderthalb Metern und einem Leck im Rumpf. Drei Tage später sinkt die „Utopia“. Der Kapitän und seine Crew sind noch rechtzeitig in die Rettungsboote gestiegen.

Nicht alle wollen darin Gottes Fügung sehen und einen weiteren Betriebsunfall, wie er sich in diesem Geschäft nicht vermeiden lässt. Die Seenotretter von der Royal National Lifeboat Institution (RNLI) kennen die wahre Ursache und schimpfen über den „entehrenden“ Zustand der Schifffahrt. Der Reeder James Hall aus Newcastle, der schon seit Jahren in Fachzeitschriften über Kähne wettert, die nie auslaufen dürften, reicht gemeinsam mit fünfzehn britischen Häfen eine Petition ein. Die Unterzeichner fordern die Einführung von regelmäßigen Inspektionen auf Schiffen und vor allem eine Freibordmarke, die anzeigt, wie weit ein Rumpf aus dem Wasser ragen muss, wenn das Schiff voll beladen ist. Auch der Chefredakteur des „Sheffield Daily

Telegraph", William Christopher Leng, schreibt regelmäßig über die katastrophalen Sicherheitsmängel in der Handelsmarine. Wie Hall plädiert er für die Lademarke. Der Kohlenhändler Samuel Plimsoll spricht mit Leng, und er besucht Hall. Denn er hat einen Missstand entdeckt, wie es ihn in seinem pragmatischen Universum nicht geben darf. Wenn doch ein Strich auf einem Schiffsrumpf genügt, um Schiffe vor dem Untergang zu bewahren und Menschenleben zu retten – warum ist das nicht längst Gesetz?

Am 13. April 1870 präsentiert er im Parlament seinen Entwurf für drei Ergänzungen des Handelsschifffahrtsgesetzes. Er fordert obligatorische Inspektionen für alle seegehenden Schiffe, eine Freibordmarke und eine Begrenzung der Versicherungssummen, damit Reeder nicht länger schwimmende Särge auf die Reise schicken, bei denen selbst der Untergang noch einen Gewinn verspricht.

Aber die Kollegen im Unterhaus lassen ihn auflaufen. Sein Antrag wird verschoben, vergessen, wieder vorgelegt, vertagt und schließlich doch verworfen. Das hohe Haus habe sich mit „Fragen größerer Dimensionen" zu befassen als mit dem Pinselstrich auf einem Schiffsrumpf, teilt man Plimsoll mit. Die Wahrheit ist natürlich, dass im Parlament viele Männer sitzen, die selbst in die Schifffahrt investiert haben oder als Lobbyisten der Reeder auftreten. Sie wollen sich nicht von einem Newcomer die Regeln diktieren lassen. Und neue Bestimmungen akzeptieren, die ihren Profit schmälern, schon mal gar nicht.

Februar 1871 – das Desaster von Bridlington

Doch die nächste Tragödie lässt nicht lange auf sich warten. Am 10. Februar 1871 geraten Dutzende Schiffe – viele davon schwer beladen mit Kohle aus dem Norden – vor der Küste von Yorkshire in eine Flaute. Sie ankern in der Bucht von Bridlington und warten auf frischen Wind. Der kommt, allerdings aus der falschen Richtung, auflandig, und in Orkanstärke. Die Schiffe schaffen es nicht mehr, gegen den Wind auf die offene See zu gelangen. Einige Kapitäne versuchen, ihre schwerfälligen Kähne auf eine Sandbank zu setzen, um wenigstens die Crew zu retten. Doch die Brecher machen Kleinholz aus den Kohlenfrachtern. Die Seenotretter der RNLI rudern von Bridlington wieder und wieder in die kochende See hinaus, um die Schiffbrüchigen zu retten. Aber die Bedingungen sind zu hart. Sechs der mutigen Retter kommen um, mehr als fünfzig Seeleute verlieren an diesem Tag ihr Leben, dreißig Schiffe werden im Sturm zerschlagen.

Sicher, es war eine außerordentliche Wetterlage, eine Verkettung unglücklicher Umstände, aber wieder stellt sich heraus, dass viele der Schiffe zu viel Fracht getragen hatten, dass Instandhaltung nicht zu den Prioritäten der Eigner zählte. Ein Vertreter der Küstenwache sagt Reportern des „Leeds Mercury", die havarierten Frachter seien „nichts als schwimmende Gräber für unsere Seeleute". Man werde solche schrecklichen Bilder immer wieder sehen, „solange wir zulassen, dass Schiffe in einem solchen Zustand überhaupt den Hafen verlassen". Der Kommentator der Zeitung ergänzt: „Wenn ein solides Schiff auf den Strand gesetzt wird, darf es nicht wie ein Kartenhaus zusammenkrachen. Diese Kähne sind auseinandergefallen wie morsches Holz." Das „Penny Illustrated Paper" schreibt, was viele im Land denken: „Höchste Zeit für Plimsolls Gesetz."

Von wegen. Nur wenige Tage nach der Katastrophe scheitert Plimsoll erneut. Nun schlägt der Parlamentarier aus Leeds eine Taktik ein, die in seiner Zeit einer Revolution gleichkommt. Er wendet sich direkt an die Öffentlichkeit, an die Gewerkschaften, er trommelt eine außerparlamentarische Opposition zusammen, wie sie das Land noch nicht gesehen hat. Plimsoll schreibt ein Buch über das Los der Seeleute. Er druckt das Werk auf eigene Kosten in einer gigantischen Auflage von 600.000 Exemplaren und verteilt es über die Geschäftsstellen der Gewerkschaften. Zeitungen gestattet er, beliebig lange Passagen aus dem Text zu zitieren, und die großen Blätter bedienen sich. „Vanity Fair" nennt das Werk „mächtiger und wortgewaltiger als jedes andere Buch, das in den letzten Jahren erschienen ist. Weil es der ehrliche Aufschrei eines einfachen, ehrlichen Mannes ist." So schafft es Samuel Plimsoll auf die Titelseiten: als Anwalt des kleinen Mannes, als Schutzpatron der Seefahrer.

Die Lobbyisten der Reeder kontern mit einer Doppelstrategie. Sie setzen ihre Anwälte auf Plimsoll an, weil er mit seinem Buch angeblich Parlamentarier diffamiert habe. Außerdem legen sie das böse Gift der Verleumdung aus. Plimsoll sei ein Fanatiker, schimpfen sie, geradezu lächerlich seine

Besessenheit auf ein Gebiet, wo ihm jedes Fachwissen fehle. Und habe eigentlich jemand bemerkt, dass Plimsoll durchaus ein geschäftliches Interesse am Niedergang der Schifffahrt habe? Er verdiene schließlich mit dem Transport von Kohle auf der Schiene sein Geld!

Im Eifer macht Plimsoll Fehler, er übertreibt, um zu provozieren, er klagt auch Unschuldige an. Aber die Briten erkennen das Grundsätzliche der Debatte: Es geht um die Gier der Reeder und ihre Verachtung für den einfachen Seemann. Eine Kundgebung in der voll besetzten Exeter Hall in London im März 1873 wird ein triumphaler Erfolg für Plimsoll; sein Publikum begrüßt ihn mit stürmischem Applaus. Neben ihm die Gewerkschafter, wie immer, aber zum ersten Mal treten auch Kollegen aus dem Unterhaus an seine Seite, selbst einige der Lords und sogar Würdenträger der Kirche kann er nun zu seinen Unterstützern zählen. Wendet sich das Blatt?

Auf Drängen von Königin Victoria wird eine Kommission eingesetzt und eine erste Ergänzung der Schifffahrtsgesetze durchgewinkt. Die Handelskammer darf nun Schiffe inspizieren und in die Kette legen. Gleich im ersten Jahr werden 440 Schiffe kontrolliert – und nur sechzehn von ihnen dürfen auch sofort auslaufen. Doch Plimsolls Gegner haben auch in der Kommission die Überhand. Nach monatelangen Anhörungen kommt das Gremium zu dem Schluss, dass die Verantwortung für die Fracht bei den Reedern bleiben soll. Also keine Lademarke.

Die Wut der Straße zeigt Wirkung

Am 22. Juli 1875 steht Samuel Plimsoll wieder mit seiner Reform vor dem Parlament. Seine Gegner halten sich an ihre bewährte Taktik: Verschleppung des Antrags bis kurz vor Ende der Sitzung, dann Vertagung. Plimsoll bittet um eine Fortsetzung der Debatte. Sein Gesuch wird abgelehnt. Er insistiert und kassiert eine weitere Abfuhr. Alle warten, dass er sich nun setzt, wie es die ungeschriebenen Regeln des Unterhauses vorsehen, aber er bleibt stehen. Einen Moment noch zögert er, kalkweiß im Gesicht, die Fäuste geballt. Dann brüllt er seinen Frust über die politischen Intrigenspiele heraus: „Hunderte um Hunderte von anständigen Seeleuten werden jedes Jahr in den Tod

Commission
Unseaworth
hips
SWAIN

geschickt, nur damit ein paar Schurken, in deren Brust kein Herz schlägt, ihre mörderischen Profite einstreichen können!" Das hohe Haus tobt. Die Kunde vom Eklat in Westminster verbreitet sich schnell, und die Öffentlichkeit schlägt sich auf die Seite des Parlamentariers, der alle Regeln fahren lässt, um einem wichtigen Anliegen Gehör zu verschaffen. In Leeds, Manchester und Liverpool gehen die Menschen auf die Straße. Bergleute demonstrieren für Plimsoll, Eisenbahner, Fabrikarbeiter. Und tatsächlich: Die geballte Wut der Straße lässt Premier Benjamin Disraeli einlenken. Nur sechs Tage nach Plimsolls denkwürdigem Auftritt im Parlament legt das Kabinett ein Notgesetz zur Sicherheit auf See vor, inklusive Freibordmarke. Kleiner Schönheitsfehler: Schiffseigner sollen die Marke selbst anbringen, es ist ihre Entscheidung, wie weit sie ihren Dampfer beladen wollen. Samuel Plimsoll selbst ist nicht Zeuge dieser Sitzung, das war eine Bedingung des Regierungschefs: Bloß nicht noch so einen rebellischen Auftritt vor der Nation.

Kaum hat sich die Aufregung gelegt, steht Plimsoll wieder im Parlament – mit einem neuen Gesetz, das die Bestimmungen so konkretisiert, wie er sich das vorstellt. Doch am 27. März 1876 kassiert er die nächste Niederlage. Das Unterhaus stimmt gegen den Vorschlag, dass jeder Kapitän vor dem Auslaufen eine von Inspektoren ausgestellte Bescheinigung vorlegen muss, die sein Schiff als seetüchtig ausweist. Seine Widersacher singen das Klagelied, das Lobbyisten bis zum heutigen Tag anstimmen, wenn es um Reformen geht, die ihrem Interesse zuwiderlaufen: Wir ruinieren unsere Wettbewerbsfähigkeit auf dem Weltmarkt! Eine solche Veränderung ist der Untergang unserer Industrie!

Plimsoll lässt nicht locker. Wieder gehen Resolutionen hin und her, sprechen Abordnungen der Gewerkschaften und der Reeder beim Premierminister vor. Am 22. Mai legt Samuel Plimsoll seine Reformvorschläge erneut vor. Und dieses Mal schlägt sich die Mehrheit auf seine Seite. Ab sofort gilt: Wer ein Schiff in See schickt, das nicht seetüchtig ist, muss mit Strafverfolgung rechnen. Inspektoren können solche Dampfer am Auslaufen hindern. Lose Deckladungen von Getreide oder Holz sind nun verboten. Und, der wichtigste Punkt: An jedem Schiff ist eine Freibordmarke anzubringen, in der Form, wie sie bis heute gilt. Ein Kreis, zwölf Zoll im Durchmesser, durch die Mitte verläuft horizontal die Linie, die fortan Plimsolls Namen tragen wird. Bis hierhin darf das Schiff beladen werden, keinen Zentimeter weiter.

Reeder und Kapitäne sträuben sich noch immer

Nur vor dem letzten Schritt zucken die Abgeordneten noch zurück. Noch gilt, dass nicht Schiffbauer oder die Behörden festlegen, wohin die Marke kommt, sondern Reeder und Kapitäne. Viele sträuben sich noch immer gegen die Vorschrift. Wie der Kapitän aus Cardiff, der das neue Symbol an den Schornstein seines Dampfers malen lässt.

Eigentlich hätten die Zeitgenossen erwartet, dass sich Samuel Plimsoll sofort wieder in den Kampf stürzt, um auch diese letzten Widerstände zu überwinden. Doch seine Gesundheit macht nicht mit. Seit Jahren ordnet er alles seinen politischen Kampagnen unter, das Ziel vor Augen, gönnt er sich keinen Moment der Ruhe, und das rächt sich jetzt. Er zieht sich aus der Öffentlichkeit zurück, sagt Termine ab, weil er „unpässlich" sei. Schon lange plagt ihn eine rätselhafte und schmerzhafte Entzündung des Auges, die er nie richtig auskuriert. Das Auge muss schließlich entfernt werden.

Auch seine Frau Eliza ist krank. Wahrscheinlich leidet sie an Tuberkulose, aber eine genaue Diagnose bekommt sie nie. Wärme lindert Elizas Beschwerden, darum flieht das Paar in den folgenden Jahren vor dem britischen Winter, nach Algier, Malta, Java und Australien. Plimsoll ist hin- und hergerissen zwischen der Liebe zu seiner Frau und der Leidenschaft für die Politik. Sein Unterhausmandat gibt er schließlich auf, aber nicht seine Mission. Auch um sein Geschäft muss er sich kümmern. Und so ist er nicht da für Eliza, als sie 1882 in Brisbane stirbt.

Es folgen, schreibt seine Biografin Nicolette Jones, Jahre ohne Ziel. Schuldgefühle quälen Plimsoll, er kann nicht arbeiten, nicht schreiben, nicht reisen. Er fällt in eine tiefe Depression. Doch dann besucht er 1885 einen Bekannten, den Holzhändler Joseph Armitage Wade, und lernt dessen Tochter Harriet kennen. Eine politisch engagierte Frau, die seinen Einsatz für die Seeleute seit Langem verfolgt. Plimsoll verliebt sich, er findet seinen Lebensmut wieder. Noch im selben Jahr heiraten die beiden, ihre erste Tochter taufen sie Eliza.

Plimsoll kehrt in die Politik zurück. Er führt die Gewerkschaft der Seeleute und Feuerwehrmänner an und trommelt für neue Kampagnen: gesunden Proviant für Matrosen. Mehr Sicherheit für Bergleute. Setzt sich für ein

Verbot von Tiertransporten über See ein. Für eine Reform der Arbeitsschutzgesetze. Es ist bei allen Anliegen dasselbe Muster: Ein Missstand verursacht Elend? Dann gehört er abgestellt.

Die britische Regierung verhilft seiner Lademarke 1890 zum endgültigen Durchbruch. Mit einem geschickten Manöver, wie es sich ein Samuel Plimsoll nicht besser hätte ausdenken können: Die Reeder beklagen also Benachteiligungen im internationalen Wettbewerb, wenn sie eine Obergrenze für die Beladung beachten sollen? Dann machen wir die Lademarke eben zum internationalen Standard. Fortan darf kein Schiff mehr in britische Häfen einlaufen, das nicht Plimsolls Marke auf dem Rumpf trägt. Gleiche Bedingungen für alle.

Plimsoll ist zu diesem Zeitpunkt bereits schwer krank, er hat Diabetes. Behandeln lässt sich die Stoffwechselstörung damals nicht; die Ärzte verschreiben ihm Opium. Trotzdem unternimmt er für sein letztes großes Vorhaben lange Reisen: Er will die Aussöhnung mit dem einstigen Kriegsgegner Amerika erreichen und schafft es in den USA tatsächlich, antibritische Schulbücher aus dem Unterricht zu verbannen. Wieder typisch Plimsoll: Wo setzt man an, um nachhaltige Veränderungen zu erreichen? Nicht indem man auf diplomatischem Parkett große Reden schwingt. Sondern indem man den Ressentiments schon in ihrer Entstehung begegnet.

Als der unermüdliche Reformer am 3. Juni 1898 in Folkestone stirbt, flaggen alle Schiffe im Hafen halbmast. Und ein alter Fahrensmann spricht am Grab den Satz, den sich Plimsoll vielleicht sogar als Epitaph gewünscht hätte: „Jetzt liegt er unterhalb der Freibordmarke." So hat es der Steinmetz auch in den Grabstein gemeißelt: Erst der Kreis mit der horizontalen Linie, dann der Name Samuel Plimsoll. Und darunter der Zusatz, ein Nachruf, der nur drei Wörter braucht: The Sailors Friend – Freund aller Seefahrer. ■

FIS HER MAN'S FRIE NDS

Helden Fisherman's Friends **Ort** Cornwall **Datum seit** 2010

10

Das Märchen der SINGENDEN FISCHER

Von Bord eines kleinen Kutters in die Top 10 der Hitparade. Geht nicht? Geht doch! Die Geschichte der „Fisherman's Friends" aus einem Dorf in Cornwall klingt wie ein modernes Märchen, ist aber wahr.

Zehn Fischer aus Cornwall, die es mit alten Shantys an die Spitze der britischen Charts schaffen. Klingt nach einer leicht kitschigen Komödie? Stimmt. Die Vorlage des Films „Fisherman's Friends" (2019) aber ist real. Die Geschichte hat sich im Kern tatsächlich zugetragen, und sie beginnt Mitte der 1990er-Jahre. Einige Fischer, ein Ladenbesitzer, ein Ingenieur und zwei Bauarbeiter gründen eine Shanty-Band und nennen sie „Fisherman's Friends". In Port Isaac, einem verwunschenen Fischerdorf an der Küste von Cornwall, international bekannt als Schauplatz der TV-Serie „Doc Martin". Die Männer waren zwischen 36 und 68 Jahre alt und sangen die alten Arbeitslieder von See. „John Kanaka", „Keep Hauling", „Nelson's Blood" und all die anderen Songs, die in früheren Zeiten die harte Arbeit an Bord erträglicher machen sollten.

Shantys waren ursprünglich Arbeitslieder, die man vor allem im 18. und 19. Jahrhundert auf englischen Handelsschiffen und auf Trawlern anstimmte, um die Koordination der körperlichen Arbeit zu unterstützen und die Moral der Crews zu stärken. Anker hieven, Netze einholen, Aufziehen der Rahen – das war echte Maloche, die leichter von der Hand ging, wenn die Männer dabei sangen. Auf wohlgeformtes Englisch und einen Sinn für Melodik kam es dabei weniger an. Die Bewältigung der Arbeit war wichtig, nicht die Musik.

Oft gab es an Bord einen Wechselgesang, der durch Wind und Wetter dringen musste: Der Shantyman sang lautstark vor, die Crew antwortete. Instrumente? Waren in diesem Konzept nicht vorgesehen und kamen erst später dazu. Als die Zeit der Großsegler endete und das Zeitalter der Dampfschiffe begann, brauchte es keine Shantys mehr an Bord. Heute werden sie hauptsächlich von gesetzten Herren in Fischerhemden auf Hafenfesten angestimmt.

Im Falle der „Fisherman's Friends“ nahm die Geschichte eine märchenhafte Wende, als ein Moderator des Radiosenders BBC2 nach Cornwall in den Urlaub reiste. Durch einen Zufall hörte er eine selbst produzierte CD der Band – und war fasziniert von deren urwüchsiger Kraft. „Shanty ist der Rock 'n' Roll von 1752“, wie es im Film später heißt.

Der Manager des Radio-DJ fuhr nach Cornwall, um die Band singen zu hören. Wenig später fädelte er einen Plattenvertrag mit dem Label „Universal Music“ ein. Für die Summe von einer Million Pfund. Eine Investition, die sich für alle Seiten lohnte. Das Debüt-Album, das 2010 erschien, verkaufte sich mehr als 150.000 Mal und kletterte in die Top 10 der britischen Charts. Eine Geschichte, die so aus der Zeit gefallen scheint, dass sie ein breites mediales Echo fand.

Doch es gab ein Ereignis, das dem Märchen ein dunkles Kapitel hinzufügte. Im Frühjahr 2013 brach die Band zu einer kleinen Tournee auf. An einem kalten Morgen halfen die Männer beim Aufbau der Bühne in Guidford, als eine tonnenschwere Metalltür umkippte. Trevor Grills, wichtigster Solo-Sänger der Band, und Paul McMullen, ihr Promoter, starben bei diesem furchtbaren Unglück.

Die geschockte Band sagte eine geplante USA-Tournee ab und verschob den Erscheinungstermin des bereits aufgenommenen zweiten Albums. Ein Jahr lang verstummten die „Fisherman's Friends“. Dann gaben sie ein emotionales Comeback, bei einem ausverkauften Konzert in der Royal Albert Hall. Auf den Tag genau zwölf Monate nach dem tragischen Unfall.

Der Humor und Witz des Films habe geholfen, die Trauer zu verarbeiten, sagten Mitglieder der Band. Die echten Fischer und Freunde der „Fisherman's Friends“ sind im Kinofilm in einer Szene zu sehen und hören.

So wunderbar verschmelzen Realität und Fiktion. ▪

CAPTAIN
Held Charles Algernon Fryatt Ort Brügge Datum 1916
FRYATT

11

HELDEN WIDER WILLEN

Charles Algernon Fryatt steht zweimal vor einer Entscheidung über Leben und Tod. Im März 1915 ist er Kapitän auf der „SS Wrexham“, als ein deutsches U-Boot sie attackiert. Fryatt zögert keine Sekunde und gibt volle Kraft voraus. Seine Heizer beschleunigen das Schiff, bis die Schornsteine glühen. Nach 40 Meilen Verfolgungsjagd geben die Verfolger auf. Zum Dank schenkt die Reederei Fryatt eine goldene Uhr. Ein Jahr später taucht wieder ein U-Boot vor ihm auf: Fryatt, jetzt Kapitän des Dampfers „Brussels“, handelt erneut nervenstark: Er gibt Befehl, den Angreifer zu rammen – und zwingt „U 33“ zum Alarmtauchen. Im Juni wird die „Brussels“ von den Deutschen aufgebracht. Sie nehmen Fryatt gefangen und stellen ihn in Brügge vor ein Kriegsgericht. Der Kaiser selbst bestätigt das Urteil: die Todesstrafe. Am 27. Juli 1916 tritt Kapitän Fryatt im Hafen von Brügge vor das Erschießungskommando. Dieses Mal ist kein Entkommen. ■

Held Störtebeker **Ort** Hamburg **Datum** 13. Jh.

12

Verehrter RÄUBER

Der Pirat ist im Mittelalter der Schrecken der deutschen und dänischen Seefahrer: Klaus Störtebeker kapert Schiffe, mordet und plündert. Aber die Legende sagt: Er nimmt den Reichen und gibt den Armen, ein Robin Hood zur See. Kann das wahr sein?

Der Diebstahl

Die Täter schlagen während der Öffnungszeiten des Museums zu. Das Objekt, auf das sie es abgesehen haben, ist in einer Vitrine ausgestellt, aber nicht besonders gut gesichert. Mitarbeiter des Museums bemerken den Verlust am folgenden Morgen, doch die Polizei hält die Information vorerst zurück, aus ermittlungstaktischen Gründen. Zehn Tage später erst wenden sich das Museum für Hamburgische Geschichte und die Kriminalpolizei an die Öffentlichkeit. Das spektakulärste Exponat des Hauses ist gestohlen worden: ein Schädel aus dem Mittelalter. Klaus Störtebeker soll ihn einst getragen haben, der gefürchtete Pirat.

„Wir sind alle sehr bestürzt über den Diebstahl", klagt die Direktorin des Museums, Lisa Kosok. Sie lobt eine Belohnung von 5000 Euro aus und appelliert an die Bürger Hamburgs: „Helfen Sie uns, den Seeräuberschädel wiederzufinden!" Ausgegraben wurde der Schädel 1878 bei Bauarbeiten auf dem Grasbrook im Hamburger Hafen. Eine Insel in der Elbe, die früher als Viehweide diente und von der wachsenden Stadt vereinnahmt wurde. Im Mittelalter befand sich auf dem westlichen Teil des sumpfigen Eilands der Richtplatz der Hansestadt, vor allem Seeräuber wurden hier hingerichtet. 428 der

Gesetzlosen, verzeichnen die Annalen der Stadt, traten hier bis 1624 vor den Scharfrichter. Die Seeräuber wurden enthauptet, ihre Köpfe auf einen Balken an der Einfahrt zum Hafen genagelt, damit jedermann sehen konnte, mit welch grausamem Ernst Hamburg den Kampf gegen das Unwesen der Piraterie verfolgte.

Der Schädel vom Grasbrook liegt viele Jahre unbeachtet in den Kammern des Museums, bis ihn sich Wissenschaftler 2004 genauer anschauen. Sie stellen fest, dass der Scharfrichter den Nagel in diesem Fall nicht einfach brutal durch den Knochen gehämmert, sondern sich die Mühe gemacht hat, das notwendige Loch vorsichtig mit einem Messer vorzubohren und zu weiten. Ein zweiter Kopf, direkt daneben gefunden, ist deutlich gröber behandelt worden. Dieser spezielle Schädel, folgern die Fachleute, sollte offenbar länger haltbar und sichtbar sein; es konnte sich mithin nicht um einen gewöhnlichen Seeräuber handeln. Eine Analyse von Archäologen der Universität Oxford datiert die Exekution mithilfe der Radiokarbon-Methode auf einen Zeitraum zwischen 1390 und 1450. Welche berühmten Piraten hat die Stadt denn damals zur Strecke gebracht? Richtig, Klaus Störtebeker. Passt doch, oder?

Ein Jahr nach dem Raub meldet sich ein Mann bei der Polizei und gibt an, dass er den Schädel besorgen könne. Am 21. Februar schickt er den Nagel, der im Totenkopf steckte, als Beweis, dass er tatsächlich Zugriff auf das Diebesgut hat. Kriminaldirektor Andreas Lohmeyer berichtet auf einer Pressekonferenz: „Es war wie ein Proof of Life." Ein Ausdruck, den Ermittler sonst verwenden, wenn sie von dem Lebenszeichen sprechen, das sie im Fall einer Entführung verlangen. Nur wenige Tage darauf wird der Schädel übergeben. Außerhalb Hamburgs, heißt es nebulös, sorgfältig in Tücher verpackt und – wie eine erste Sichtung zeigt – unbeschädigt. „Er ist gut behandelt worden", bestätigt Museumsdirektorin Kosok erleichtert und gewährt den Hamburgern zwei Tage freien Eintritt. Die Rückkehr Störtebekers muss gefeiert werden.

Die Reliquie

Die Ermittler fahnden weiter nach den Tätern und kommen drei Männern auf die Spur. Vor Gericht geben sie später an, ein Bekannter habe den Schädel auf einer Grillparty herumgezeigt und ihnen dann zur Aufbewahrung gegeben; die eigentliche Tat aber streiten sie ab. Das Gericht verurteilt einen der Angeklagten wegen schweren Diebstahls zu einer Freiheitsstrafe auf Bewährung. Seine Anwältin hatte zuvor mit einer eigenwilligen Begründung auf Freispruch plädiert: Der Prozess sei eine Posse, weil niemand nachweisen könne, dass das Relikt auch wirklich Störtebekers Schädel sei.

Auch wenn die Richter diese Debatte in der Beurteilung des Vergehens für unerheblich erachten, geklaut ist schließlich geklaut, bleibt diese Frage offen: Hat das Museum denn mehr als nur Indizien, dass es sich tatsächlich um den Kopf des Piraten Störtebeker handelt? Kanadische Wissenschaftler haben 2009 versucht, DNA-Material aus dem Schädelknochen zu gewinnen, um es für einen Abgleich mit potenziellen Nachfahren Störtebekers zu verwenden. Denn es gibt immerhin an die 200 Menschen in Norddeutschland, die mit Nachnamen Störtebeker heißen. Aber ohne Erfolg, die Knochensubstanz war zu alt, um daraus noch brauchbares Erbgut zu isolieren. Das Einzige, was die Forschung über den Totenkopf vom Grasbrook mit Sicherheit sagen kann: Er wurde um 1400 mit einem Axt- oder Schwerthieb vom Körper eines Mannes getrennt.

Lisa Kosok, die Direktorin des Museums, nennt das schauderhafte Exponat „einen der wichtigsten Schätze“ und ein „Schlüsselstück der Stadt“. Sie preist den Schädel gar als „Reliquie der Hamburger Geschichte“, und da lohnt ein kurzer Blick auf die Definition im Duden: Eine Reliquie, heißt es da, „ist der Überrest der Gebeine, Asche, Kleider o. Ä. eines Heiligen, Religionsstifters o. Ä., der als Gegenstand religiöser Verehrung dient“.

Der Totenkopf eines Piraten als Objekt der Verehrung? Der Seeräuber Störtebeker im Rang eines Heiligen?

Der Mythos

Klaus Störtebeker steht heute in der Hamburger Hafencity, genau dort, wo ihn der Scharfrichter am 20. Oktober 1401 erwartet haben soll. Nackt ist er, nur die Stiefel hat man ihm gelassen, die Hände sind vor dem athletischen Körper gefesselt. Es sind nur noch wenige Minuten bis zur Exekution.

Aber der Pirat steht kerzengerade, ungebrochen, das Gesicht mit dem markanten Kinnbart gen Westen gewendet. Als würde er ein letztes Mal in Richtung Horizont schauen. Der Bildhauer Hansjörg Wagner, der die überlebensgroße Figur in Bronze goss, wollte den zum Tode Verurteilten offensichtlich als einen aufrechten, ja: einen unbeugsamen Mann zeigen. Bei der Arbeit an der mehr als zwei Tonnen schweren Figur scheint jedenfalls Verehrung die Hand geführt zu haben. Und nicht Verachtung für einen Verbrecher.

Wie steht denn die Nachwelt zu Klaus Störtebeker? Ist er nun Held oder Halunke? Was ist über sein Leben bekannt? Die Legende geht so:

Niemand weiß, wo er wirklich herkommt. Aus Wismar, sagen die einen. Von Rügen stammt er, behaupten andere. Aus Hamburg. Oder Ostfriesland. Auch Verden an der Aller wird genannt. Seine Eltern waren arme Bauern. Nein, Fischer. Oder ist er der verstoßene Spross einer Adelsfamilie? Auch seinen echten Namen kennen seine Zeitgenossen nicht. Störtebeker ist möglicherweise nur ein Spitzname, den sich der Freibeuter mit seiner legendären Trinkfestigkeit verdient. Aus dem Niederdeutschen übersetzt bedeutet Störtebeker so viel wie „stürz den Becher". Der Pirat kann einen Vier-Liter-Humpen Bier oder Wein leeren, ohne einmal abzusetzen oder Luft zu holen. Voller Bewunderung zeigen sich die Erzähler solcher Anekdoten von der außerordentlichen Kraft des Gesetzlosen. Ein Hufeisen verbiegt er mit bloßen Händen. Er sprengt Ketten, dreht Stangen aus Zinn zu Zöpfen, einfach so.

Er ist aber nicht nur Pirat, sondern der Anführer einer Bruderschaft mit einem idealistischen Kodex. Als Blockadebrecher versorgen Störtebeker und seine Leute das von dänischen Truppen belagerte Stockholm, was ihren Titel „Vitalienbrüder" erklären könnte: „Vitailleurs" nennt man im Französischen die Teile der Truppe, die Soldaten an der Front mit Nachschub versorgen.

Ja, Störtebeker kapert Schiffe, er mordet und raubt und plündert. Aber seine Opfer sind nur die „Pfeffersäcke", die reichen Kaufleute der Hanse und ihre willfährigen Handlanger. Störtebeker und seine Mannen hingegen sind „Likedeeler", also Gleichteiler, vom Verkauf der aufgebrachten Prisen und ihrer Ladung profitiert die gesamte Crew; jeder an Bord hat außerdem ein Mitspracherecht. Die Piraten leben damit einen radikalen Gegenentwurf zum hierarchisch geprägten Oben und Unten der Gesellschaft im Mittelalter. Ist das der Stoff, aus dem später die romantische Verklärung entsteht?

Hartnäckig hält sich außerdem die Erzählung, als Vitalienbruder habe Störtebeker einen Teil seiner nicht unerheblichen Beute darauf verwendet, die Armen und Bedürftigen zu versorgen. Einer Frau in Lumpen schenkt er ein Stück Stoff – an dem Goldstücke kleben. Im niedersächsischen Verden an der Aller feiern sie jedes Jahr drei Wochen vor Ostern die „Lätare-Spende", bei der auf dem Rathausplatz immer exakt 530 Schwarzbrote und 1600 Heringe verteilt werden. Angeblich hat Klaus Störtebeker der Stadt ein Erbe hinterlassen, um sicherzustellen, dass auch nach seinem Tod genug Geld da ist für die Armenspeisung. Lätare, der Lateiner erkennt es, kommt von laetare, sich freuen. Der Störtebeker der Legende verbreitete Freude – wenigstens unter den einfachen Leuten.

Der Verrat

Bei der Hanse kommt das verständlicherweise nicht so gut an. Der mächtige Kaufmannsbund kann es nicht hinnehmen, dass seine Frachtkoggen überfallen und die Ladung geraubt wird. Diese verdammten Vitalienbrüder sind eine Plage, gefährden die Schifffahrt auf der gesamten Ostsee, sie sind eine Bedrohung für den freien Handel. Erst schicken die Kaufleute ihre Frachter im Konvoi los, um sie besser schützen zu können. Aber es nützt nichts, die Piraten werden immer stärker. Sie attackieren selbst große Handelsniederlassungen wie den norwegischen Hafen von Bergen und setzen sich auf der Ostseeinsel Gotland fest.

Die Hanse und ihre Verbündeten bieten schließlich eine große Armada mit Tausenden von Bewaffneten auf und befreien Gotland von den Seeräubern. Gnadenlos verfolgen die Schiffe der Hanse die Piraten, bis auch der Letzte aus der Ostsee nach Westen geflohen ist.

Geben sich die Seeräuber um Störtebeker geschlagen? Von wegen. Das Land westlich von Hamburg eignet sich als Rückzugsgebiet sogar noch besser als die Ostseeküste. Was nützt den Verfolgern das mächtigste Kriegsschiff, wenn sich die Gesetzlosen in dem Labyrinth der Sände zwischen den Prielen und Gatten besser auskennen? „Toller Hund" heißt das Schiff von Klaus Störtebeker. Immer wieder entwischt er damit den Koggen der Obrigkeit.

Entweder versteckt er sich irgendwo hinter den Ostfriesischen Inseln, oder er flieht an Helgoland vorbei auf die offene Nordsee. Aber: Jetzt verstärkt die Stadt Hamburg den Druck; in den Jahren 1400 und 1401 schickt sie zwei Strafexpeditionen in die Nordsee.

Dem Hamburger Kaufmann Simon von Utrecht gelingt es schließlich, die Piraten vor Helgoland zu stellen. Störtebeker ist der König der Finten, der immer einen Ausweg weiß. Doch dieses Mal hat er einen Feind in den eigenen Reihen. Ein Saboteur blockiert das Ruder des „Tollen Hunds" mit flüssigem Blei. Manövrierunfähig, kann das Schiff nicht entkommen. Drei Tage und drei Nächte wehren sich die Piraten im Schwertkampf gegen die Hamburger. Dann werfen die Angreifer ein Netz über die Männer auf dem „Tollen Hund". Störtebeker und 70 seiner Männer werden gefangen genommen. Das Flaggschiff der Hamburger, eine Kogge namens „Bunte Kuh", segelt mit ihnen in die Hansestadt. Schon vor dem Prozess steht das Urteil fest: die Todesstrafe.

Störtebeker, besagt die Sage, soll noch versucht haben, sich mit einem spektakulären Handel freizukaufen. Wenn man ihn laufen lässt, wird er eine Kette aus Gold anfertigen, die einmal um ganz Hamburg reicht. Doch die Stadt der Händler will sich auf dieses Angebot nicht einlassen. Aber wo steckt eigentlich der sagenhafte Schatz der Vitalienbrüder? Wo haben sie ihn vergraben? Hätte Störtebeker wirklich genug Gold gehabt, um sich zu einem solch spektakulären Preis freizukaufen? Der „Tolle Hund" wird an einen Schiffszimmermann zum Abwracken verkauft. Als dieser am Mast die Säge ansetzt, bleibt er schnell stecken. Im Holz ist ein Hohlraum, und darin verbirgt sich der Schatz. Der ehrenwerte Handwerker, heißt es, spendiert dem Turm der Katharinen-Kirche eine Krone aus Gold. Und soll auch noch ein wenig für sich behalten haben.

Auf dem Richtplatz, es geht auf das schaurige Finale der Störtebeker-Legende zu, willigt Bürgermeister Kersten Miles doch noch in einen Handel ein. Es ist eher eine makabre Wette: Er sei bereit, jedem Piraten das Leben zu schenken, sagt Miles, an dem der Anführer nach seiner Enthauptung noch vorbeikommt. Der Scharfrichter – angeblich ein Kerl namens Rosenfeld aus Buxtehude – schwingt sein Schwert, der Kopf fällt, und Störtebeker wankt kopflos an seinen Männern vorbei. Acht, neun, zehn, elf schafft er, doch dann wirft der Henker dem Kopflosen den Richtblock vor die Füße. Störtebeker stolpert, er stürzt, er stirbt. Und der Bürgermeister? Bricht sein Versprechen. Er lässt alle Seeräuber hinrichten und ihre Schädel an einen Balken nageln.

Der Verwandte

Damit kommt die Sache wieder zur entscheidenden Frage: Wer sind denn in dieser Geschichte die Guten, wer die Bösen? Der Pirat wird noch im Sterben betrogen. Und ausgerechnet der Repräsentant der Obrigkeit, der Bürgermeister von Hamburg, bricht das Wort, das er einem Todgeweihten gegeben hat. Böser geht es doch nicht, oder?

Kurzer Hinweis aus dem Wörterbuch, wie man Legenden betrachten muss – nämlich mit Vorsicht: Sie sind nämlich mit dem Märchen verwandt. Historische Ereignisse werden durch spätere Ergänzungen überhöht und verfälscht. In den Hamburger Archiven finden sich Rechnungen für die Ausrüstung der Koggen, die zur Piratenjagd geschickt wurden; auch die Zahl der Hinrichtungen ist penibel verzeichnet. Der Name Störtebeker taucht in den Annalen nicht auf. Die grausige Episode vom Grasbrook, der schändliche Betrug des Kersten Miles und die Gemeinheit des Scharfrichters Rosenfeld? Durch nichts belegt.

Die Legende von Klaus Störtebeker beschreibt nicht Wirklichkeit, sondern den Wunsch nach einer anderen, einer besseren Wirklichkeit. Da wird ein Pirat zu dem Mann, der sich den herrschenden Gesetzen verweigert und seine eigenen schreibt. Der allen die Stirn bietet. „Gottes Freund – aller Menschen Feind“ lautet das angebliche Motto des Seeräubers Störtebeker; der Bildhauer hat es in das Denkmal am Grasbrook graviert. Er folgt nur dem Allmächtigen, ansonsten ist er völlig frei in seinen Entscheidungen.

In England hat Störtebeker in Robin Hood einen berühmten Verwandten. Ein Räuberhauptmann, fromm wie der norddeutsche Pirat, der Recht und Gesetz bricht, wo sie für den einfachen Menschen nur Ungerechtigkeit bringen. Er jagt, wo man nicht jagen darf; er überfällt die Herrschenden und schenkt die Beute dem einfachen Volk. Und stirbt am Ende, wie Störtebeker, weil er verraten wird. Die Priorin der Abtei von Kirklees lässt ihn nach einem Aderlass verbluten.

Historiker haben auch diese Legende bis in den letzten Vers ausgeleuchtet. Im Laufe der Jahrhunderte wurden immer neue Details hinzugedichtet, bis der ursprünglich brutale Räuber als Sozialrevolutionär erscheint. Gibt es historische Vorbilder? Die Forscher graben tief, sichten viele Verdächtige – und verwerfen letztlich alles. Der Name „Hood" ist in der englischen Umgangssprache die Bezeichnung für einen Ganoven. Im Sherwood Forest hat es wohl nie einen edlen Räuber gegeben, einen Robin Hood schon gar nicht. Aber viele Menschen werden sich sehnlich gewünscht haben, dass so einer kommt und für sie kämpft.

Die Zweifel

Und wie ist es mit Stürz-den-Becher? Hat er historische Vorbilder? Den Namen gibt es, immerhin. Im Verfestungsbuch von Wismar, das alle juristischen Vorgänge in der Stadt festhielt, taucht 1380 ein Nicolao Stortebeker auf. Er ist von zwei Männern brutal zusammengeschlagen worden; die Täter werden der Stadt verwiesen. Nikolaus – Klaus: Klingt erst einmal plausibel. Nur existiert nicht mehr als dieser eine Eintrag. Dann stoßen die Historiker auf einen Johann Stortebeker, Kaufmann und Kapitän aus Danzig. Sein Name findet sich in Gerichtsakten aus dem Jahr 1405. Kann das passen? Der Freibeuter Klaus Störtebeker der Legende ist da angeblich schon seit vier Jahren tot.

Der Seefahrer aus Danzig wird zu einer Geldstrafe verdonnert, weil er gegen Handelssperren verstoßen hat. Und tatsächlich: In den Wirren der Kämpfe um die Vorherrschaft auf See hat dieser Stortebeker auf der Seite der Hanse-Gegner angeheuert – und sich mit den Vitalienbrüdern verbündet. Diese hat es tatsächlich gegeben, nur nicht als edle Ritter zur See. Sie waren vielmehr Söldner, die im Streit zwischen Dänemark, Schweden und Mecklenburg eingesetzt wurden. Mit Kaperbriefen ausgestattet, plünderten sie vor allem dänische Schiffe, überfielen aber auch die Koggen der Hanse. Die Häfen Mecklenburgs unterstützten die Kaperfahrer, in Wismar und Rostock durften sie auf den Märkten ihre Beute verkaufen.

Eine Bruderschaft mit einem idealistischen Kodex? Und Helfer der Armen? Dieses Bild entsteht wie im Fall von Robin Hood erst viel später.

Im Mittelalter verbreiten die Vitalienbrüder Angst und Schrecken. Sie gelten als ernsthafte Bedrohung der Schifffahrt auf Ost- und Nordsee; ihre Anführer waren skrupellose Männer wie Gödecke Michels, Bertram Wigbolt und Hennig Wichmann. Erst in der Verklärung wird aus den militärisch organisierten Seeräubern plötzlich eine brüderliche Widerstandsbewegung. Und der fiktive Störtebeker verdrängt die realen Figuren an der Spitze. Die Sage macht ihn zum wagemutigen Anführer der Piraten.

Der Mythos kapert die Geschichte der Vitalienbrüder und Likedeeler. Historiker tun sich bis heute schwer, genau abzugrenzen, wo das Reich der gesicherten Fakten endet und die Sage beginnt. Der Greifswalder Seefahrt-Historiker Christian Peplow hat Klaus Störtebeker einmal einen „A-Promi des Mittelalters“ genannt – so präsent ist die Erzählung von dem furchtlosen Piraten. Aber er sagt eben auch: Belastbare Quellen existieren nicht, wir können nicht immer mit abschließender Sicherheit sagen, was stimmt und was nicht. Unstrittig ist, dass die Legende bei den Menschen einen Nerv trifft.

Klaus Störtebeker verlor vielleicht seinen Kopf, aber er stolpert weiter durch die Geschichte, und dabei wird ihn kein wissenschaftlicher Zweifel aufhalten. In Ostfriesland führt eine Ferienstraße durch das Störtebekerland. In Stralsund braut eine Manufaktur Bier unter seinem Namen. In Ralswiek halten sie Störtebeker-Festspiele ab, und in Hamburg spielen die Kinder in der Hafencity Fußball beim Störtebeker SV. Schiffe und Jachten tragen seinen Namen, ungezählte Kneipen und Hotels.

Die Legende lebt, wo immer sie gebraucht wird.

Und der Schädel im Museum für Hamburgische Geschichte? Eine Reliquie eben, eine Frage des Glaubens. ■

HELDEN

FILME

HELDEN WAGEN, WAS ZUVOR NIEMAND VERSUCHT HAT.
SIE SETZEN IHR LEBEN AUFS SPIEL, UM ANDERE ZU RETTEN.
SIE STEHEN AUF, WO ANDERE SICH DUCKEN.
AUF SEE ABER KANN ES SCHON EINE HELDENTAT SEIN,
ÜBERHAUPT NUR ZU ÜBERLEBEN.
ZEHN FILME ÜBER ABENTEURER UND ADMIRÄLE,
FISCHER UND FORSCHER, DIE EXTREMEN
BEWÄHRUNGSPROBEN AUSGESETZT SIND.

MENSCHENSCHMUGGEL

Originaltitel: „The Breaking Point"
Produktionsland: USA
Erscheinungsjahr: 1950
Länge: 1:37 h
Genre: Abenteuerfilm
Regie: Michael Curtiz
Hauptfiguren: Harry Morgan (John Garfield), F. R. Duncan (Wallace Ford), Wesley Park (Junao Hernández)
Schauplatz: südliches Kalifornien, Mexiko
Handlung: Harry Morgan, Skipper einer kleinen Jacht in Kalifornien, schlägt sich mit Gelegenheitsjobs durch. Schippert mit Anglern zum Hochseefischen, fährt Touristen an der Küste spazieren. Als ihn ein Kunde nicht bezahlt, lässt er sich auf den Deal ein, den ihm ein zwielichtiger Bekannter einredet – er soll eine Gruppe von Chinesen über See in die USA schmuggeln. Der Auftrag geht schief, Morgans Schiff wird von der Küstenwache konfisziert. Der Bekannte zieht an Strippen und bekommt das Boot frei. Doch nun bekommt Morgan die nächsten heiklen Order: als Fluchthelfer für vier Gangster. Morgan erkennt, dass er sich nicht länger wegducken kann. Er muss den Kampf mit den Verbrechern aufnehmen. Spannende Verfilmung des Romans „Haben und Nichthaben" von Ernest Hemingway.

DES KÖNIGS ADMIRAL

Originaltitel: „Captain Horatio Hornblower"
Produktionsland: USA und Großbritannien
Erscheinungsjahr: 1951
Länge: 1:42 h
Genre: Abenteuerfilm
Regie: Raoul Walsh
Hauptfiguren: Kapitän Horatio Hornblower (Gregory Peck), Lady Barbara Wellesley (Virginia Mayo)
Schauplatz: auf der Fregatte „Lydia" im Pazifik
Handlung: Egal eigentlich, oder? Wir sehen den größten Seehelden der Literaturgeschichte in Aktion: Horatio Hornblower, Kapitän in Diensten der Royal Navy. Es ist die Zeit der napoleonischen Kriege, und Hornblower wird mit seiner Fregatte „Lydia" auf geheimer Mission in den Pazifik geschickt, wo er einen finsteren Fürsten namens Don Julian Alvarado unterstützen soll, der sich erfolgreich gegen die spanischen Kolonialherren zur Wehr setzt. Hornblower kapert einen spanischen Zweidecker und überlässt das Schiff dem zwielichtigen Verbündeten, der damit spanische Siedlungen attackieren will. Dann erreicht den Briten ein Befehl aus der Heimat: Spanien gehört jetzt zur Allianz gegen Napoleon. Hornblower muss Alvarado stoppen. Es kommt zum Seegefecht. Der Gegner hat das überlegene Schiff, aber die Briten können besser segeln und schneller ihre Kanonen nachladen. Schiff versenkt. Aber das ist noch lange nicht das Ende der Geschichte.

DER FLUG DES ADLERS

Originaltitel: „Ingenjör Andrées luftfärd"
Produktionsland: Schweden, Norwegen, Deutschland
Erscheinungsjahr: 1982
Länge: 2:20 h
Genre: Biopic
Regie: Jan Troell
Hauptfigur: Polarforscher Salomon August Andrée (Max von Sydow)
Schauplatz: Spitzbergen
Handlung: Es ist die große Zeit der Polarforschung. Wer erreicht als Erster den Nordpol? Wer schafft die gefährliche Überquerung der Eismassen? Der schwedische Ingenieur Salomon August Andrée will 1897 einfach darüber hinwegfliegen – in einem mit Wasserstoff gefüllten Ballon. Er schlägt alle Mahnungen in den Wind, dass ein Ballon doch kaum steuerbar ist, dass seine Ausrüstung nicht ausreicht. Aber er hebt ab, und schon beim Start geht schief, was nur schiefgehen kann. Nach drei Tagen das Ende, Notlandung. Jetzt müssen Andrée und seine beiden Begleiter doch übers Eis, und darauf sind sie verdammt schlecht vorbereitet. Es sind gut 300 Kilometer zurück nach Spitzbergen. Der Film erzählt eine wahre Geschichte; die Vorlage für das Drehbuch lieferten die Logbücher der Expedition.

SHACKLETON – VERSCHOLLEN IM EWIGEN EIS

Originaltitel: „Shackleton"
Produktionsland: Großbritannien
Erscheinungsjahr: 2002
Länge: 3:20 h
Genre: Biopic-Serie
Regie: Charles B. G. Sturridge
Hauptfigur: der irische Polarforscher Ernest Shackleton (Kenneth Branagh)
Schauplatz: Antarktis
Handlung: Unter allen Forschern und Abenteurern, die sich in die Arktis oder Antarktis aufgemacht haben, hat er unsere Bewunderung am meisten verdient. Ernest Shackleton scheitert mit seinen Expeditionen, aber niemand beweist in der Notlage Größe wie er. Als er einen Marsch zum Südpol abbrechen muss, erklärt er seiner Frau später: „Ein lebendiger Esel ist besser als ein toter Löwe." Seine bedeutendste Leistung ist keine Eroberung, kein Rekord, sondern eine Rettungsaktion. Sein Schiff wird Anfang 1915 auf dem Weddell-Meer im Eis zerdrückt. Er führt seine Crew zu einer Insel am offenen Wasser, richtet ein Wintercamp ein. Dann segelt er mit dem Beiboot über den sturmgepeitschten Südatlantik nach Südgeorgien. Quert die Berge der Insel zu Fuß. Reist weiter nach Chile, wo er einen Dampfer chartert. Und holt seine Crew ab. Alle überleben. Von dem Bergsteiger Edmund Hilary stammt der Satz: „Was die Wissenschaft anbelangt, gebt mir Robert Scott, für Schnelligkeit und Tüchtigkeit gebt mir Roald Amundsen, aber wenn es zu einer Katastrophe kommt und die Lage hoffnungslos ist, dann fallt auf die Knie und fleht um Ernest Shackleton."

JEDE SEKUNDE ZÄHLT

Originaltitel: „The Guardian“
Produktionsland: USA
Erscheinungsjahr: 2006
Länge: 2:16 h
Genre: Actionfilm
Regie: Andrew Davis
Hauptfiguren: Ben Randall (Kevin Costner), Jakob „Jake“ Fischer (Ashton Kutcher)
Schauplatz: Kodiak, Alaska
Handlung: Ben Randall ist Rettungsschwimmer. Nicht wie in „Baywatch“ am Strand, sondern bei der Küstenwache. Harte Einsätze auf See, er springt bei Sturm vom Helikopter ins Wasser, um Schiffbrüchige zu bergen. Dann muss er mit ansehen, wie ein Freund umkommt. Ein Trauma, das ihn verfolgt. Er wird an die Akademie der Küstenwache versetzt, als Ausbilder für Seenotretter. Als sein bester Schüler, Jake Fischer, die Abschlussprüfung besteht, erklärt sich auch Ben wieder fit für den aktiven Dienst. Aber gleich bei einem der ersten Einsätze erleidet er einen Zusammenbruch und erkennt, dass er dem Job nicht mehr gewachsen ist. Doch dann steckt Jake in einem sinkenden Trawler fest – und Ben muss noch einmal ran. Bombastische Action, Hollywood eben – aber der Film setzt den Rettungsschwimmern ein Denkmal. Helden des Alltags in einem Beruf, bei dem es immer um Leben und Tod geht.

AMELIA

Originaltitel: „Amelia“
Produktionsland: USA, Kanada
Erscheinungsjahr: 2009
Länge: 1:52 h
Genre: Biopic
Regie: Mira Nair
Hauptfiguren: Amela Earhart (Hilary Swank), George Putnam (Richard Gere), Eugene Vidal (Ewan Gordon McGregor)
Schauplatz: Flug über den Atlantik, Rückblenden auf ihr Leben in den USA
Handlung: Amelia fliegt. Sie will mit ihrer Maschine die Erde umrunden, immer dem Äquator nach. Über den Weiten des Ozeans wandern ihre Gedanken. Wie sie zum Fliegen kam. Sich gegen alle Widerstände in einem Macho-Kosmos durchsetzte. Wie sie ihrem Ehemann bei der Hochzeit den obligatorischen Treueschwur verweigerte. Für so viele Frauen Amerikas zum Vorbild wurde. Dann die vorletzte Etappe ihrer Reise zu einer winzigen Insel im Pazifik, wo sie auftanken muss. Doch Navigation ist damals noch Handarbeit – und oft auch Glückssache. Kein Satellit am Himmel, der hilft. Die Sicht ist miserabel, die Peilung eines Funksignals funktioniert nicht. Amelia Earhart verfehlt die Insel. Sie fliegt, bis der Sprit ausgeht. Eine bildstarke Biografie der legendären amerikanischen Pilotin.

THE DEEP

Originaltitel: „Djúpið“
Produktionsland: Island
Erscheinungsjahr: 2012
Länge: 1:36 h
Genre: Drama
Regie: Baltasar Kormákur Baltasarsson
Hauptfiguren: Gulli (Ólafur Darri Ólafsson), Palli (Jóhann Gunnar Jóhannsson)
Schauplatz: Nordatlantik vor Island
Handlung: Auch das eine wahre Geschichte: Im März 1984 zieht der Kutter „Hellisey VE-503“ vor der Küste Islands mit dem Grundschleppnetz seine Bahnen. Das Netz bleibt hinter einem Felsbrocken hängen, die Crew kann es nicht schnell genug kappen, ihr Kahn kentert. Zwei Männer sind sofort tot, drei schwimmen im Meer. Wassertemperatur: 5 Grad. Wie lang ein Mensch das aushält? Mit Glück 30 Minuten, mehr nicht. Die nächsten beiden Fischer verlieren das Bewusstsein und gehen unter. Jetzt ist der 23-jährige Guðlaugur Friðþórsson – im Film heißt er Gulli – allein auf den Meer. Er ist ein guter Schwimmer. Zieht sein Ölzeug aus und die Stiefel. Und schwimmt. Es sind sieben Kilometer zum Ufer. Gulli schwimmt und spricht mit den Möwen, die über ihm kreischen. Stundenlang. Er schafft es an Land und läuft barfuß über Vulkangestein zum nächsten Dorf. Als die Rettungskräfte eintreffen, ist seine Körpertemperatur auf 33 Grad gefallen. Wie er diese Tortur überleben konnte? Wissenschaftler machen eine interessante Entdeckung.

CAPTAIN PHILLIPS

Originaltitel: „Captain Phillips“
Produktionsland: USA
Erscheinungsjahr: 2013
Länge: 2:14 h
Genre: Doku-Drama
Regie: Paul Greengrass
Hauptfiguren: Kapitän Richard Phillips (Tom Hanks), Anführer der Piraten Abduwali, Muse (Barkhad Abdi)
Schauplatz: Auf dem Containerschiff „Maersk Alabama“ vor der Küste Somalias
Handlung: Die „Maersk Alabama“ ist das ideale Opferschiff: tief im Wasser liegend, langsam. Sie hat Lebensmittel geladen, fährt im Auftrag der UNO. Vor der Küste Somalias greifen Piraten an. Einmal gelingt es Kapitän Richard Phillips, die Verbrecher abzuwehren, beim zweiten Mal entern sie sein Schiff. Die Crew kann noch rechtzeitig Maschine und Stromversorgung abstellen, es gelingt ihr später sogar, einen Deal mit den Piraten auszuhandeln. 30.000 Dollar aus dem Schiffstresor und freies Geleit im Rettungsboot. Doch im letzten Augenblick zerren die Piraten Kapitän Phillips mit ins Boot. Jetzt haben sie eine Geisel. Zwei US-Kriegsschiffe nehmen die Verfolgung auf, Kampftaucher bereiten sich auf ihren Einsatz vor. Ein packender Thriller nach historischem Vorbild: Die Entführung hat es im April 2009 wirklich gegeben – mit einem jahrelangen juristischen Nachspiel.

THE FINEST HOURS

Originaltitel: „The Finest Hours“
Produktionsland: USA
Erscheinungsjahr: 2016
Länge: 1:57 h
Genre: Historiendrama
Regie: Craig Gillespie
Hauptfiguren: Vormann Bernie Webber (Chris Pine), Küstenwachen-Stationschef Daniel Cluff (Eric Bana), Schiffsoffizier Ray Sybert (Casey Affleck)
Schauplatz: Küste von Neuengland in den USA
Handlung: Herbst 1952, ein brutaler Sturm bläst von Nordosten über Neuengland. Der Öltanker „Pendleton“ zerbricht in den Wellen. Der Kapitän kommt um, doch die Crew kann sich auf das Heck des Havaristen retten. Am Festland hört man die Notsignale des Typhons, der Chef der Coast Guard gibt den Befehl zu einer riskanten Rettungsaktion. „CG 36500“, das nur elf Meter lange Boot der Station, soll raus und die Tankercrew bergen. Vormann Bernie Webber schafft es tatsächlich, in der kochenden See das Wrack zu erreichen und bis auf einen Mann alle an Bord zu bekommen. „CG 36500“, ausgelegt für zwölf Mann, trägt nun vier Retter und die 32 Seeleute vom Tanker. Der Chef an Land funkt: Steuert das Feuerschiff draußen auf See an. Aber weil sein Kompass über Bord gegangen ist, entscheidet sich Webber, die Lichter der Küste anzusteuern. Dann fällt an Land der Strom aus. Auch diese Helden hat es im echten Leben gegeben. Spoiler: „CG 36500“ ist heute ein Museumsschiff.

STYX

Originaltitel: „Styx“
Produktionsland: Deutschland, Österreich
Erscheinungsjahr: 2018
Länge: 1:35 h
Genre: Drama
Regie: Wolfgang Fischer
Hauptfiguren: Notärztin Rike (Susanne Wolff), Flüchtling (Kingsley)
Schauplatz: Jacht „Asa Gray“ auf dem Weg von Gibraltar in den Atlantik
Handlung: Rike ist Notärztin. Sie will im Sabbatical vom Mittelmeer nach Ascension Island im Südatlantik segeln. Sie übersteht einen Sturm und trifft am Tag darauf auf einen Kutter in Seenot, an Deck sind mehr als hundert Flüchtlinge zusammengepfercht. Sie kann sie nicht auf ihrer Jacht aufnehmen, dafür sind es zu viele. Rike versucht, Hilfe zu organisieren. Auf dem Radar sieht sie, dass andere Schiffe in der Nähe sind. Aber niemand kommt. Von einem Frachter erhält sie immerhin per Funk die Nachricht, die Reederei habe einen Hilfseinsatz verboten. In ihrer Not gibt Rike schließlich vor, die eigene Jacht sei in Seenot. Sie setzt ein Mayday ab, schießt Signalraketen. Jetzt endlich erscheint eine Fregatte auf der Bildfläche. Rike wird festgenommen. Dann werden die Überlebenden vom Kutter geborgen – und viele Tote.

RET
TER
Helden Seenotretter **Ort** Mittelmeer **Datum** seit Jahren

13

Das letzte gute GEWISSEN

Für Kapitän Schwandt zählt es zum Schlimmsten, was derzeit auf der Welt passiert: dass Menschen auf der Flucht vor Krieg und Elend bei der Überquerung des Mittelmeers umkommen. In der Hamburger Haifischbar trifft er Freiwillige, die etwas dagegen unternehmen.

Als Treffpunkt hatten wir die Haifischbar vereinbart, die alte Seefahrerkneipe an der Wasserkante. Große Elbstraße, Altona, einer der letzten Orte, in denen man den alten Hamburger Hafen erleben kann. Wenn Seeleute früher ihre Zeche nicht zahlen konnten, ließen sie etwas zurück. Einen ausgestopften Hai, ein Ölgemälde (in das ein Fischer ein Beil warf), Tampen, Rettungsringe, ein Schiffsmodell.

Die Haifischbar funktioniert wie ein Museum mit Tresen. Für Kapitän Jürgen Schwandt, den alten Seemann, der mit seiner Biografie „Sturmwarnung" eine zweite Karriere startete, wurde sie so etwas wie ein zweites Wohnzimmer. Wann immer es eine Verabredung gab, die ihm wichtig erschien, dann verabredete er sich im „Hai".

An diesem Abend war die Begegnung Kapitän Schwandt ein besonderes Anliegen, denn es ging um Menschen, die nicht nur in seinen Augen Helden der See sind. Menschen, die viel riskieren, um auf dem Mittelmeer die Leben von Flüchtlingen zu retten. In einer Zeit, in der Europa das Leid auf See ignoriert, sind die Freiwilligen so etwas wie das letzte gute Gewissen.

„Für einen Seemann gehört das Massensterben auf dem Mittelmeer zu den schlimmsten Ereignissen einer furchtbaren Zeit. Wir Seeleute wissen, wie es draußen ist, bei schlechtem Wetter, in der Weite und der Einsamkeit", sagt Schwandt. „Ich mag mir nicht vorstellen, was die Menschen in den Schlauchbooten durchmachen."

Er unterstützt die Hilfsorganisation „Sea-Eye", die mit einem ehemaligen Trawler aus DDR-Beständen auf dem Mittelmeer unterwegs ist. Nach eigenen Angaben rettete die NGO mit Sitz in Regensburg mit ihrem kleinen Kutter mehr als vierzehntausend Schutzsuchenden das Leben. Die Retter sind nicht nur Seeleute. In der Haifischbar traf Kapitän Schwandt an diesem Abend eine junge Finanzexpertin, einen Strafverteidiger und einen Rentner. Einen Mann, der im Brandschutz arbeitet, und einen Jugendbetreuer.

Diese Retter gaben ihren Urlaub und ihre Freizeit, um Menschen in Not zu helfen. Sie riskierten viel. Ihr Schiff ist nicht mehr das jüngste und legt sich bei Sturm schon mal bis zu 40 Grad auf die Seite. Zwei Wochen dauert jede „Mission", und die Crewmitglieder teilen die Enge, die Hitze und die schwierigen Lebensumstände an Bord des Schiffs. Was während der Einsätze geschieht, ist unberechenbar. Niemand weiß, wie Gerettete in Panik reagieren.

„Wir sind Dilettanten mit schlechtem Gerät und wenig Ausbildung", sagte ein Mann, der heute als Betreuer von jugendlichen Flüchtlingen arbeitet und in seinem alten Leben als Kapitän auf Tankern im Einsatz war. Was ihn und die anderen Menschen antreibt, fragte Kapitän Schwandt.

„Man kann diese Leute doch nicht einfach ihrem Schicksal überlassen", antwortete eine junge Frau, Ende 20, aus Sankt Pauli. Die anderen am Tisch nickten. Sie erzählten von ihren Einsätzen auf dem Mittelmeer. Wie beklemmend es sei, wenn im Halbdunkel des Morgens ein Schlauchboot in Sicht komme. Was es bedeutet, die Emotionen zu kontrollieren, zu arbeiten, und ja: auch zu funktionieren. Schwimmwesten verteilen, gegen die Angst wirken, Menschen in einer Ausnahmelage beruhigen, bis herbeigerufene Schiffe der Marine eintreffen. An einem Tag, an dem die See besonders ruhig war (im Bordjargon „Flüchtlingswetter" genannt), retteten die Freiwilligen von Sea-Eye mehr als 700 Menschen aus Seenot. „Die Boote, die wir aufgreifen, werden von Mission zu Mission kleiner", berichteten die Hamburger. Die Schlepper schicken die Flüchtlinge bei jedem Wetter hinaus auf das Meer. Es sind Himmelfahrtskommandos. Niemand weiß, wie viele Menschen auf See ihr Leben ließen, auf dem Weg in ein besseres Leben. Schätzungen gehen von mehreren Zehntausend Ertrunkenen aus. Es gibt Geschichten, dass auch Terroristen am Geschäft der Schlepper verdienen. Es kursieren Berichte, nach denen Schlauchboote aus China angeliefert werden, mit Motoren, die in einer eigenen, kleinen Fabrik vorbereitet werden. Es scheint sich eine eigene Form von Industrie etabliert zu haben, welche die Not der Flüchtlinge ausnutzt. Manche Überlebenden berichten von Frauen, die vergewaltigt und mehrere Monate gefangen gehalten wurden, weil für Schwangere ein Platz an Bord noch teurer ist. Libyen, von dessen Küste die meisten Boote ablegen, ist ein Staat in Auflösung.

Einmal, erzählten die Retter von „Sea-Eye“ in der Haifischbar, hatten sie gerade eine Bootsbesatzung mit Rettungswesten versorgt, als ein vermeintliches Fischerboot auftauchte. Es waren keine Fischer, sondern getarnte Schlepper. Sie montierten unbekümmert die Außenborder des Schlauchboots ab, bevor sie verschwanden. Ein anderes Mal erlebten die Retter, dass ein Boot wegfuhr, als sie sich näherten. Das Boot war nur halb besetzt. Die Leute an Bord schienen entkommen zu wollen. Warum? Hatte es einen Kampf gegeben?

„Heldenverehrung, das ist für uns überzogen“, meinte ein Retter in der Haifischbar.

„Verehrung vielleicht schon, aber Dank und Respekt sind es nicht“, entgegnete Kapitän Schwandt.

Am Morgen nach dem Treffen in der Haifischbar stand in der Zeitung, dass ein Boot der „Ärzte ohne Grenzen“ von der „libyschen Küstenwache“, wie sich die Miliz der See nennt, angegriffen und beschossen wurde. Die freiwilligen Retter wird auch eine solche Nachricht nicht davon abhalten, zur nächsten Mission aufzubrechen. ■

Held John Maynard **Ort** Eriesee, Nordamerika **Datum** 9. August 1841

JOHN

MAYNARD

14

Noch zehn Minuten BIS BUFFALO

Der Dampfer brennt, der Steuermann bleibt auf seinem Posten, um alle zu retten, bis in den Tod. Den Helden der berühmten Ballade von Theodor Fontane hat es tatsächlich gegeben – nur ist die Geschichte in Wirklichkeit anders ausgegangen.

Es soll immer wieder Touristen gegeben haben, die in Buffalo an den Eriesee gepilgert sind, um am Ufer des großen amerikanischen Binnenmeers nach einem Denkmal für John Maynard zu suchen. „John who?", fragten die Einheimischen verdutzt zurück, wenn sich Besucher nach dem Weg erkundigten. Denn der Name war ihnen völlig unbekannt.

An vielen deutschen Schulen ist das Schicksal von John Maynard Pflichtlektüre; an der Hauptfigur, heißt es in Unterrichtsmaterialien zur Ballade von Theodor Fontane, können die Schüler die Begriffe „Held" und „Heldentum" reflektieren. Was macht einen Helden aus? Er leistet Außergewöhnliches, er ragt aus dem Kreis seiner Mitmenschen heraus, weil er sein eigenes Leben in ihren Dienst stellt, auch wenn es von ihm selbst ein großes Opfer verlangt. Wie im Fall von John Maynard.

Ein Qualm, dann Flammen lichterloh,
und noch zwanzig Minuten bis Buffalo

Der Schaufelraddampfer „Schwalbe" fliegt über den Eriesee, dass die Gischt nur so schäumt, auf seiner Strecke von Detroit ganz im Westen nach Buffalo am anderen Ende des Binnenmeeres. Da bricht Feuer aus, Qualm dringt aus den Luken. Kapitän und Steuermann erkennen: Das Ufer von Buffalo ist nah, Maynard hält darauf zu. Crew und Passagiere flüchten aufs Vorschiff, der Steuermann verschwindet hinter einer Flammenwand. Doch er hält durch, setzt das Schiff auf die Felsen am Ufer, Crew und Passagiere retten sich an Land. Maynard kommt um.

So weit Fontane. Im echten Leben fährt der Dampfer in umgekehrter Richtung, er legt am Nachmittag des 9. August 1841 in Buffalo ab und nimmt Kurs auf Detroit. Das Schiff heißt „Erie“, knapp 500 Tonnen schwer, als Antrieb dienen zwei große Seitenschaufelräder, aber wie bei den meisten Dampfern dieser Ära stehen an Deck auch noch zwei Masten, an denen Segel gesetzt werden können. An Bord: etwa 30 Mann Besatzung und zwischen 200 und 300 Passagieren, genauer lässt sich das nicht sagen. Die „Erie“ befördert an diesem Tag viele Auswanderer, Deutsche und Schweizer.

John Maynard war unser Steuermann,
aushielt er, bis er das Ufer gewann

Dann, etwa vier Stunden nach dem Ablegen, die Explosion. Die Ursache wird nie endgültig geklärt, möglicherweise entzündet sich frisch aufgetragene Farbe, die wiederum eine Ladung von Terpentin in Brand setzt. Das Feuer breitet sich rasend schnell aus, Löschversuche scheitern. Der Maschinenraum ist nicht mehr erreichbar, und so lässt sich das Schiff nicht mehr stoppen, was alles noch schlimmer macht. Denn wie soll man in voller Fahrt Rettungsboote aussetzen? Die Boote kentern, sie werden zerschlagen, Menschen stürzen ins Wasser.

Noch funktioniert das Ruder. Der Kapitän gibt seinem Steuermann Luther Fuller die Order, direkt auf die acht Meilen entfernte Küste zuzuhalten. Und Fuller harrt tatsächlich auf seinem Posten aus, während die Crew verzweifelt versucht, die Maschine zu stoppen und Passagiere sicher von Bord zu bekommen. Der Kapitän sagt später aus, sein Steuermann sei in heldenhafter Verrichtung seiner Pflicht umgekommen. Andere Augenzeugen sagen, Fuller habe sich, als auch das Ruder nicht mehr zu bedienen war, schwer verletzt ins Wasser fallen lassen.

Das Schiff geborsten. Das Feuer verschwelt.
Gerettet alle. Nur einer fehlt!

Die „Erie“ brennt aus und sinkt. Zwei andere Dampfer, die schnell an der Unglücksstelle sind, können nichts mehr ausrichten. Nur 29 Menschen überleben die Katastrophe. Warum Fontane in der Fiktion alle rettet? Klar: weil es Maynards Opfer noch einmal größer erscheinen lässt.

Wie hat nun der deutsche Dichter von dem Unglück erfahren? 1845 erscheint in den USA eine Kurzgeschichte, deren Autor nicht mehr zu ermitteln ist. Da wird aus Luther Fuller plötzlich ein Mann namens John Maynard. Andere Schriftsteller greifen das Thema auf, der Brite John Bartholomew Gough erfindet den dramatischen Dialog zwischen Kapitän und Steuermann; beim Groschenromanschreiber Horatio Alger aus Massachusetts bringt der Steuermann, von den Flammen bereits schwer gezeichnet, alle in Sicherheit.

Dann schafft die Legende vom Eriesee den Sprung über den Atlantik. Emil Rittershaus erzählt die Geschichte noch einmal anders: Bei ihm kämpfen die Menschen im Wasser um ihr Leben. Ein Mann, kurz vor dem Ertrinken, greift nach einer Planke vom Wrack – und überlässt sie dann doch einer Mutter und ihrem Kind. Einen John Maynard gibt es bei Rittershaus nicht, aber dafür einen Dampfer mit dem Namen „Schwalbe“.

Und mit goldner Schrift in den Marmorstein
schreibt die Stadt ihren Dankspruch ein

Wo hat Theodor Fontane vom Untergang der „Erie“ gehört? Die Parallelen sind unübersehbar, ein Zufall ausgeschlossen. John Maynard, die Schwalbe, der Kapitän und Sprachrohr, und noch zehn Minuten bis Buffalo – Fontane gelingt mit diesen angelesenen Details die dichteste Schilderung des Untergangs, die eindrucksvollste Feier der selbstlosen Tat.

Buffalo hat 1999 schließlich eine Gedenktafel anbringen lassen, die einen Mann ehrt, den es nie gegeben hat. An einer Kaimauer am Eriesee heißt es jetzt, nicht in Marmor gemeißelt, sondern in Bronze gegossen: „Hier ruht John Maynard!“ Es folgen die letzten Zeilen der Ballade von Theodor Fontane als Epitaph.

„JOHN MAYNARD"

THEODOR FONTANE, 1886

John Maynard!
„Wer ist John Maynard?"
„John Maynard war unser Steuermann,
aushielt er, bis er das Ufer gewann,
er hat uns gerettet, er trägt die Kron',
er starb für uns, unsre Liebe sein Lohn.
John Maynard."

Die „Schwalbe" fliegt über den Erie-See,
Gischt schäumt um den Bug wie Flocken von Schnee;
von Detroit fliegt sie nach Buffalo -
die Herzen aber sind frei und froh,
und die Passagiere mit Kindern und Fraun
im Dämmerlicht schon das Ufer schaun,
und plaudernd an John Maynard heran
tritt alles: „Wie weit noch, Steuermann?"
Der schaut nach vorn und schaut in die Rund:
„Noch dreißig Minuten ... Halbe Stund."

Alle Herzen sind froh, alle Herzen sind frei –
da klingt's aus dem Schiffsraum her wie Schrei,
„Feuer!" war es, was da klang,
ein Qualm aus Kajüt und Luke drang,
ein Qualm, dann Flammen lichterloh,
und noch zwanzig Minuten bis Buffalo.

Und die Passagiere, bunt gemengt,
am Bugspriet stehn sie zusammengedrängt,
am Bugspriet vorn ist noch Luft und Licht,
am Steuer aber lagert sich's dicht,
und ein Jammern wird laut: „Wo sind wir? Wo?"
Und noch fünfzehn Minuten bis Buffalo.

Der Zugwind wächst, doch die Qualmwolke steht,
der Kapitän nach dem Steuer späht,
er sieht nicht mehr seinen Steuermann,
aber durchs Sprachrohr fragt er an:
„Noch da, John Maynard?"
„Ja, Herr. Ich bin."
„Auf den Strand! In die Brandung!"
„Ich halte drauf hin."
Und das Schiffsvolk jubelt: „Halt aus! Hallo!"
Und noch zehn Minuten bis Buffalo.

„Noch da, John Maynard?" Und Antwort
schallt's mit ersterbender Stimme:
„Ja, Herr, ich halt's!"
Und in die Brandung, was Klippe, was Stein,
jagt er die „Schwalbe" mitten hinein.
Soll Rettung kommen, so kommt sie nur so.
Rettung: der Strand von Buffalo!
Das Schiff geborsten. Das Feuer verschwelt.
Gerettet alle. Nur einer fehlt!

Alle Glocken gehn; ihre Töne schwell'n
himmelan aus Kirchen und Kapell'n,
ein Klingen und Läuten, sonst schweigt die Stadt,
ein Dienst nur, den sie heute hat:
Zehntausend folgen oder mehr,
und kein Aug' im Zuge, das tränenleer.

Sie lassen den Sarg in Blumen hinab,
mit Blumen schließen sie das Grab,
und mit goldner Schrift in den Marmorstein
schreibt die Stadt ihren Dankspruch ein:
Hier ruht John Maynard! In Qualm und Brand
hielt er das Steuer fest in der Hand,
er hat uns gerettet, er trägt die Kron,
er starb für uns, unsre Liebe sein Lohn.
John Maynard.

Das frühe **Instagram**

Postkarten mit Helden – Eine bunte Mischung.

264. LE HAVRE — "La Provence" par gros temps

DAS ABC DER ENTDECKER

Sie suchten den Seeweg nach Indien, einen legendären Südkontinent, Wege durchs Eis des Nordens: Ab dem 15. Jahrhundert machen sich Europas Seefahrer auf, die Welten zu erkunden, die weit hinter ihrem Horizont liegen. Ihre Geschichten stehen für die Ära der großen Abenteuer – und nicht alle gingen gut aus.

Jeder kennt die großen Namen: Christoph Kolumbus, James Cook, Roald Amundsen. Sie stehen für eine ganze Ära, in der die Seefahrer Europas in alle Himmelsrichtungen ausgeschwärmt sind, um die Welt zu erkunden. Getrieben nicht allein vom Forscherdrang und von menschlicher Neugier. Nein, es ging von Beginn an um Macht und Märkte. Militärische Strategien und kaufmännische Interessen standen bei vielen Expeditionen sogar im Vordergrund.

Nehmen wir die Suche nach der Nordwestpassage, die so viele Opfer gefordert hat, oder nach einer Route nördlich an Sibirien vorbei nach Fernost: Niemand, der halbwegs bei Verstand ist, würde sich allein aus Neugier in das eisige Labyrinth im hohen Norden wagen. Die Kundschafter der Seemächte – Portugal, Spanien, die Niederlande, Großbritannien, Frankreich, später auch Russland – wurden ausgesandt, um einen Seeweg zu finden, der die Reise nach Asien verkürzt und der Schifffahrt den mühevollen und gefährlichen Weg um die großen Kaps im Süden erspart.

Heute fahren Kreuzfahrtdampfer auf dieser Route. Aber jedem Leser sei empfohlen, sich einmal in das 16. oder 17. oder 18. Jahrhundert zu versetzen. In eine Zeit, als die Seefahrer im Kampf gegen Sturm und Kälte nichts weiter aufzubieten hatten als ihren eisernen Willen. Ihre Kleidung: lachhaft inadäquat und kaum Schutz bietend. Die Schiffe: abhängig von der Gunst der Winde und so leicht vom Eis zerdrückt. Ihre Navigation: allein die Hoffnung, dass man sich nicht zu sehr verirrte. Viele Berichte aus der Zeit der Entdecker handeln von verfehlten Zielen und zufällig erreichten Küsten. Da will einer nach Australien – und fährt am Kontinent glatt vorbei. Er landet auf Tasmanien und in Neuseeland und ahnt nicht, dass linker Hand eine riesige Landmasse liegt. Ein anderer steuert rund um Kap Hoorn, treibt im Sturm ab und findet, unverhofft, einen sicheren Fjord auf Südgeorgien. Aus heutiger Perspektive ist eine solche Ungewissheit, wo man wohl ankommen wird, unvorstellbar. Unsere Karten sind perfekt. Ein Blick auf den Monitor eines GPS-Empfängers, und wir wissen auf den Meter genau, wo wir uns befinden. In der Ära der Entdecker bestimmt viel zu oft allein das Schicksal, ob eine Expedition ihr Ziel erreicht oder fatal scheitert. Viele Geschichten aus der Zeit der Entdecker nehmen ein böses Ende. Ihre ist eine gefährliche Welt, ein Kosmos unbeherrschbarer Risiken. Stürme kann man damals nicht umfahren, man muss sie durchstehen. Von vielen Abenteurern hat man einfach nie wieder etwas gehört; „verschollen" gehört zu den häufig gebrauchten Vokabeln. Und an den fernen Küsten sind die Seefahrer nicht gerade willkommen. James Cook kommt in einer Auseinandersetzung mit Einheimischen zu Tode, wie auch Marc-Joseph Marion du Fresne. Auf langen Reisen war Skorbut ein noch größerer Feind; er schwächte selbst die stärksten Besatzungen. Von Seuchen an Bord oder in der Fremde ganz zu schweigen.

Das ist der Hintergrund, den man mitdenken muss, wenn man die Dramen in diesem Abc der Entdecker studiert. Diese Männer haben extremen Widrigkeiten widerstanden. Sie haben große Leidensfähigkeit gezeigt, Mut bewiesen, natürlich, und das Handwerk des Seefahrers perfekt beherrscht. Aber so heldenhaft ihre Anstrengungen auch waren: Letzten Endes haben sie vielmals einfach großes Glück gehabt, wenn sie in ihrem Heimathafen wieder von Bord gehen konnten, um sich feiern zu lassen.

Hier sind – von A bis Z – Seefahrer versammelt und Geschichten, die vielleicht nicht jeder kennt. Alle künden von unglaublichem Mut und unerschütterlicher Zuversicht – vom Aufbruch in neue Welten.

Juan Manuel de Ayala y Aranza (1745–1797) war Leutnant der spanischen Marine und sollte auf einer Expedition zur Erkundung Kaliforniens eigentlich ein kleineres Begleitschiff führen.

Doch dann wurde ein Kollege krank, und Ayala übernahm das Kommando auf der größeren „San Carlos". Damit ergatterte er auch den interessanteren Auftrag: Als erster Europäer segelte er im August 1775 mit einem rasant fließenden Tidenstrom durch eine Meerenge, die alle Seefahrer vor ihm übersehen hatten. Er gelangte in eine große geschützte Bucht, die er seinen Auftraggebern später als exzellenten Naturhafen empfahl. Die Meerenge nennen wir heute Golden Gate, die Bucht ist die San Francisco Bay. Ayala kartierte das Gewässer inklusive drei kleiner Inseln. Eine taufte er – wegen der riesenhaften Pelikane auf dem Felsen – „La Isla de los Alcatraces". Unter dem amerikanisierten Namen Alcatraz sollte die Insel einmal berühmter werden als ihr Entdecker. Als Gefängnis, von dem es kein Entrinnen gab.

Amsterdamer Kaufleute rüsteten im Jahre 1594 eine Expedition mit drei Schiffen aus, die eine Nordostpassage nach China finden sollte. Der erfahrene Seemann und Kartograf **Willem Barents (1550–1597)** wurde beauftragt, die Insel Nowaja Semlja im Norden zu umrunden. Er scheiterte jedoch an einer Barriere aus Packeis. Auf zwei weiteren Fahrten erkundete er diesen Teil des Eismeers, landete als erster Europäer auf Spitzbergen und legte als erster Kartograf eine Karte vor, die den Nordpol in einem Meer liegend abbildete, der rundherum von Landmassen umgeben war. Er wagte auch als Erster eine Überwinterung im Eis. Als sein Schiff im Frühjahr nicht wieder freikam, versuchte er, mit seinen Männern zu Fuß über das Eis die russische Küste zu erreichen. Barents kam dabei ums Leben. Das Nordmeer zwischen Nordkap und Nowaja Semlja trägt heute seinen Namen: Barentssee.

Der portugiesische Admiral **Tristão da Cunha (1460–1539)** machte sich 1506 mit einer Flotte von 15 Schiffen auf den Weg nach Indien. Im Südatlantik, weit vom Kap der Guten Hoffnung entfernt, das er zu umrunden gedachte, stieß er auf drei Vulkaninseln, die man heute zu den abgelegensten Inseln der Welt zählt. Er muss sehr stolz auf den Zufallsfund gewesen sein, denn er gab dem größten der Eilande seinen eigenen Namen. An Land gegangen ist er allerdings nicht: Die See war zu rau, das Ufer zu felsig. Auf dem Weg nach Osten überfiel da Cunhas Flotte noch wie geplant die arabische Insel Socotra am Eingang zum Roten Meer, bevor sie endgültig Kurs auf Indien nahm. Nach seiner Rückkehr wurde da Cunha zum Botschafter Portugals beim Vatikan ernannt. Er zog in einer spektakulären Prozession in Rom ein – mit Dutzenden exotischen Tieren, die er aus Indien mitgebracht hatte. Darunter, heißt es, auch ein Elefant, der seinen Rüssel regelmäßig in einen Bottich tauchte, um Zuschauer und anwesende Kardinäle mit Wasser zu bespritzen.

Ein Zufall erst erhebt **Semjon Iwanowitsch Deschnjow (1605–1673)** in den Kreis der großen Entdecker: Der deutsch-russische Historiker Gerhard Friedrich Müller findet 1736 im Stadtarchiv von Jakutsk den Reisebericht des russischen Seefahrers und Pelztierjägers. Er kann nachweisen, dass dieser schon lange vor Vitus Bering und James Cook die Meerenge zwischen Asien und Amerika durchfahren hat. Der damalige Gouverneur von Jakutsk hatte den Bericht nie nach Moskau weitergeleitet. Warum nicht? Wir wissen es nicht. Der fast vergessene

Seefahrer war jedenfalls der erste Europäer, der 1648 das Ostkap Asiens auf der Tschuktschen-Halbinsel umschiffte. Es trägt heute seinen Namen: Kap Deschnjow.

Geburtstag und -ort des portugiesischen Seefahrers **Gil Eanes** sind nicht bekannt, einige Historiker vermuten, dass er aus der Hafenstadt Lagos an der Algarve stammt. Eanes war gelungen, woran 22 Expeditionen vor ihm gescheitert waren – das Kap Bojador an der Westküste Afrikas zu umsegeln. Dieser Ausläufer des Saharagebirges Dschebel el Aswad galt bei den Portugiesen als Ende der Welt, sie nannten es auch das Kap des Schreckens oder Kap ohne Wiederkehr. Eanes wagte sich weiter und zeigte, dass die Welt kein Ende hat und dass man vom Kap ohne Wiederkehr heil zurückkommen konnte. Die Stadt Lagos bedankte sich mit einem Denkmal und der imposanten Inschrift: „Er öffnete das alte Meer dem modernen Menschen."

Der französische Kaufmannssohn **Marc-Joseph Marion du Fresne (1724–1772)** heuerte im Alter von elf Jahren als Schiffsjunge bei der Ostindienkompanie an und diente später in der französischen Marine. 1771 segelte er mit zwei Schiffen von den Seychellen in den Pazifik, um den sagenhaften Südkontinent zu finden, neue Inseln für Frankreich in Beschlag zu nehmen und Handelsbeziehungen zu knüpfen. Über Kapstadt und Tasmanien gelangte er nach Neuseeland. Unterwegs entdeckte er die Prinz-Edward-Inseln und die Crozet-Inseln. Im Mai 1772 ankerte du Fresne in einer Bucht der Nordinsel. Er ließ Reparaturen am Schiff erledigen und nahm Kontakt zu den einheimischen Maori auf. Fünf Wochen lang lief alles friedlich, bis du Fresne und 15 seiner Leute überfallen und getötet wurden. Die Leichname, heißt es, seien umgehend von den Maori gegessen worden. Es konnte nie geklärt werden, was das Motiv für diesen Angriff war. Hatten die Franzosen ein „tapu" verletzt, einen geweihten Ort? Du Fresnes Stellvertreter taufte den Ort des Geschehens „Mordbucht". So heißt sie im Englischen heute noch: Assassination Cove.

Die Gelehrten streiten noch, warum der portugiesische König Manuel I. im Jahre 1497 einem jungen Ritter aus dem Alentejo das Kommando über eine derart wichtige Expedition gibt. Ausgerechnet **Vasco da Gama (1469–1524)**, der bis dahin keine Kenntnisse der Seefahrt vorzuweisen hatte, soll den Seeweg nach Indien finden. Denn die Portugiesen wollen unbedingt die arabischen Zwischenhändler ausschalten, die den Import kostbarer Gewürze aus Fernost so dramatisch verteuern. Da Gama segelt in einem weiten Bogen über den Atlantik zur Südspitze Afrikas. Er wagt sich weit hinaus, wo andere direkt an der Küste geblieben waren, und findet den besseren Wind. Als erster Europäer rundet er das Kap der Guten Hoffnung und gelangt mit zwei Stopps in Ostafrika im Mai 1498 nach Calicut an der indischen Westküste. Mit einer Schiffsladung der begehrten Gewürze kehrt er im Jahr darauf nach Portugal zurück. Das Logbuch seiner Reise erklärt die Unesco 2013 zum Weltdokumentenerbe.

Auf der Suche nach einer Nordwestpassage und einer Durchfahrt gen Osten im Norden Sibiriens unternimmt der englische Seefahrer **Henry Hudson (1565–1611)** vier große Expeditionen. Er gilt als Entdecker von Jan Mayen im Polarmeer, erkundet die Küsten der russischen Insel Nowaja Semlja – vor allem aber die Gewässer im hohen Norden Amerikas. Ihm verdankt der Hudson River seinen Namen, dem er stromaufwärts weit ins Land folgt. Außerdem sind die Hudson-Straße zwischen dem kanadischen Festland und der Baffininsel und die Hudson Bay, ein riesiges Randmeer im Norden Kanadas, nach ihm benannt worden. Auf dem Rückweg von seiner vierten Expedition wird sein Schiff im Eis eingeschlossen, Hudson steckt den Winter über fest. Nach den schrecklichen Entbehrungen meutert seine Besatzung. Mit seinem Sohn und sieben weiteren Crewmitgliedern wird Hudson im Juni 1611 mit einem Rettungsboot auf dem Atlantik ausgesetzt – und nie wieder gesehen.

Der britische Fregattenkapitän **Edward August Inglefield (1820–1894)** bekommt 1852 einen schwierigen Auftrag: Er soll den Polarforscher John Franklin aufspüren, der auf der Suche nach einer Nordwestpassage von Grönland nach Alaska verschollen ist. Franklin findet auch er nicht – erkundet aber auf dem Rückweg die Küsten von Baffin und Ellesmere Island. Es gelingt ihm, als erstem Seefahrer überhaupt, in den Smith Sound vorzudringen, die Meerenge, die Grönland und Ellesmere Island trennt. 1878 wird Inglefield zum Oberkommandierenden der Royal Navy in Nordamerika ernannt.

Die erste Erwähnung des holländischen Seefahrers **Willem Jansz** ist aus dem Jahr 1598 überliefert; zu diesem Zeitpunkt war er Steuermann auf einem Ostindien-Segler. 1603 führt er auf einer großen Expedition gen Fernost sein erstes eigenes Schiff, „Duyfken" genannt, „Täubchen". Drei Jahre lang kreuzt er die Gewässer von Indonesien und Papua-Neuguinea. Er überquert die Arafurasee und segelt in den Golf von Carpentaria, wo er ein ihm unbekanntes Land betritt, das er für einen südlichen Teil von Neuguinea hält. Tatsächlich ist Willem Jansz der erste Europäer, der auf dem australischen Kontinent an Land geht.

Mit 15 Jahren beginnt **Adam Johann von Krusenstern (1770–1846)** seine Ausbildung am russischen Seekadettenkorps in Kronstadt. Nach einer Blitzkarriere in der russischen Flotte lässt er sich – sozusagen als Fortbildung – zur Royal Navy der damals befreundeten Briten versetzen. Auf Reisen nach Nordamerika und in die Karibik sieht er, wie erfolgreich diese ihr weltweites Geschäft aufziehen. Er schlägt seiner Admiralität eine Expedition vor: einmal um die Welt, entlegene Gebiete Russlands erkunden, Handelspartner suchen – und dabei Seefahrer ausbilden. Mit zwei Schiffen, der „Nadeschda" und der „Newa", segelt er 1803 los. Gegen den Wind umrundet er Kap Hoorn, gelangt über Hawaii nach Japan und erkundet die Küsten Kamtschatkas sowie den Archipel der Aleuten. Über Indonesien und das Kap der Guten Hoffnung – also erneut gegen den Wind – kehrt er 1806 nach Kronstadt zurück. Mit seinem dreibändigen Reisebericht und einem viel beachteten Atlas des Pazifiks beweist Krusenstern, dass er nicht nur ein großer Abenteurer war. Sondern auch ein akribisch arbeitender Forscher.

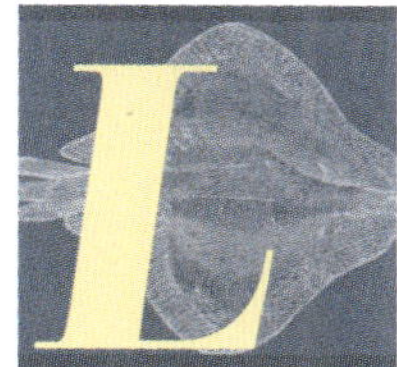

Über **João Fernandes Lavrador** ist kaum etwas bekannt, weder Geburtsjahr noch der Tag seines Todes. Er war wohl ein Landbesitzer auf den Azoren, der Giovanni Caboto auf seiner Expedition nach Nordamerika begleitete. Kurz taucht er in Dokumenten aus dem 16. Jahrhundert auf. Hat er Heinrich dem VII. Bericht von der Reise erstattet? Wurde die große Halbinsel im Norden Amerikas deshalb nach ihm benannt? Heißt Labrador nach João Fernandes Lavrador? In den Archiven finden sich Freibriefe des englischen und des spanischen Königs, die den Mann von den Azoren ermächtigen, in ihrem Namen neue Länder in Besitz zu nehmen. Dann verliert sich die Spur des Seefahrers.

John Moresby (1830–1922) war der Sohn eines Admirals und ging schon in jungen Jahren zur Marine – als Freiwilliger auf der „HMS Victor". Er macht schnell Karriere und bekommt mit Anfang vierzig das Kommando über ein besonderes Schiff: den Schaufelrad-Segler „HMS Basilisk". 1871 wird der Segeldampfer nach Australien verlegt. Moresby soll einen schnelleren Seeweg zwischen China und dem fünften Kontinent finden. Er vermisst und kartiert die Gewässer Papua-Neuguineas, entdeckt einen schiffbaren Weg durch die Inselwelt des Louisiade Archipels und gründet einen Hafen, der als Hauptstadt Neuguineas später seinen Namen trägt: Port Moresby.

Ein Mann mit vielen Begabungen: **Fridtjof Wedel-Jarlsberg Nansen (1861–1930)** ist Zoologe, er befasst sich mit Neurologie, Ozeanografie, der Erforschung der Arktis. Später wird er Diplomat und rettet als Hochkommissar des Völkerbunds für Flüchtlingsfragen Tausenden Menschen das Leben, wofür er 1922 mit dem Friedensnobelpreis ausgezeichnet wird. Gleichzeitig ist er ein unglaublich zäher Abenteurer, der erstaunliche Reisen unternimmt. Nansen ist der Erste, der Grönland von Ost nach West durchquert – auf Skiern. Weil er, drüben angekommen, das Schiff verpasst, das ihn abholen soll, paddelt er kurzerhand mit einem Kajak Hunderte Kilometer zum nächsten Hafen. Seine größte Expedition aber unternimmt er mit der eigens dafür gebauten „Fram": Er lässt das Schiff im Packeis einfrieren, um die Drift des Eises und der Arktis nachzuweisen. Als es nicht vorangeht wie geplant, macht er sich mit einem kleinen Team zu Fuß auf in Richtung Nordpol. Er kommt so weit nach Norden wie keiner vor ihm, scheitert, rettet sich zur nächsten Küste, überwintert, paddelt im nächsten Frühjahr weiter und gelangt auf diversen Umwegen nur kurz nach seinem Schiff und seiner Crew wieder nach Norwegen. Sein Reisebericht wird ein Bestseller.

Vor ihm waren schon einige Europäer auf Kuba gelandet, aber **Sebastian de Ocampo** war der Erste, der die Insel im Auftrag des Gouverneurs von Hispaniola 1508 komplett umschiffte. Ein mühseliges Unterfangen, das acht Monate dauerte, denn es ging gegen die Strömung des Golfstroms und gegen ungünstige Winde. Mit seiner Reise erst erbrachte Ocampo den Nachweis, dass Kuba tatsächlich eine Insel und komplett von Wasser umgeben ist. Und nicht eine Halbinsel des chinesischen Festlands darstellte, wie Kolumbus vermutet hatte.

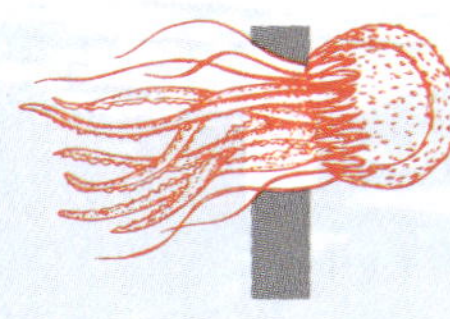

Wenn Entdecker heißt, dass einer Sphären erkundet, von denen vorher niemand wusste, dann gilt die Bezeichnung für **Jacques Piccard (1922–2008)** auf jeden Fall. Der Schweizer Ozeanograf hat sich am 23. Januar 1960 mit dem Tauchboot „Trieste" im Marianengraben auf eine Tiefe von 10.911 Metern herabsinken lassen. Auch Piccards nächstes Forschungsprojekt war spektakulär. Er konstruierte ein U-Boot, mit dem er sich im Golfstrom treiben ließ. Am 14. Juli 1969 ging er vor der Küste Floridas mit dem 16 Meter langen Gefährt auf Tauchstation, außer ihm waren fünf Mann an Bord – unter anderem ein Forscher der NASA, der das Zusammenleben der Crew auf engstem Raum beobachten wollte. 30 Tage und elf Stunden driftete Piccards U-Boot mit der Strömung, meistens in einer Tiefe zwischen 200 und 600 Metern. Als es wieder an die Oberfläche kam, war das kanadische Halifax nicht mehr weit. 2400 Kilometer weit hatte der Golfstrom Piccard und seine Gefährten getragen. Viel später, an seinem 85. Geburtstag, verriet der Tiefsee-Entdecker in einem Interview, dass er eigentlich ganz gerne Astronaut geworden wäre.

Als Navigator heuert der Portugiese **Pedro Fernández de Quirós (1565 – 1614)** auf einem Schiff an, das von Peru aus im Jahr 1595 die Santa-Cruz-Inseln und den Salomonen-Archipel erkunden soll. Doch der Kapitän stirbt. Zusammen mit dessen Witwe segelt de Quirós das Schiff mit einem Zwischenstopp auf den Philippinen zurück nach Peru. 1605 unternimmt de Quirós eine weitere Expedition im Auftrag der spanischen Krone. Er segelt südlicher als bei der letzten Reise und stößt auf bislang unbekannte Inseln Polynesiens. Eine Insel (Santo, die westlichste des heutigen Inselstaats Vanuatu) erscheint ihm so groß, dass er glaubt, den mythischen Südkontinent gefunden zu haben – er tauft das Land La Austrialia del Espiritu Santo. Auch wenn er irrt: Viele Australier halten ihn bis heute als den Entdecker in Ehren, der den Namen ihres Kontinents erfand.

Der britische Seefahrer und Kaufmann **Anthony de la Roché** (Geburtsort und -datum sind unbekannt) segelt 1674 mit seinem in Hamburg gebauten Schiff über die Kanarischen Inseln und Kap Hoorn nach Peru. Auf der Rückfahrt gerät er im April 1675 vor Feuerland, kurz vor der Einfahrt in die La-Maire-Straße, in einen brutalen Sturm, der ihn weit nach Osten abdrängt. Er landet an einer unbekannten Küste und ankert im Schutz eines Fjords, um sein Schiff zu reparieren. Kartografen zeichnen die große und lang gestreckte Insel später als Roché Island in ihre Seekarten ein. Bis James Cook 1775 auf seiner Weltreise vorbeikommt. Er vermisst die Küste, fertigt genauere Karten an – und gibt der Insel zu Ehren seines Königs Georg III. einen neuen Namen: South Georgia, Südgeorgien. Und de la Roché? Gerät in Vergessenheit. Merke: Geschichte kann sehr ungerecht sein.

Pech gehabt und trotzdem als Entdecker in die Annalen eingegangen: Der Wikinger **Garðarr Svavarsson** segelte um das Jahr 875 im Pentland Firth – der wegen ihrer starken Strömungen gefürchteten Meerenge zwischen Schottland und den Orkneyinseln – in einen harten Sturm. Der Wind trieb ihn nach Norden ab, bis er eine fremde Küste erreichte. Svavarsson war zwar nicht der erste Wikinger, den es hierher verschlagen hatte. Aber er war definitiv der Erste, der das unwirtliche Land erkundete und feststellte, dass es sich um eine Insel handelte. An der Nordküste gründete er eine Siedlung, das heutige Húsavík, und überwinterte dort. Unbescheiden taufte er seine Entdeckung Garðarsholmur – Garðarrs Eiland. Doch damit konnte er sich bekanntlich nicht durchsetzen. Die Insel heißt heute Island.

Der Niederländer **Abel Janszoon Tasman (1603–1659)** soll im Auftrag der Niederländischen Ostindien-Kompanie den australischen Kontinent erkunden. Von Mauritius segelt er 1642 mit Kurs Ost über den Indischen Ozean – und verfehlt Australien komplett. Stattdessen landet er auf einer großen Insel, die er zu Ehren des damaligen Gouverneurs des Kolonialreichs Niederländisch-Indien „Van-Diemens-Land" tauft. Sie wird 200 Jahre später seinen Namen tragen: Tasmanien. Der Niederländer reist weiter gen Osten und erreicht als erster Europäer die Südinsel Neuseelands. Eine Kontaktaufnahme mit den Ureinwohnern endet mit einer Katastrophe: Vier Matrosen werden erschlagen. Fortan unternimmt Tasman keine weiteren Exkursionen an Land. Auf dem Rückweg entdeckt er weiter Neuland: Auf den Tonga- und Fidschi-Inseln ist er ebenfalls der erste Europäer.

Der französische Seefahrer **Jules Sébastien César Dumont d'Urville (1790–1842)** war ein Universalgenie: ein Marineoffizier, der sieben Sprachen fließend sprach, außerdem Botaniker, Kartograf und Polarforscher. Auf seiner Expedition in die Südsee verglich er Gesellschaftsstrukturen und Sprachen der Insulaner; auf ihn geht die Unterteilung der Archipele in Melanesien, Mikronesien und Ozeanien zurück, die bis heute gilt. 1837 bekam er den Auftrag, so weit wie möglich zum Südpol vorzustoßen – und scheiterte im ersten Anlauf. Nach einer Überwinterung auf Tasmanien gelingt 1838 die Landung in der Antarktis. Er nimmt seine Entdeckung für Frankreich in Besitz und tauft sie auf den Namen seiner Frau: Adélieland. Zurück in der Heimat, kommt er bei dem verheerenden Eisenbahnunglück von Versailles ums Leben: Am 8. Mai 1842 entgleist die Lokomotive des Zugs nach Paris – und explodiert. Mindestens fünfzig Menschen verbrennen, darunter d'Urville, Frau und Sohn.

George Vancouver (1757–1798) hatte den besten Lehrmeister, den sich ein Seemann seiner Zeit vorstellen kann: Zweimal segelte er mit dem größten britischen Entdecker überhaupt, James Cook, um die Welt. 1790 erhielt er sein erstes eigenes Kommando. Mit einer neuen „HMS Discovery" sollte er die Westküste Nordamerikas erkunden und vom 30. bis zum 60. Breitengrad kartieren. Außerdem hatte er eine diplomatische Mission: London und Madrid stritten sich über die Hoheitsrechte am Nootka Sound; Vancouver sollte den spanischen Kommandanten vor Ort zur Aufgabe der Ansprüche seiner Nation bewegen – was nicht gelang. Zweimal musste Vancouver mit seiner Crew auf Hawaii überwintern, bis sein Forschungsauftrag erfüllt war. Die Karten von seiner Expedition waren dann so genau, dass sie noch bis weit in das 20. Jahrhundert Verwendung fanden. Seine Rückkehr nach Großbritannien dürfte er sich allerdings anders vorgestellt haben: Es herrschte Krieg zwischen dem postrevolutionären Frankreich und einer Koalition europäischer Großmächte. Entdeckungen von der fernen Pazifikküste interessierten erst einmal niemanden.

Der deutsche Meteorologe, Geowissenschaftler und Polarforscher **Alfred Lothar Wegener (1880–1930)** unternahm seine größte Reise in einer unerforschten abstrakten Welt: Aus den Formen der Kontinente, aus vergleichbaren Strukturen und Gesteinen diesseits und jenseits der großen Ozeane schloss er, dass es einen Urkontinent gegeben haben muss, der durch eine Kraft, die er noch nicht erklären konnte, auseinanderdriftete. Sein Pech war, dass ihm kaum jemand auf diese Reise folgen wollte, dass seine Theorie von der Kontinentalverschiebung erst posthum verstanden und bestätigt wurde. Wegener war außerdem ein furchtloser Abenteurer, der auf drei großen Expeditionen den Eisschild Grönlands erforschte. 1913 gelang ihm eine Durchquerung des Inlandeises – wobei er in einer selbst gebauten Hütte auf einem Gletscher überwinterte. Kurz vor dem Ziel ging der Expedition allerdings der Proviant aus; Wegener schlachtete in höchster Not seinen Hund. 1929 unternahm er eine weitere Forschungsfahrt nach Grönland. Dieses Mal ließ er in 3000 Metern Höhe auf 71 Grad Nord eine Höhle in den Gletscher graben. Auf dem Rückweg von dieser Station „Eismitte" zur Küste kam Wegener vermutlich im November 1930 um. Man fand sein sorgfältig im Eis angelegtes Grab erst im Jahr darauf. Die Todesursache ist ungeklärt, wahrscheinlich war es einfach Erschöpfung. Sein Begleiter Rasmus Villumsen, der ihn bestattet haben muss, blieb verschollen.

Der britische Seemann **John Young (1742–1835)** gehörte zur Crew der „Eleonora" unter Kapitän Simon Metcalfe. Dieser war nach Hawaii gesegelt, um das Schicksal des verschollenen Schoners „Fair American" zu ergründen, der von seinem Sohn Thomas Humphrey befehligt wurde. Bootsmann Young ging in der Kealakekua Bay an Land. Aber er kehrte nicht zurück. Metcalfe wartete zwei Tage und lichtete den Anker. Young wurde von Kamehameha festgehalten, dem Häuptling von Big Island, der die Crew der „Fair American" bis auf einen Mann namens Isaac Davis massakriert hatte. Kamehameha, das nur nebenbei, war der Neffe des Häuptlings Kalani'opu'u, dessen Kämpfer für den Tod von James Cook verantwortlich waren. Young und Davis aber, das erkannte Kamehameha, konnten ihm nützlich sein. Er ließ seine Männer von den Briten im Umgang mit Feuerwaffen schulen und eroberte dank überlegener Technik auch die anderen Inseln des Archipels. Er krönte sich zum ersten König von Hawaii. Und Young machte er erst zu seinem militärischen Berater und schließlich sogar zum Regierungschef, der später für seine neue Heimat mit den Briten verhandelte.

João Gonçalves Zarco (1390–1471) war ein Ritter am Hof des portugiesischen Königs. Der Monarch steht als „Heinrich der Seefahrer" in den Geschichtsbüchern, obwohl er selbst nie zur See gefahren ist. Doch wie kein anderer Monarch seiner Zeit förderte er Entdeckungsreisen und die Expansion seiner Nation zur See. Zarco macht sich als Kommandant der Küstenverteidigung an der Algarve einen Namen und wird 1418 von seinem König mit einer wichtigen Mission beauftragt: der Wiederentdeckung einer Inselgruppe, die auf Seekarten des 14. Jahrhunderts bereits verzeichnet und dann in Vergessenheit geraten war: Madeira. Zarco findet nicht nur die Inseln wieder, sondern leitet zwei Jahre später im Namen des Königs auch die Besiedlung des Archipels. Heinrich belohnt den Seefahrer mit dem Kapitanat von Funchal. Der Ritter wird zum Herrscher der verlorenen Insel.

JOHAN NES HRITZ

Held Johannes Hritz **Ort** Bremerhaven **Datum** fährt seit 1977 auf See

15

Der TRAWLERKAPITÄN

Die Aussicht, als „Held" der See vorgestellt zu werden, behagt Johannes Hritz gar nicht. Dafür ist er zu bescheiden. Wir wollen es dennoch tun, denn der Trawlerkapitän aus Bremerhaven steht stellvertretend für Männer, die auf See hart arbeiten, damit wir Fisch auf dem Teller haben. Aufgeschrieben von Stefan Kruecken

In jungen Jahren fühlte ich mich manchmal wie ein Held in der Fischerei. Auf den kleinen Schiffen, auf denen man den Elementen stärker ausgesetzt ist. Vor allem als junger Kapitän will man jedem beweisen, was für ein „Wahnsinns-Seemann" man doch ist. Das Risiko konnte nicht groß genug sein. Erst mit dem Alter sieht man vorausschauender, bewusster und auch verantwortungsvoller durch die Brückenfenster. Egal ob nach vorne oder nach achtern.

Ich bin Seemann und Fischer. Seit 1977 fahre ich zur See, angefangen hat das mit meinem Wehrdienst, bei der Marine. Ich erinnere noch eine Szene an Bord. Wir waren mit einem U-Boot-Tender auf der Ostsee unterwegs, es war stürmisch, Windstärke acht. Ich stand mit einem Kameraden als Ausguck auf der Nock, als wir an zwei Kuttern vorbeifuhren. Die kleinen Schiffe schaukelten extrem in den Wellen.

„Auf solch einem Kutter fahre ich demnächst raus!", rief ich in den Wind.

Der andere Mann starrte mich an. Sein Blick ging rüber zu den Kuttern, die wie Korken auf der See tanzten. Er rief zurück:

„Ehrlich: Sie sind ja verrückt."

Mein erster Kutter hieß „Morgensonne", aber das war es auch schon mit der Poesie. In den ersten Jahren wurde ich auf jeder Reise seekrank. Meistens dauerte es eine Woche, bis sich die Beschwerden legten und ich wieder feste Nahrung zu mir nehmen konnte. Abgehalten hat es mich nicht von der See. Es war harte körperliche Arbeit an Deck. Viele Stunden in der Kälte und Nässe, im Sturm, im Schnee, bei fast jedem Seegang.

Um voran und runter vom Deck zu kommen, legte ich die Patente ab. 1987 wurde ich Kapitän, an der Staatlichen Seefahrtschule Cuxhaven. Je länger ich auf See war, desto größer wurden die Schiffe. Heute fahre ich den Hochseetrawler „Mark“ mit Heimathafen Rostock, der einer niederländischen Reederei gehört. „Mark“ ist 90,60 Meter lang, 16 Meter breit, bei 6,50 Meter Tiefgang, eines der modernsten Schiffe im Nordatlantik. 30 Männer arbeiten an Bord. Wir liegen häufig im Fischereihafen von Bremerhaven. Eine Fangreise dauert mindestens zwei Monate, manchmal auch drei. In dieser Zeit laufen wir keinen Hafen an, es sei denn, wir haben ein Maschinenproblem oder einen medizinischen Notfall an Bord.

Vor der Küste Norwegens fangen wir Kabeljau und Seelachs, unter Grönland Rotbarsch, häufig sind wir im Nordatlantik unter Island unterwegs. Solange die „Büddel“ voll sind, wie das heißt, wenn der Fang gut ist, ist alles ruhig an Bord. Dann haben die Männer zu tun. Problematisch wird es erst, wenn wir keinen Fisch finden und sich Langeweile an Bord breitmacht. Gibt es weniger zu tun, fällt den Fischern auf, wie lange sie nicht mehr an Land waren und wie weit die Familie weg ist.

Ich achte als Kapitän darauf, dass ich gut mit meinen Leuten auskomme. Die Aufgaben müssen erfüllt werden, doch der respektvolle Umgang ist mir wichtig. Viele Crewmitglieder kenne ich seit vielen Jahren, und wir fahren immer wieder gerne zusammen. Die meisten Seeleute auf der „Mark“ sind Deutsche, auch Portugiesen und Polen sind dabei, ein Steuermann, mit dem ich seit vielen Jahren fahre, kommt aus Kärnten. Ich mag es, vertraute Gesichter auf der Brücke zu sehen.

Im Herbst und Winter haben wir im Nordatlantik nach tagelangen Stürmen Wellen von fünfzehn bis zwanzig Metern Höhe erlebt. Ich empfinde das nicht als besonders dramatisch. Mit Seemannschaft und einer guten Crew kommt man durch jedes Wetter. Ich habe Respekt vor der See, aber keine Furcht.

Die See lehrt Demut.

Einmal wollte ich in schlechtem Wetter zu viel und nach einem Hol zu schnell den Fangplatz wechseln. Ich drehte das Schiff, und eine gewaltige Welle traf das Schiff. Sie kam sogar über das Peildeck und drückte eine Scheibe an Backbordseite raus. Die Brücke stand fünfzig Zentimeter hoch unter Wasser, und die Elektronik fiel aus. Wir bekamen die Probleme schnell in den Griff und das Loch in der Brücke wieder dicht. Auf See muss man sich zu helfen wissen.

Die Fischerei hat sich stark verändert. Bremerhaven hatte einst den größten Fischereihafen Europas. Mit der Einführung der 200-Meilen-Zonen, mit denen sich Länder wie Norwegen und Island schützten, starb ein großer Teil der deutschen Fischereiflotte. Heute sind noch die Packhäuser übrig, mit denen wir aber nichts mehr zu tun haben, wenn wir festmachen und unseren gefrosteten Fang löschen. Ich erinnere noch Szenen, damals in den Achtzigern, als sich der Heuerbass hinter der Doppelschleuse versteckte. Er wollte sichergehen, dass kein Fischer von Bord sprang, weil er seine Entscheidung bereute. Erst als das Schiff draußen auf See war und klar war, dass kein Ersatzmann benötigt wurde, zog der Heuerbass wieder ab.

Wer in der Fischerei arbeitet, muss etwas aushalten können. Die meisten Dinge, über die man sich an Land aufregen würde, finde ich gar nicht so spektakulär. Bei Verdacht auf einen Herzinfarkt, bei Knochenbrüchen oder Nierenkoliken handeln wir sofort. Schnittwunden aber passieren eben, deshalb steuere ich keinen Hafen an. Für diese Fälle haben wir einen Tacker an Bord. In einem Fall aber rettete eine Schnittverletzung einem anderen Fischer das Leben.

Der Mann hatte sich versehentlich in den Oberarm geschnitten, unglückliche Sache, und dabei auch noch eine Vene getroffen. Es spritzte ziemlich, doch wir bekamen die Wunde getackert. Der Matrose durfte auch zwei Tage ruhen, bevor er wieder zur Arbeit an Deck musste. Ich wollte nach ihm sehen und besuchte ihn in seiner Kammer. Sein Zimmergenosse sprach mich an: Es sei ihm unangenehm, aber er habe ein Problem und müsse sich mir anvertrauen.

„Tut mir leid. Ich kann nicht mehr gehen“, sagte er.

Dann zeigte er mir seinen Oberschenkel, durch den eine daumendicke Vene lief. Es sah aus, als werde sie jeden Augenblick platzen. Mich schockt nicht viel, doch in diesem Moment dachte ich, mein Herz setzt aus. Ich eilte auf die Brücke und alarmierte die norwegische Küstenwache. Dann fuhren wir mit Höchstgeschwindigkeit Richtung der Südspitze von Spitzbergen. Ein Helikopter winschte den Mann wenig später auf und flog ihn in ein Krankenhaus, wo er notoperiert wurde. Die Ärzte meinten, dass er den Abend nicht mehr erlebt hätte.

Einen Mann auf See zu verlieren, durch einen Unfall, durch Seeschlag oder durch ein Feuer, das ist das Schlimmste. Ich war auf einem Schiff als Steuermann im Einsatz, als ein Koch im Sturm eine Treppe hinunterfiel und mit dem Kopf aufschlug. Wegen des Sturms konnte keine Hilfe kommen. Der Helikopter erreichte uns erst am nächsten Tag. Da war es schon zu spät. Der Mann, er kam aus Bremerhaven, hinterließ eine Frau und ein Kleinkind.

Als Kapitän ist mir ein tödlicher Unfall an Bord nicht passiert. Ich bin sehr froh darüber, denn es würde mir sehr nahegehen. Man arbeitet hart zusammen da draußen. Man passt aufeinander auf, und als Kapitän trage ich die Verantwortung.

Ich denke, die meisten Menschen machen sich keine Vorstellung davon, wie der Fisch auf ihren Teller kommt. Die Stürme. Der Zeitdruck. Der Stress, von alldem bekommen sie nichts mit. Ich bin immer wieder froh, wenn nach einer langen Fangreise die Containerbrücken von Bremerhaven in Sicht kommen.

Wenn wieder alle Männer heil zu Hause sind.

Johannes Hritz, Jahrgang 1958, kam in Speyer zur Welt. Hritz ist verheiratet und hat drei Kinder. Er lebt mit seiner Familie in Bremerhaven. ■

DIE SCHIFFE DER SEEHELDEN

Dass Schiffe eine Seele haben, wird kaum ein Seemann bestreiten. Manche haben extreme Reisen mit außergewöhnlichen Kommandanten erlebt und eigentlich eine eigene Biografie verdient. Hier sind 15 Schiffe, die Geschichte geschrieben haben.

Christoph Kolumbus (1880)
Hovhannes Aivazovsky

SANTA MARIA

Stapellauf	um 1480 in Santander, Spanien
Länge	23,60 m
Breite	7,92 m
Tiefgang	2,10 m
Verdrängung	etwa 150 t
Bauart	Karacke oder Karavelle
Takelung	Groß- und Fockmast: Rahsegel, Besan: Lateinersegel
Besatzung	39 Mann

Schiffsbiografie

CHRISTOPH KOLUMBUS kann nicht genügend Geld auftreiben für ein eigenes Schiff, er muss eines chartern. Seine Wahl fällt auf die Karacke (oder Karavelle, die Experten streiten da bis heute) des spanischen Seefahrers **JUAN DE LA COSA,** den er auch als Kapitän mit auf die Expedition nimmt. Die „Santa Maria" ist ein robuster, aber kein besonders schneller Segler, wie Kolumbus in seinem Logbuch notiert: „Schwerfällig, für Entdeckungsfahrten nicht geeignet." Zwei Monate nach der Ankunft in der neuen Welt brummt die „Santa Maria" vor Hispaniola auf eine Sandbank und ist nicht mehr zu retten. Das Schiff wird ausgeschlachtet und ein Teil der Balken für den Bau der ersten spanischen Siedlung verwendet. Der Rest des Wracks bleibt auf der Sandbank liegen. 2014 glauben US-Archäologen, sie hätten das Schiff entdeckt, doch ein Expertenteam der UNESCO stellt klar: Die gefundenen Überreste stammen von einem jüngeren Wrack. Die Suche nach der „Santa Maria" geht weiter.

VICTORIA

Stapellauf	1519
Länge	knapp 30 m
Breite	7,50 m
Tiefgang	2,00 m
Verdrängung	unbekannt
Bauart	Nao (wie Karavelle oder Karacke, nur größer)
Takelung	Segel, Dreimaster
Besatzung	40 – 55 Mann

Schiffsbiografie

Der Seefahrer **FERDINAND MAGELLAN** bekommt für seinen ehrgeizigen Plan, als Erster die Welt zu umsegeln, in Spanien nur Schiffe, die sonst niemand mehr haben will. Ein Spion meldet der Konkurrenz in Portugal: „Morsch wie Zunder, uralt und geflickt. Mit solchen Kisten würde ich nicht einmal zu den Kanaren segeln." Magellan verbringt 18 Monate damit, seine Flotte von fünf Kähnen so weit instand zu setzen, dass er damit 1519 in See stechen kann. Sein Flaggschiff war die „Trinidad", die „Victoria" nur das drittgrößte Schiff der Flottille. Die Expedition steht unter keinem guten Stern: Magellan wird von Lieferanten betrogen, es ist zu wenig Proviant an Bord, es gibt mehrfach Meutereien an Bord. Schon auf dem Atlantik sinkt das erste Schiff, an der Einfahrt zur Meerenge, die Südamerika von Feuerland trennt und heute Magellans Namen trägt, macht das zweite kehrt. Auf den Philippinen kommt es zu Kämpfen mit Einheimischen, bei denen auch Magellan getötet wird. Zwei weitere Schiffe sinken. Auf der „Victoria" übernimmt der junge Baske **JUAN SEBASTIÁN ELCANO** das Kommando, er bringt das Schiff, das Zeitzeugen als schwimmendes Wrack bezeichnen; zurück nach Spanien. Die Bilanz: In drei Jahren ist die „Victoria" 45.000 Meilen gesegelt, als erstes Schiff überhaupt hat sie die Welt umrundet. Sie unternimmt später noch zwei Reisen in die Karibik. Auf der Rückfahrt von Hispaniola geht sie 1527 verloren.

GOLDEN HINDE

Stapellauf	1577
Länge	37 m
Breite	5,50 m
Tiefgang	2,70 m
Verdrängung	300 t
Bauart	Galeone, schnelles Kriegsschiff
Takelung	Dreimaster, Groß- und Fockmast Rahsegel, Besan mit Lateinersegel
Besatzung	80 Mann

Schiffsbiografie

Der Brite **FRANCIS DRAKE** ist nach Magellan der Nächste, der sich an die Umrundung der Welt wagt. Er macht vieles anders als der Portugiese Magellan und manches besser: Sein Flaggschiff ist ein schnelles und robustes Kriegsschiff, eine doppelt beplankte Galeone. „Pelican" heißt sie noch, als es im Dezember 1577 losgeht. Erst am Eingang zur Magellanstraße tauft Drake sie um: Zu Ehren eines Gönners, dessen Wappen eine goldene Hirschkuh ziert, nennt er sie „Golden Hinde". Auch Drake hat mit Stürmen und Meuterern zu kämpfen, er lässt sogar einen langjährigen Gefährten köpfen, gewinnt aber das Vertrauen der Crew zurück und verspricht ihr einen Anteil am Gewinn der Fahrt. Die „Golden Hinde" segelt zwar im Auftrag der Krone – aber unter Piratenflagge. Drake kapert jedes spanische Schiff, das seinen Kurs kreuzt, und erbeutet jede Menge Gold und Silber. Anders als Magellan überfällt er fremde Völker nicht, er treibt Handel mit ihnen. Die Sultane der Gewürzinseln lädt er zu einem Konzert des Streichquartetts an Bord der „Golden Hinde" ein. Sie sind entzückt. Nach Reparaturen am Schiff macht sich Drake auf die Rückreise; mit Zwischenstopps in Indonesien, Indien und Sierra Leone erreicht er am 26. September 1580 den Hafen von Plymouth. Seine Geldgeber macht er reich: Die Expedition weist am Ende eine Rendite von 4700 Prozent auf. Königin Elizabeth I. verfügt, dass die „Golden Hinde" als Denkmal erhalten bleibt. Zigtausende Schaulustige besichtigen das Schiff, bis es so verrottet ist, dass es 1662 abgewrackt werden muss. In Brixham, einem Fischerhafen im Süden Englands, liegt heute ein originalgetreuer Nachbau des Schiffs. Wer auf den Planken der „Golden Hinde" steht, staunt: Mit diesem kleinen Schiff wagte Drake also eine Umseglung der Welt?

HEEMSKERCK

Stapellauf	Anfang 17. Jahrhundert, Niederlande
Länge	etwa 22 m
Breite	4,70 m
Tiefgang	1,50 m
Verdrängung	etwa 500 t
Bauart	Pinas, schnelles bewaffnetes Handelsschiff
Antrieb	Dreimaster; Fock- und Großmast: Rahsegel; Besan: Lateinersegel
Besatzung	60 Mann

Schiffsbiografie

Die Niederländer gehen im Schiffbau einen eigenen Weg: Sie brauchen in ihren flachen und engen Gewässern Segler mit geringem Tiefgang, die viel Laderaum aufweisen und gleichzeitig wendig manövrieren können. Sie konstruieren Rümpfe, die von Spöttern wegen ihres extrem runden Bauchs „Teekanne" geschimpft werden. Aber die runde Form macht die niederländischen Schiffe extrem stabil, und ihre geduckten Aufbauten bieten der See weniger Angriffsfläche. Wie seetüchtig sie sind, beweist der Navigator **ABDEL JANZOON TASMAN**, der mit der Fleute „Zeehaen" und der Pinas „Heemskerck" 1642 von Batavia (heute Jakarta) aus losfährt, um den mythischen Südkontinent zu finden. Von Mauritius geht er auf Ostkurs, verfehlt allerdings sowohl den Südkontinent wie auch die Küste Australiens und landet stattdessen auf einer großen Insel, die heute seinen Namen trägt: Tasmanien. Später erreichen die Niederländer Neuseeland, sie gehen aber nach Angriffen durch die Maori nicht an Land. Auf dem Rückweg nach Indonesien entdeckt Tasman noch Tonga und die Fidschi-Inseln. Zum Leidwesen der Auftraggeber bleiben die großen Laderäume der Schiffe weitgehend leer. Tasman liefert wertvolle Erkenntnisse – aber nicht die erhofften Reichtümer des Südkontinents.

ENDEAVOR

Stapellauf	1764 in Whitby, Großbritannien
Länge	29,80 m
Breite	8,92 m
Tiefgang	3,40 m
Verdrängung	366 t
Bauart	Kohlenfrachter, zum Expeditionsschiff umgerüstet
Antrieb	Segel, als Vollschiff getakelter Dreimaster
Besatzung	85 Mann, außerdem zwei Wissenschaftler und zwei Künstler

Schiffsbiografie

Die Form folgt der Funktion: Dies muss das Motto gewesen sein, als die britische Admiralität ein Schiff für besonders anspruchsvolle Aufgaben sucht: Im Pazifik will man den Durchgang der Venus vor der Sonne beobachten, außerdem den legendären Südkontinent finden sowie die Küsten Australiens und Neuseelands erkunden. Für dieses Prestigeprojekt lässt die Navy kein neues Riesenschiff auflegen, sie kauft einen unscheinbaren Kohlenfrachter, der schon seit Jahren auf der Nordsee seinen harten Dienst verrichtet. Ein Schiff mit wenig Tiefgang, einem soliden Rumpf, riesigem Laderaum und dennoch exzellenten Segeleigenschaften. Als Kommandant wird nicht ein hochwohlgeborener Offizier ausgewählt, sondern ein 39-jähriger Seemann aus Yorkshire. **JAMES COOK** hat sein Handwerk auf ebensolchen Kohlenschiffen gelernt und versteht sich auf das präzise Zeichnen von Karten wie sonst kaum ein anderer Nautiker. Genauso penibel bereitet er auch seine Expedition vor. Mit der „Endeavor" umsegelt Cook von 1768 bis 1771 die Welt, sie lässt ihn nie im Stich. Trotzdem wird das Schiff bald nach der Expedition verkauft und dient unter dem Namen „Lord Sandwich II" fortan als Truppentransporter. 1778 wird er vor der US-Ostküste versenkt, um französische Schiffe daran zu hindern, aus dem Hafen von Newport auszulaufen. Unterwasserarchäologen haben das Wrack inzwischen geortet. Heben wollen sie es nicht.

HMS VICTORY

Stapellauf	1765 in Chatham, Großbritannien
Länge	69,30 m
Verdrängung	3500 t
Bauart	Linienschiff ersten Ranges (mehr als 100 Kanonen auf drei Decks)
Antrieb	Segel
Besatzung	820 Mann

Schiffsbiografie

Nach dem Stapellauf liegt die „HMS Victory" viele Jahre lang ungenutzt auf dem südenglischen Fluss Medway, ohne Masten, unter Planen. In Friedenszeiten braucht die britische Navy das mächtige Linienschiff „Victory" nicht, das sie 1759 in Auftrag gegeben hatte. „Reservedienst" heißt das in der Sprache der Marine-Bürokraten. Nach kurzen und wenig spektakulären Einsätzen – unter anderem als Lazarettschiff – wird die Riesin 1797 sogar außer Dienst gestellt. Bis ein neuer, in vielen Seeschlachten erprobter Vizeadmiral das nun fast vier Jahrzehnte alte Schiff zu seinem Flaggschiff erklärt. **LORD HORATIO NELSON** heißt der Mann, und er führt die „Victory" 1805 in ein Gefecht, das sie zum berühmtesten Kriegsschiff der Geschichte macht. Am Kap Trafalgar durchbricht Nelson mit seiner Flotte die feindliche Formation der Spanier und Franzosen. Sein Schlachtplan geht auf, Nelson aber stirbt (siehe Kapitel „Sie kamen nicht zurück"). Schwer beschädigt segelt die „Victory" zurück nach England. Sie bleibt noch viele Jahre im Einsatz und übersteht 1811 vor Jütland eine der schlimmsten Katastrophen der britischen Marinegeschichte, als ein Konvoi vor Dänemark in einen Orkan gerät. Mehr als 1400 Seeleute sterben. Mehrmals noch erleidet die „Victory" Havarien; zuletzt wird sie 1941 von einer deutschen Fliegerbombe getroffen. Die Navy setzt sie jedes Mal wieder instand – und nutzt sie bis heute in Portsmouth als Flaggschiff des Ersten Seelords Ihrer Majestät.

LA BOUDEUSE

Stapellauf	1766 in Nantes, Frankreich
Länge	40 m
Breite	10,5 m
Tiefgang	4,5–5 m
Verdrängung:	550 t
Bauart	Fregatte
Antrieb	Segel, Dreimaster
Besatzung	213 Mann

Schiffsbiografie

Frankreichs Admiralität geht bei der Ausstattung der ersten Weltumsegelung einen anderen Weg als Briten und Holländer. Sie schicken nicht einen robusten Frachter auf die Reise, sondern ein schnelles Kriegsschiff: eine Fregatte mit dem bemerkenswerten Namen „La Boudeuse", was übersetzt „die Schmollende" heißt. Unmittelbar nach der Abfahrt von Nantes im November 1766 brechen die Masten im Sturm. Kommandant **LOUIS ANTOINE DE BOUGAINVILLE** notiert im Logbuch: Die Takelage ist zu schwach dimensioniert, die Masten sind zu hoch, die Kanonen zu schwer, die gesamte Statik stimmt nicht. In Brest wird die Fregatte umgerüstet, dann läuft sie wieder aus und gelangt über die Magellanstraße nach Tahiti. Bougainville erforscht die Südsee, segelt nach Samoa, zu den Neuen Hebriden, Salomonen, Molukken und schließlich nach Indonesien. In nur zwei Jahren und vier Monaten kehrt Bougainville wieder zurück in die Heimat. Sein graziles, schnelles Schiff widerlegt alle Zweifler und Nörgler. Schönste Anekdote von der fixen Fahrt: Im Atlantik überholt „die Schmollende" die britische Brigg „Swallow", die ebenfalls auf Weltreise ist. Wie deren Kapitän **PHILIPP CARTERET** später berichtet, sei die schnittige Fregatte zu seinem kurzen Besuch längsseits gekommen. Und dann sei die Französin davongezogen, als habe er selbst vor Anker gelegen.

HMS BEAGLE

Stapellauf	1820 in Woolwich, Großbritannien
Länge	27,43 m
Breite	7,46 m
Tiefgang	3,35 m
Verdrängung	335 t
Bauart	10-Kanonen-Brigg
Antrieb	Segel, als Dreimast-Bark getakelt
Besatzung	60 bis 64

Schiffsbiografie

Wir erinnern uns an den Fall der „Victory": von der Navy bestellt und dann nicht abgeholt. 1825 wird die Brigg „HMS Beagle" zum Vermessungsschiff umgebaut und bekommt eine neue Takelage, die in den Segelmanövern weniger Männer braucht. Die „Beagle" unternimmt eine erste Reise nach Südamerika, vier Jahre ist sie unterwegs, doch erst die zweite Expedition macht sie berühmt: nicht wegen des Auftrags, die Küsten Patagoniens und der Westküste Südamerikas zu kartieren, sondern wegen des jungen Naturforschers, den Kommandant **ROBERT FITZROY** auf eigene Initiative mit an Bord nimmt: **CHARLES DARWIN**. Auf der Fahrt mit der „Beagle" macht er die Entdeckungen, vor allem auf den Galapagosinseln vor der Küste Ecuadors, die zur Basis seiner Evolutionstheorie werden. Die „Beagle" geht danach noch auf weitere Vermessungsreisen, bis sie 1847 – nach einer Million gesegelter Seemeilen – aus dem aktiven Dienst genommen wird. Auf dem Fluss Roach in Essex fungiert sie während ihrer letzten Jahre als Wachschiff der Küstenwache, die dort nach Schmugglern Ausschau hält. 1870 wird der Posten aufgelöst und die „Beagle" zum Abwracken verkauft. 2004 findet der Schifffahrtshistoriker Rover Prescott bei Untersuchungen mit einem Bodenradar nahe Potten Island, also unweit ihres letzten Ankerplatzes, fünf Meter tief im Schlick eine Struktur, die aussieht wie das Wrack eines Schiffs. Hat er die berühmte Brigg gefunden? Ein Anker wird geborgen, der wohl aus dem Jahr 1841 stammt – es könnte passen. Endgültig geklärt ist der Fall nicht.

TERROR UND EREBUS

Stapellauf	1813 in Topsham / 1826 in Pembroke, Großbritannien
Länge	31 m / 32 m
Breite	**8,20 m / 8,70 m**
Tiefgang	**325 t / 372 t**
Verdrängung	3500 t
Bauart	Mörserschiff
Antrieb	Segel und Dampfmaschine
Besatzung	67 / 67 Mann

Schiffsbiografie

Zwei wuchtige Segler gleicher Bauart, ein gemeinsames Schicksal: Als die britische Admiralität Schiffe für Expeditionen in die Polarregionen sucht, fällt ihr Auge auf zwei Bombarden, die gerade für keinen anderen Zweck gebraucht werden. Diese Mörserschiffe tragen schwere Geschütze für den Beschuss von Festungen an Land; sie sind extrem stabil gebaut, um dem enormen Rückstoß der Artillerie zu widerstehen. Ideal also für den Einsatz im Eis. Eine Expedition in die Antarktis, unter dem Kommando von **JAMES CLARK ROSS**, bestehen sie mit Bravour. Ross tauft zwei von ihm entdeckte Vulkane auf den Namen der Schiffe: „Mount Erebus" und „Mount Terror". Traurige Berühmtheit erlangen sie mit der nächsten Expedition: als der Polarforscher **JOHN FRANKLIN** 1848 bei seinem Versuch scheitert, die Nordwestpassage zu durchfahren, die Abkürzung vom Atlantik in den Pazifik durch die Gewässer der Arktis. Dreimal müssen Franklin und seine Leute im Eis überwintern; am Ende kommen alle um. Zahlreiche Suchexpeditionen stoßen in den hohen Norden vor, um Franklin zu finden – vergeblich, manche der Retter geraten selbst in Not. Berichte der Inuit führen Forscher schließlich zu zwei Camps, wo sie Leichen der Franklin-Crew finden. Gewebeuntersuchungen zeigen später: Die Männer sind alle an einer Bleivergiftung gestorben, der Proviant in Konservendosen war mit dem toxischen Metall verlötet. Das Wrack der „Erebus" wird 2014 entdeckt, die „Terror" zwei Jahre später. Beide Schiffe werden von Tauchrobotern untersucht, sie liegen in geringer Wassertiefe und scheinen gut erhalten zu sein. Robuste Konstruktionen eben.

SEEADLER

Stapellauf	1878 in Glasgow, Schottland
Länge	85,50 m
Verdrängung	4500 t
Bauart	Windjammer, zum Hilfskreuzer umgerüstet
Antrieb	Takelung als Vollschiff, 900-PS-Hilfsdiesel
Besatzung	64 Mann

Schiffsbiografie

Nach der Seeschlacht im Skagerrak 1916 gelingt es nur noch den deutschen U-Booten, die britische Blockade zu durchbrechen. Kapitänleutnant **FELIX GRAF VON LUCKNER** erhält den Auftrag, einen tollkühnen Plan umzusetzen. Er bekommt einen amerikanischen Frachtsegler, der von „U36" aufgebracht worden ist, und soll ihn zum Hilfskreuzer aufrüsten. Die Tecklenborg-Werft in Bremerhaven montiert zwei Kanonen und schwere Maschinengewehre. Sie richtet zusätzliche Quartiere für eine größere Crew ein und baut Zellen für Gefangene. Mit gefälschten Schiffspapieren und unter norwegischer Flagge passiert der Segler die britischen Linien. Luckner attackiert und versenkt vierzehn Schiffe, vor allem andere Frachtsegelschiffe, aber auch drei größere Dampfer. Im August 1917 treibt die „Seeadler" bei einem misslungenen Ankermanöver vor einem Atoll der Gesellschaftsinseln auf ein Riff. Luckners Crew gerät in Gefangenschaft, ihm selbst gelingt mit fünf Männern die Flucht. Im offenen Rettungsboot segelt er 2300 Meilen über den Pazifik, bevor er auf den Fidschi-Inseln wieder festgenommen wird. Erneut gelingt ihm die Flucht; er kapert ein Motorboot, wird aber schließlich doch interniert. Nach dem Krieg veröffentlicht er einen Bericht seiner Abenteuer, der ihn zur Berühmtheit macht. Er ist jetzt der „Seeteufel" und tingelt als Vortragsreisender um die Welt. Sein Markenzeichen ist seine Kraft: Er zerreißt Telefonbücher mit den bloßen Händen. Die „Seeadler", angeblich sind 100 Kilogramm Beutegold an Bord, liegt bis heute in einer Spalte am Meeresgrund vor dem Mopelia-Atoll.

SPRAY

Stapellauf	unbekannt
Länge	12 m
Breite	4,30 m
Verdrängung	12,7 t
Bauart	Fischerboot
Antrieb	Segel, als Yawl geriggt
Besatzung	1 Mann

Schiffsbiografie

JOSHUA SLOCUM fährt schon fast vierzig Jahre zur See, als er von einem Freund ein ungewöhnliches Geschenk bekommt: einen uralten, ausgemusterten Kahn, der einmal als Austernfischer gedient hat. Seit Jahren schon steht das Schiffchen an Land, aber es ist ein robustes Arbeitsboot, das sich zu renovieren lohnt. Slocum hat die Seefahrt gelernt, als sie noch ein echtes Handwerk war; er kann auch Bootsbau. In dreizehn Monaten richtet er das Schiff wieder her und tauft es auf den Namen „Spray", Gischt. Dann macht er sich auf eine Reise, wie sie bis dahin noch niemand gewagt hat. Er segelt mit seiner „Spray" um die Welt. Allein. Weil er es kann und weil ihn die Neugier treibt. Am 24. April 1895 bricht er in Boston auf. Er quert den Atlantik, um sich dann bei Gibraltar zu entscheiden, doch in anderer Richtung um die Welt zu segeln. Slocum kreuzt den Atlantik erneut. Er durchfährt die Magellanstraße und erreicht über Samoa den australischen Kontinent, den er im Norden rundet. Nimmt Kurs auf das Kap der Guten Hoffnung. Besucht St. Helena und fährt in die Karibik weiter. Nach drei Jahren und zwei Monaten, nach 46.000 Seemeilen im Kielwasser, legt er wieder zu Hause an. Ein Jahr später veröffentlicht er seinen Reisebericht „Allein um die Welt", der bis heute ein Bestseller der Abenteuerliteratur ist. Im Alter von 65 Jahren bricht er 1899 noch einmal zu einer Solotour auf; diesmal will er nach Südamerika, zum Orinoko. Doch dort kommt er nie an. Ist er von einem Dampfer gerammt und versenkt worden? Oder von einem Wal? Etwas anderes können sich seine Angehörigen und Freunde nicht vorstellen. 1924 wird er offiziell für tot erklärt. Aber Kapitän und Schiff leben weiter: Slocum hat ungezählte Segler inspiriert; viele taufen ihre Boote auf den Namen seines kleinen tüchtigen Austernfischers: „Spray".

ENDURANCE

Stapellauf	1912 in Sandefjord, Norwegen
Länge	44 m
Breite	7,92 m
Verdrängung	350 t
Bauart	Expeditionsschiff, Schonerbark
Antrieb	Segel und Dampfmaschine
Besatzung	29 Mann

Schiffsbiografie

Die in Norwegen gebaute „Polaris" ist ursprünglich für einen anderen Zweck gedacht: Sie soll betuchte Passagiere auf Kreuzfahrten und zur Eisbärenjagd in die Arktis schippern. Die Bauweise ist massiv, Spanten und Planken sind mächtig dick, das schon, aber die Rumpfform ist nur für die Fahrt in lockerem Eis ausgelegt, was für den nächsten Eigner noch zum Problem werden wird. Den Initiatoren des Projekts geht das Geld aus. Sie verkaufen das Schiff an den Polarforscher **ERNEST SHACKLETON,** der sich damit am Rand des Weddellmeeres absetzen lassen will, um von dort zu Fuß die Antarktis zu durchqueren. Nach dem Familienmotto „Fortitudine vincimus" – durch Ausdauer siegen wir – tauft er das Schiff auf den Namen „Endurance" um. Ausdauer muss Shackletons Crew tatsächlich beweisen, nur anders als geplant: Weit von der angepeilten Küste entfernt friert das Schiff im Eis ein und geht mit den Schollen monatelang auf Drift. 281 Tage widersteht die „Endurance" dem Druck der Eispressungen, doch am 24. Oktober 1915 bersten die Planken. Shackleton und seine Crew retten Ausrüstung und Beiboote aufs Eis. Der Fotograf **FRANK HURLEY** dokumentiert, wie das Schiff in den folgenden Wochen vollständig zerstört wird und am 21. November endgültig unter dem Eis verschwindet. Der Rest ist Legende: Shackleton rettet seine Leute auf die unbewohnte Elefanteninsel an der Drakestraße. Im April 1916 segelt er mit fünf Männern in einem der winzigen Beiboote der „Endurance" nach Südgeorgien los, um Hilfe zu holen. Es wird eine monatelange Odyssee. In Chile gelingt es ihm, einen Dampfer zu chartern. Im August sind alle Männer von der „Endurance" in Sicherheit.

FRAM

Stapellauf	1892 in Larvik, Norwegen
Länge	39 m
Breite	11 m
Tiefgang	4,75 m
Verdrängung	800 t
Bauart	Forschungsschiff
Takelung	Segel und Dampfmaschine
Besatzung	16 Mann

Schiffsbiografie

Kein anderes Schiff in dieser Sammlung ist so kompromisslos auf seinen Zweck ausgerichtet: Der schottische Konstrukteur **COLIN ARCHER** bekommt vom Polarforscher Fridtjof Nansen den Auftrag, ein Schiff zu bauen, das auch brutalste Eispressungen übersteht. Archer zeichnet einen v-förmigen und gleichzeitig extrem abgerundeten Rumpf, der im Schraubstock des Eises nicht zerquetscht, sondern angehoben wird – dem Druck also ausweicht. Die Bordwände: 50 Zentimeter dick, mit vielen Streben zusätzlich versteift und wärmegedämmt. Schiffsschraube und Ruder: einziehbar, damit sie im Packeis keinen Schaden nehmen. Das Schiff bekommt eine leicht zu bedienende Schonertakelung und eine kräftige Dampfmaschine. Es wird auf den Namen „Fram" getauft, Norwegisch für vorwärts. Nansen lässt sich 1893 in der sibirischen Laptewsee einfrieren, um sich von der Eisdrift zum Nordpol versetzen zu lassen. Der Plan geht zwar nicht auf, aber das Schiff quert noch den 84. Breitengrad – so weit hat es kein anderes Holzschiff je nach Norden geschafft. Otto Sverdrup erkundet und kartiert 1898 mit der „Fram" die Gewässer nördlich von

Kanada und nimmt zahlreiche Inseln für Norwegen in Besitz. Und **ROALD AMUNDSEN** leiht sich die „Fram" unter falschen Vorzeichen: Er gibt an, eine Nordpolfahrt zu planen, nimmt dann aber im Sommer 1910 Kurs auf die Antarktis, um die Briten im Rennen zum Südpol zu schlagen. Das Schiff erledigt auch diesen Auftrag souverän. Doch Undank ist der Welten Lohn: Die Norweger lassen die „Fram" verfallen. Zum Glück setzen sich Sverdrup und zwei weitere Polarfahrer für den Erhalt des außergewöhnlichen Forschungsschiffs ein. 1920 wird es instand gesetzt, 1935 bekommt die „Fram" ihr eigenes Museum in Oslo. Dort liegt sie noch heute.

CALYPSO

Stapellauf	1942 in Seattle, US-Bundesstaat Oregon
Länge	42 m
Breite	7,60 m
Tiefgang	3,0 m
Verdrängung	360 t
Bauart	Minensuchboot, 1950 zum Forschungsschiff umgerüstet
Antrieb	1160-PS-Dieselmaschine
Besatzung	27 Mann

Schiffsbiografie

Was hat dieses kleine Schiff alles erlebt: 1942 Stapellauf, als Minensuchboot von den Amerikanern an die Briten verliehen, Einsatz im Mittelmeer. Dann zur Fähre umgebaut und zwischen den Inseln Malta und Gozo im Dienst. 1950 vom Brauereikonzern Guinness gekauft und dem französischen Meeresforscher **JACQUES COUSTEAU** zur Verfügung gestellt, der es erneut komplett umrüstet – als Basis für seine Tauchexpeditionen. Die „Calypso" bekommt ihren seltsamen Wulstbug, in den Cousteau Bullaugen einbauen lässt, um jederzeit einen Ausblick in die Unterwasserwelt zu haben. Mit seinen Tauchfilmen wird auch die „Calypso" weltberühmt, mehr als vier Jahrzehnte ist sie auf allen Meeren unterwegs. 1996 rammt eine Barkasse das legendäre Schiff. Die „Calypso" sinkt, und mit diesem Moment wird aus der Erfolgsgeschichte ein Trauerspiel: Zwar hebt man die „Calypso" und schleppt sie notdürftig repariert nach Frankreich, wo sie Cousteau kurz vor seinem Tod noch an die Universität von Marseille verschenken will. Aber die Übergabe kommt nicht mehr zustande; das Schiff verrottet im Hafen von La Rochelle. Mehrmals wechselt es den Besitzer. Eine Werft beginnt eine Sanierung, aber es gibt einen langen Rechtsstreit über unbezahlte Rechnungen. Ein Teil der Arbeiten wird 2016 tatsächlich abgeschlossen, der Rest soll auf einer türkischen Werft erledigt werden. Doch kurz vor der Fertigstellung – es erscheinen schon Berichte über den zweiten Stapellauf – brennt es auf der „Calypso". Unrettbar verloren ist sie wohl nicht. Aber ob sie je wieder auf große Fahrt geht?

RAINBOW WARRIOR

Stapellauf	1955 in Aberdeen, Schottland
Länge	44 m
Tiefgang	4,60 m
Verdrängung	418 t
Bauart	Fischereiforschungsschiff
Antrieb	2 dieselelektrische Maschinen, Segel, Takelung als Ketsch
Besatzung	15 Mann

Schiffsbiografie

Als die Umweltschützer von **GREENPEACE** das ehemalige britische Fischereiforschungsschiff 1978 kaufen, ist es bereits ein Veteran der Meere. Sie renovieren den Dampfer gründlich, erneuern die Motoren und riggen zwei Masten, um ihr neues Flaggschiff auch segeln zu können. Die „Rainbow Warrior" fährt sofort in harte Einsätze. Schlagzeilen machen die Aktionen gegen Walfänger im Nordatlantik, aber auch gegen die Verschiffung von Atommüll zur französischen Wiederaufbereitungsanlage La Hague. 1985 nimmt Kapitän Peter Willcox Kurs auf das Südsee-Atoll Mururoa, wo die Umweltschützer gegen französische Atombombentests protestieren wollen. Beim Zwischenstopp in Neuseeland kommt es in der Nacht des 10. Juli zu zwei Explosionen an Bord; das Schiff sinkt im Hafen von Auckland. Dabei stirbt der niederländische Fotograf **FERNANDO PEREIRA**. Als das Wrack sechs Wochen später gehoben wird, bestätigt sich der Verdacht: Haftminen sind die Ursache der Detonation. Die Täter werden ermittelt; es handelt sich um Agenten des französischen Geheimdienstes. Zwei können verhaftet werden, vier entkommen mit einem französischen Atom-U-Boot. Reporter der Tageszeitung „Le Monde" weisen nach, dass die Versenkung – Codewort „Operation Satanique" – in den höchsten Kreisen der französischen Regierung angeordnet wurde. Sogar der damalige Präsident François Mitterand war eingeweiht. Doch die Verantwortlichen können nie zur Rechenschaft gezogen werden. Paris zahlt Entschädigung an die Familie des Opfers und an Greenpeace. Eine offizielle Entschuldigung für den hinterhältigen Angriff auf die „Rainbow Warrior" gibt es bis heute nicht.

Held Pete Goss **Ort** Südlicher Ozean **Datum** 1996

PETE GOSS

16

Die WENDE

Bei einer Regatta um die Welt sinkt die Jacht des Franzosen Raphaël Dinelli. Im eisigen Wasser des Südlichen Ozeans schließt er mit dem Leben ab. Doch dann eilt ihm ein Konkurrent zu Hilfe – und liefert ein Beispiel für selbstloses Handeln auf See.

Kurz vor dem Start sagen sie sich kurz Hallo. Pete Goss steigt zu Raphaël Dinelli aufs Boot und schüttelt ihm die Hand, wie sich das unter Gentlemen gehört, bevor sie sich im Wettstreit messen. „Pass auf dich auf, viel Glück", sagt Goss. Dinelli registriert es kaum. Er ist eben erst im Hafen von Les Sables-d'Olonne angekommen. Seine Jacht ist noch nicht fertig, es gibt noch so viel zu tun bis zum Start.

„Ich stand unter fürchterlichem Druck", sagt Dinelli. „Ich habe Pete und die anderen Skipper gar nicht richtig wahrgenommen."

Das Rennen, das im November 1996 vor den sechzehn Seglern liegt, ist hart, ein aberwitziger Marathon zur See. Sie fahren einmal um die Welt, ganz allein und ohne Zwischenstopp. Von der französischen Westküste den Atlantik runter bis zum Südlichen Ozean. Dann links abbiegen, um mit den Stürmen in den Roaring Forties die Antarktis zu umrunden. Und nach Kap Hoorn wieder in den Atlantik und gen Norden zurück in die Vendée. Sie werden mehr als hundert Tage auf See sein.

Teilnehmer erklären gerne, es seien schon mehr Astronauten ins All geflogen als Segler auf dieser Route um die Welt gesegelt. Klingt durchaus plausibel, und eines ist sicherlich wahr: Wenn den Seglern unterwegs etwas passiert, sind sie auf sich gestellt, fast wie die Raumfahrer in ihrer Umlaufbahn. Es kann Tage dauern, bis Hilfe kommt, wenn überhaupt. Begleitschiffe, Rettungskreuzer – gibt es nicht. Hubschrauber – fliegen nicht so weit. Das nächste Ufer – meist mehr als tausend Seemeilen entfernt. Wer die Vendée Globe segelt, ist wirklich solo unterwegs. Ohne jedes Netz. Wie Bergsteiger, die auf Seil und Sicherungshaken verzichten, wenn sie die steilsten Flanken hinaufklettern.

Mit diesen Extremisten aus den Bergen sind die Einhandsegler seelenverwandt: Beide bewegen sich an der Grenze dessen, was man eigentlich noch Sport nennen darf. Wenn ein Eiskunstläufer seinen Rittberger vermasselt, gibt es Punktabzug. Ein Foul beim Fußball? Die Akteure humpeln an den Spielfeldrand. Ein Tennisspieler zertrümmert seinen Schläger? Nimmt er eben einen neuen. Aber wenn ein Solokletterer in der Felswand nur einmal daneben greift, stürzt er in den Tod. Und die Segler auf der Regatta um die Welt sind im Sturm Gewalten ausgesetzt, denen sie nicht entgehen können. Der Hamburger Segelprofi Boris Herrmann hat im Interview einmal gesagt: Ab acht oder neun Beaufort hört der Wettkampf auf. „Dann geht es nur noch darum, das Schiff zu sichern und das eigene Überleben zu garantieren." Heil durch den Sturm zu kommen.

Zur Wahrheit dieser Regatta gehört leider, dass viele Segler nicht heil durchkommen, die Quote der Ausfälle ist jedes Mal hoch. Bei der vorigen Auflage des Rennens – 1992/1993 war das – gingen vierzehn Teilnehmer an den Start. Sieben kamen durch, sechs gaben auf – und einer kam um. Der britische Segler Nigel Burgess ging nur drei Tage nach dem Start bei stürmischem Wind in der Biskaya über Bord.

Dinelli kentert

Wind bekommen auch Dinelli und Goss, und zwar nicht zu knapp. Anderthalb Monate nach dem Start surfen sie 1300 Seemeilen südlich der australischen Küste vor gewaltigen Wellen. An Weihnachten überfällt ein heftiger Sturm das Regattafeld. In Böen bläst es mit Windstärke 12. Raphael Dinelli holt alle Segel ein, aber seine Jacht „Algimouss" rast trotzdem noch mit mehr als 20 Knoten die Wellen hinab. Fünfzehn Meter hoch sind die Wasserberge, also ungefähr wie ein Haus mit sechs Stockwerken, und bei jedem Ritt ins Tal besteht wieder die Gefahr, dass sich die Jacht mit dem Bug in die nächste Welle bohrt. Oder dass sie aus dem Ruder läuft und querschlägt. Dinelli kämpft und hofft, dass es gut geht.

Plötzlich eine besonders harte Bö, „Algimouss" macht einen Satz vorwärts, der Bug gräbt sich ins Wellental, die Jacht überschlägt sich. Dabei bricht der Mast und durchbohrt den Rumpf.

Der Sturm tobt, und Dinelli kann nur noch zusehen, wie seine Jacht von den Brechern bearbeitet wird. Sie richtet sich wieder auf, aber der Segler erkennt sofort, dass nichts mehr zu retten ist. Er löst an seiner Seenotbake den Alarm aus, mehr kann er nicht tun, und dann heißt es warten. Er denkt an seine Frau, sein Kind. Er weiß aus den Positionsberichten der Regattaleitung, dass drei andere Segler nicht weit sein können: die Französin Catherine Chabaud, der Brite Pete Goss, der Belgier Patrick de Radiguès sind irgendwo in einem Umkreis von 100 bis 150 Seemeilen. Haben sie seinen Notruf empfangen? Hat überhaupt irgendwer sein Mayday registriert? Kommt Hilfe?

Dinelli erfrieren im eiskalten Wasser die Füße, trotz seines Überlebensanzugs, aber er spürt keine Angst, sondern grenzenlose Wut. Nicht weil ihn der Sturm umgeworfen hat, nicht weil sein Schiff verloren ist. Sondern weil er weiß, dass er jetzt bald sterben wird.

Aber sein Notruf ist angekommen, die australische Marine schickt ein Suchflugzeug. 24 Stunden nach Dinellis Kenterung findet die Crew der Lockheed P-3 Orion die havarierte Jacht und wirft eine Rettungsinsel ab, und zwar so zielgenau, dass sie direkt auf den Segler zutreibt. Er lässt sich von der „Algimouss" in die Rettungsinsel fallen. Keine zehn Minuten später geht sein Boot unter.

In der Insel findet er eine Nachricht der Orion-Crew: „Pete Goss, zehn Stunden südlich."

Der Gedanke hält Dinelli am Leben. Einer wird kommen. Und mich holen. Aber am nächsten Tag erscheint wieder das Suchflugzeug am Himmel über ihm und signalisiert mit einem Blinken der Scheinwerfer, dass man ihn gesehen hat. Was hatte das zu bedeuten? Dass Goss doch nicht kommen kann? Weil ihm selbst etwas passiert ist? Einen Tag halte ich noch aus, denkt der halb erfrorene Raphaël Dinelli. Einen Tag, länger nicht.

Goss kehrt um

Der Sturm peitscht auch Pete Goss vor sich her, als der Notruf bei ihm eingeht. Der Brite zögert nicht. Bricht das Rennen ab. Dreht um. Denn wer weiß, ob die anderen das Mayday empfangen haben? Wenn nicht er den Franzosen holt, wer dann?

Für einen Nichtsegler klingt es simpel: Steuer rum und zurück auf Gegenkurs. Segler wissen, dass es nicht so einfach geht. Jachten können zwar hoch am Wind segeln, aber nicht genau gegenan. Sie müssen kreuzen, sie können ihr Ziel nur im Zickzack erreichen. Und hoch am Wind stehen die Segel anders als vor dem Wind: Es ist viel mehr Druck im System. Und Vendée-Globe-Renner sind für die schnelle Reise mit dem Wind gebaut, nicht für das Knüppeln gegen einen solchen Sturm. Was Goss versucht, bringt auch ihn selbst in große Gefahr. Immer wieder schmeißt der Wind seine „Aqua Quorum" um, bis der Mast der Jacht auf dem Wasser liegt.

Dies alles schreibt und liest sich so leicht, wenn man sicher auf dem Trockenen sitzt. Was man sich dazu denken muss: die infernalische Geräuschkulisse des Sturms, das Heulen und Kreischen des Winds, die brutalen Schläge der Brecher auf den Rumpf der Jacht, das unablässige Prasseln der Gischt. Doch der Brite war früher bei den Royal Marines, Leidensfähigkeit gehört bei ihm zur Grundausrüstung. Er vertraut auf sein Boot und seine Zähigkeit. Er hält Kurs, hält durch. „Meine einzige Sorge war", berichtet er später, „dass Raphaël vielleicht schon nicht mehr am Leben war."

Als Pete Goss sich der Position des Havaristen nähert, kann er ihn zunächst nicht sehen. Der Wind hat zwar nachgelassen, es bläst nur noch mit neun Beaufort, doch sind die Wellenberge nach seiner Schätzung immer noch mehr als zehn Meter hoch, und die Sicht ist miserabel. Nicht einfach, unter solchen Bedingungen ein winziges Rettungsfloß zu finden. Stundenlang sucht er, kreuzt auf und ab, ohne Erfolg.

Zum Glück sind die Australier mit ihrer P-3 Orion jetzt wieder in der Luft. Von oben können sie Goss und Dinelli sehen. Sie blinken mit ihren Landescheinwerfern, wenn sie das Floß überfliegen, und weisen so den Weg. Goss macht eine Kompasspeilung und kämpft sich weiter heran, bis er schließlich in einer Entfernung von einer Viertelmeile einen orangefarbenen Klecks ausmachen kann – die Rettungsinsel. Die Crew des Suchflugzeugs hat ihm gerade noch einmal per Funk signalisiert, dass Dinelli sich bewegt hat. Er lebt.

Der Rest ist Routine, tausendfach trainiert. Goss bringt sein Schiff so neben das Rettungsfloß, dass er Dinelli in Lee an Bord hieven kann. Wortlos geht das alles, die beiden verständigen sich mit Handzeichen, sie wissen beide genau, was zu tun ist. Und schließlich liegt der Franzose an Deck, es ist geschafft. „Wenn ich eines niemals vergessen werde, dann sind es seine Augen“, sagt Goss. „Absolut erstaunlich, wie sie mir aus dieser Öffnung im Überlebensanzug entgegenstrahlten.“ Dann erst sieht der Ex-Marine, was Dinelli wie einen Schatz umklammert hält: eine Flasche Champagner für seinen Retter, es war das Letzte, was er von seinem sinkenden Schiff noch mitgenommen hat.

Die Männer umarmen und drücken sich kurz. Goss funkt den Flieger an: Raphaël ist an Bord. Sagt der Familie, dass er überleben wird.

Zwei werden Freunde

Goss schleppt Dinelli unter Deck. Zieht ihm den Überlebensanzug aus und warme Sachen an. Packt ihn in seine Koje und flößt ihm gesüßten Tee ein. Lässt ihn schlafen. Trägt ihn zum Klo. Füttert ihn alle vier Stunden. Erkundigt sich per Funk bei Ärzten, wie er Dinellis Erfrierungen behandeln muss. Und segelt gleichzeitig sein Schiff weiter durch das raueste Gewässer, das der Planet zu bieten hat. Er steuert den nächstgelegenen Hafen an, den er gut erreichen kann: Hobart auf Tasmanien.

Tagelang liegt Raphaël Dinelli regungslos in der Koje, ohne jedes Gefühl in den Füßen. Dann wacht er langsam auf und beginnt zu reden. Er muss verarbeiten, was er erlebt hat. Muss erzählen und kann doch nicht. Er spricht kaum Englisch, Goss kein Französisch. Sie zeichnen, was sie nicht sagen können. Sie bringen sich gegenseitig die Wörter bei, die ihnen fehlen. Der Brite sagt: Es dauerte zehn Tage, bis wir einen echten Dialog hinbekommen haben. Der Franzose berichtet: Dann ist der Damm gebrochen, wir konnten über alles reden. Denn wer so etwas zusammen erlebt hat, für den ist kein Thema mehr tabu. Familie, Religion, unsere Vergangenheit, unsere Hoffnungen für die Zukunft – wir öffneten uns beide, total. Wir wurden Freunde. Silvester feiern sie mit dem Champagner, den Dinelli gerettet hat.

Sechs Tage später, in Hobart angekommen, macht Pete Goss nur für eine Nacht an einer Boje fest. Ein Boot holt seinen Passagier ab. Fieberhaft arbeitet der Brite, um sein Schiff wieder startklar zu machen. Für die Dauer der Rettung ist er außer Konkurrenz gesegelt, am nächsten Tag soll er wieder in die offizielle Wertung einsteigen. Die Regattaleitung wird einen Weg finden, wie sie den Umweg nach Tasmanien verrechnet und ihm die verlorene Zeit gutschreibt.

Raphaël Dinelli kommt am folgenden Morgen noch einmal kurz vorbei, um seinem Retter alles Gute für den Rest der Reise zu wünschen. Doch nun hat er es nicht mehr mit seinem Freund Pete zu tun, sondern mit dem Wettkämpfer Goss. Kurz angebunden reagiert der Brite, fast schon distanziert. Dinelli sagt: Einen Moment lang war ich verstört. Aber dann habe ich verstanden, dass es genau so richtig war. Pete musste umschalten, er musste seine Konzentration wieder aufbauen. Sonst hätte er nicht wieder lossegeln können. Goss bestätigt das: Der Abschied ist knapp ausgefallen. Wir haben uns auf ein Bier im Zielhafen verabredet. Mehr war in diesem Moment nicht zu sagen.

Er rast wieder los. In dieser verrückten Hatz über die Weltmeere. Durch den Pazifik mit Kurs auf Kap Hoorn. Den Atlantik hoch. Durch die Biskaya. Nach Les Sables-d'Olonne. Und geht als Fünfter durchs Ziel, nach 126 Tagen, 21 Stunden und 25 Minuten auf See.

Im Hafen wartet seine Frau. Und neben ihr Raphaël Dinelli.

Er hat wieder Champagner mitgebracht.

So geht es aus

Sechzehn Jachten nahmen an der Vendée Globe 1996/97 teil.

Sechs Segler erreichen das Ziel in Les Sables-d'Olonne: Christophe Auguin, Marc Thiercelin, Hervé Laurent, Eric Dumont, Pete Goss und Catherine Chabaud.

DART
TEAM
PHILIPS

Neun Teilnehmer geben das Rennen auf: Isabelle Autissier (Ruder gebrochen, Kenterung), Yves Parlier (Kollision mit Growler), Bertrand de Broc (Kenterung), Tony Bullimore (Kiel gebrochen, Kenterung), Thierry Dubois (Kenterung, Mastbruch), Nandor Fa (Kollision, Elektrik defekt), Didier Munduteguy (Mastbruch, Riss im Rumpf), Raphaël Dinelli (Kenterung), Patrick de Radiguès (Strandung).

Ein Mann bleibt auf See: der Kanadier Gerry Roufs. Seine Positionsmelder funken im Südlichen Ozean am 9. Januar 1997 zum letzten Mal. Eine Suchaktion bleibt erfolglos. Am 17. Juni sichtet ein Frachter die kieloben treibende Jacht – etwa 250 Meilen vor der Küste Chiles. Von Roufs keine Spur.

Pete Goss wird für seine selbstlose Tat geehrt. Königin Elizabeth II. verleiht ihm den Ritterorden, er ist nun ein MBE, ein Mitglied des Most Excellent Order of the British Empire. Der französische Präsident Jacques Chirac nimmt ihn in die Ehrenlegion auf, die Légion d'honneur. Es ist die höchste Auszeichnung, die Frankreich zu vergeben hat. ■

Held Kapitän Gennaro Arma **Ort** Diamond Princess **Datum** 2020

KAPI TÄN ARMA

17

„Danke, MEINE GLADIATOREN“

An Bord des Kreuzfahrtschiffes sind Hunderte Passagiere am Coronavirus erkrankt. Niemand darf es verlassen. Ein Kapitän sorgt dafür, dass keine Panik ausbricht – mit Humor, Ruhe und süßen Argumenten.

Ein Kapitän verlässt als Letzter sein Schiff. Dieser Ehrenkodex, eng verknüpft mit der Regel „Frauen und Kinder zuerst“, wurde ein ungeschriebenes Gesetz der Seefahrt[1]. Ein Kapitän ging nun als Letzter von Bord seines Schiffes – und wurde zu einer Symbolfigur für Standhaftigkeit während der Pandemie.

Der Fall der „Diamond Princess“ sorgte weltweit für Schlagzeilen. Mehr als 700 der 3700 Passagiere an Bord erkrankten an Covid-19. Sechs Patienten starben. Wochenlang lag das Schiff vor Japan auf Reede, aber niemand durfte es aus Furcht vor dem neuartigen Virus verlassen. Das Kreuzfahrtschiff geriet zu einer schwimmenden Quarantänestation.

Was Gennaro Arma, der Kapitän, Jahrgang 1975, in dieser Notsituation leistete, wird von Passagieren, von Crewmitgliedern, von Medien und in den sozialen Netzwerken gefeiert. Die italienische Regierung zeichnete den tapferen Kapitän mit dem höchsten Verdienstorden des Landes aus.

Mit seiner positiven Ausstrahlung, seinem Optimismus und einer Prise Humor sorgte er dafür, dass die Eingeschlossenen auch in den kritischsten Stunden nicht der Mut verließ. Es war eine Folge kleiner Gesten, die Großes bewirkten. Immer wieder meldete sich Kapitän Arma über die Lautsprecher und versicherte, dass das Martyrium bald vorbei sei.

[1] *und wird in unserem Buch in einem eigenen Kapitel ausführlich behandelt.*

„Wenn wir als Familie zusammenstehen, bringen wir diese Reise erfolgreich zu Ende", sagte er. „Hört zu: Die Welt schaut auf uns. Das ist ein weiterer Grund für uns alle, Stärke zu zeigen."

Am Valentinstag ließ er Blumen und Schokolade mit einem Bibelvers über die Liebe verteilen. Vor jeder Mittagsmahlzeit meldete er sich und wünschte seinen Passagieren „Buon appetito". Seine Crew nannte er „meine Gladiatoren". Auf Twitter teilten Reisende Fotos von Nachrichten, die der Kapitän in Anspielung auf den Namen seines Schiffes unter den Türen durchschieben ließ: „Ein Diamant ist ein Stück Kohle, das mit Druck gut umging. Danke!"

In italienischen Medien wird Arma als Held gepriesen. In trüben Monaten, in denen das öffentliche Leben des Landes eingefroren war, bot das Vorbild des Seemanns Halt. Selbst Italiens Außenminister lobt den Kapitän mit blumigen Worten. Das Beispiel des Kapitäns, der im größten Chaos auf seinem Schiff unbeeindruckt und standhaft wie ein Fels blieb, wurde wichtig in einer Zeit, in der manche Zeitgenossen voller Panik kilometerweise Klopapier kauften und sich mit Paletten von Dosenravioli eindeckten.

Als die letzten Frauen und Männer seiner Besatzung das Schiff verlassen hatten, schritt Kapitän Arma über die Gangway. In seiner besten Uniform – und mit einem Mundschutz im Gesicht. Die letzte Botschaft an seine Crew: „Danke, meine Gladiatoren, und buon appetito." ■

LAND
IN SICHT
RIO REISER

Land in Sicht, singt der Wind in mein Herz.
Die lange Reise ist vorbei.
Morgenlicht weckt meine Seele auf.
Ich lebe wieder und bin frei.

Und die Tränen von gestern wird die Sonne trocknen,
die Spuren der Verzweiflung wird der Wind verweh'n.
Die durstigen Lippen wird der Regen trösten,
und die längst verlor'n Geglaubten
werden von den Toten aufersteh'n.

Ich seh die Wälder meiner Sehnsucht,
den weiten sonnengelben Strand.
Der Himmel leuchtet wie Unendlichkeit,
die bösen Träume sind verbannt.

Held Jonathan Darby **Ort** Eastbourne **Datum** ca. 1706

JONA THAN DARBY

18

Der Freund der SEELEUTE

Zu den Aufgaben des Pastors in einem Dorf an der englischen Südküste gehört es, ertrunkene Seeleute zu beerdigen. Als wieder ein Schiff an den Klippen zerschellt, hat Jonathan Darby genug. Er beschließt zu handeln.

Am „Beachy Head" nahe Eastbourne, wo die Kreidefelsen so tief in den Ärmelkanal abfallen wie nirgendwo sonst in Großbritannien, liegt das Dörfchen East Dean. Es ist kaum mehr als eine Ansammlung alter Häuser aus Stein unter mächtigen Bäumen. Das Dorf befindet sich in einer Senke, ein natürlicher Schutz vor den Stürmen, die über die See und die Klippen von East Sussex heranziehen. Ein schmaler Weg führt durch einen Wald und über die Hügel, vorbei an einer Menge Schafe, dann steht man auf den sieben Klippen, den „Seven Sisters". Im Sturm krachen die Wellen unten an die Felsen, und das Donnern ist fast bis ins Dorf zu hören. Wenn es Nacht wird, sieht man, wie im oberen Stockwerk des Belle-Tout-Leuchtturms das Licht angeht. Er wirft heute kein Feuer mehr über das Meer, sondern beherbergt ein Bed&Breakfast. Als sei das alles nicht idyllisch genug, steht nicht weit entfernt das „Beachy Head Lighthouse" in den Wellen, einer der bekanntesten Leuchttürme an Englands südlicher Küste.

East Dean ist ein besonderer Ort. Hier durfte Sir Arthur Conan Doyle, der Erfinder des weltberühmten Detektivs Sherlock Holmes, seinen fiktiven Ruhestand genießen. Natürlich gibt es in einem alten englischen Dorf auch einen alten Pub, das „Tiger Inn". Im Schankraum hängt ein ausgestopfter Tigerkopf an der Wand, damals eine Trophäe, heute schwer vermittelbar. Der Mann am Tresen erzählt, dass niemand weiß, wann der Tiger seinen Weg an die Wand fand, aber es muss lange her sein. An einem Ort wie diesem gibt es eine Menge Mythen und Legenden. Von Schmugglern, deren Tunnelsystem angeblich im Keller des „Tiger Inn“ endete, zum Beispiel.

Eine der Geschichten, die man bei einem Pint Ale im „Tiger Inn“ hört, handelt von Pastor Jonathan Darby, der im Jahre 1706 die Gemeinde East Dean übernahm. Zu seinen Aufgaben gehörte es, die Ertrunkenen zu bestatten, die nach einem Schiffbruch am Strand unterhalb der Klippen angespült wurden. Was einige Dorfbewohner freute, die das Strandgut einheimsten, belastete das Gemüt Darbys. Als ein großer Schoner im Sturm sank und der Strand mit Leichen übersät war, beschloss der Geistliche, dass es Zeit wurde zu handeln. Er untersuchte die Klippen und entdeckte eine natürliche Höhle, etwa sieben Meter oberhalb der Flutlinie. Über eine Leiter kletterte er hinein und begann, sie mit Hammer und Meißel auszubauen. Darby vergrößerte die Höhle und machte es sich darin bequem. Zog fortan ein Sturm auf, verließ der Pfarrer sein Haus im Dorf, lief zum Strand hinunter und kletterte in seine Höhle, um ein großes Feuer zu entzünden.

Man sagt, dass das Licht Tausenden Seeleuten das Leben rettete. Man sagt, dass wegen des großen Feuers des Pastors später der erste Leuchtturm gebaut wurde. Geriet ein Schiff trotz der Warnung des Geistlichen den Klippen zu nahe und strandete auf den scharfen Felsen, war Pfarrer Darby ebenfalls zur Stelle. In einem Fall soll er 23 Seeleute in seine Höhle gezogen haben, was einen ungefähren Eindruck von der Größe des Unterschlupfs gibt. In einer anderen Rettung sollen 12 Matrosen und die Offiziere direkt vom Bugspriet einer havarierten Brigg in die Höhle geklettert sein.Der Zufluchtsort ging als „Parson Darby’s Hole“ in die Erzählungen und damit in das Gedächtnis der Menschen an der Küste ein.

Nach dem Tode des Pfarrers fand die Höhle anderweitige Nutzung: Schmuggler deponierten darin ihre Güter. Wegen der natürlichen Erosion, die an der Küste und den Steilklippen nagt, stürzte die Höhle irgendwann ein. Pfarrer Darby aber bleibt unvergessen. Eine Straße hat man nicht nach ihm benannt, auch keinen Kindergarten. Sondern einen Bus, der von Eastbourne nach Brighton pendelt. Er hält gegenüber dem Alten Pfarrhaus, in dem Darby einst wohnte.

Auf dem Friedhof neben der Kirche von Friston liegt Darby. Auf seinem Grabstein steht: „Er war ein Freund der Seeleute.“ ■

THE TIGER INN
BEACHYHEAD ~ brewerytap

SIE KAMEN NICHT ZURÜCK

Wer sich über Grenzen hinauswagt, begibt sich in Gefahr. Selbst wenn Fahrten auf See und Expeditionen an unbekannte Küsten noch so akribisch vorbereitet sein mögen: Es genügen winzige Fehler, um alles scheitern zu lassen. Wie bei Amundsen, Cook, Drake, Scott und Earhart.

FERDINAND MAGELLAN

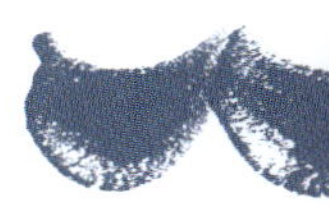

Expedition	Westroute nach Asien, Weltumsegelung
Todestag	27. April 1521
Todesursache	tödliche Verletzung im Nahkampf
Letzte Position	Strand der Insel Mactan, Philippinen

Magellan landet im Frühjahr 1521 auf der Insel Cebu im Archipel der Philippinen. Er signalisiert dem König des Eilands: Wir kommen in Frieden. Wir wollen handeln, nicht erobern. Der König willigt ein und lässt sich sogar zum Christentum bekehren. Magellan weiß, dass er die zahlreichen Inseln nicht alle besetzen kann. Doch er will seinen Auftraggebern melden können, dass diese Küsten fortan unter spanischer Kontrolle stehen. Wie soll das gelingen? Indem er den befreundeten König von Cebu über alle anderen Inselkönige zum Oberhaupt des Archipels erhebt. Zur Demonstration setzt er mit sechzig Soldaten auf ein benachbartes Eiland über, dessen Herrscher sich nicht unterordnen will. Sechzig bewaffnete Männer gegen ein Naturvolk, das sollte doch kein Problem sein.

Aber Korallenbänke verhindern, dass Magellans Leute nahe genug an den Strand gelangen, um ihre Feuerwaffen wirkungsvoll einzusetzen. Sie müssen ins Wasser und dem Feind entgegenwaten. Und der rückt überraschenderweise mit mehr als tausend Kriegern an. Am Strand kommt es zu einem furchtbaren Gemetzel. Im Nahkampf nützen die überlegenen Waffen der Spanier nichts: Es geht Säbel gegen Lanze – und gegen eine erdrückende Überzahl. Magellans Leute geraten in Panik, sie ziehen sich zurück. Ihr Admiral, der in vorderster Reihe kämpft, wird mehrfach verwundet. Er kämpft buchstäblich bis zum Umfallen. Dann durchbohren ihn Dutzende Speere.

Magellan, der große Seefahrer und Entdecker, der seine Projekte mit Weitsicht durchdenkt und vorbereitet, verkalkuliert sich bei einer unnötigen, überheblichen Machtdemonstration. Er zahlt dafür mit seinem Leben.

FRANCIS DRAKE

Einsatz	Beutezug gegen spanische Siedlungen in der Karibik
Todestag	28. Januar 1596
Todesursache	Ruhr
Letzte Position	an Bord der „Defiance" im Hafen von Puerto Bello, Panama

Das Schlüsselerlebnis des jungen Seemanns Francis Drake: Um Sturmschäden zu reparieren, läuft er mit einer britischen Flottille einen mexikanischen Karibikhafen an. Mit den spanischen Kolonisten vor Ort wird eine Waffenruhe vereinbart. Doch die Spanier brechen das Abkommen und greifen an. Die britischen Schiffe werden vernichtet; Drake entkommt nur knapp. Diese böse Erfahrung soll ihn sein Leben lang verfolgen. Aber erst kommen seine großen Erfolge: Er segelt mit der „Golden Hinde" in drei Jahren um die Welt, kehrt mit Schätzen beladen nach England zurück und wird für seine Verdienste zum Ritter geschlagen. Er geht als Freibeuter auf Kaperfahrt und fügt der spanischen Krone schweren Schaden zu. Schlägt als

Vizeadmiral in der Seeschlacht vor Gravelines die spanische Armada.
Doch dann wendet sich sein Glück. Drake setzt dem Erzfeind nach, um dessen Flotte endgültig zu zerstören. Mit 150 Schiffen und einer Truppe von 18.000 Soldaten will er die Hafenstädte Santander und San Sebastian überfallen und die portugiesische Hauptstadt Lissabon auch gleich mit. Die Mission endet in einem Fiasko: Drake verliert viele Tausend Mann und segelt geschlagen nach England zurück. Die Königin entzieht ihm die Unterstützung. 1595 gelingt es ihm, noch einmal das Kommando über eine Flotte zu erhalten, die spanische Stellungen in der Karibik attackieren soll.

Auch dort trifft er auf unerwartet harten Widerstand. Die Kolonisten wollen sich nicht einfach erobern lassen. Drake scheitert mit seinem Angriff auf San Juan, auch Panamá kann er nicht einnehmen. Dann wird er krank, wie Hunderte seiner Männer, Dysenterie, eine bakterielle Infektion des Darms.

Seine Erkrankung nimmt einen schweren Verlauf, denn wirkungsvolle Gegenmittel existieren zu dieser Zeit noch nicht. Am 28. Januar 1596 stirbt Sir Francis Drake an Bord seines Schiffs. Ein großer Seefahrer war er, die Galionsfigur der aufstrebenden britischen Seemacht. Nur ließ er bei seiner fast schon wahnhaften Verfolgung des Erzfeindes Spanien die Umsicht missen, die ihn als Seemann auszeichnete.

WILLEM BARENTS

Expedition	Suche nach der Nordostpassage, dritte Arktis-Reise
Todestag	20. Juni 1597
Todesursache	Erschöpfung, Skorbut
Letzte Position	Ostküste der Arktis-Insel Nowaja Semlja

Die Kaufleute der Niederlande haben ein Problem: Sie brauchen einen Zugang zu den lukrativen Märkten in Asien. Der Weg rund um Afrika jedoch ist weit, und er wird zudem von mächtigeren Seefahrtsnationen kontrolliert. Gibt es denn vielleicht einen Seeweg, der durchs Nordmeer nach Asien führt? Sie rüsten eine Expedition mit drei Schiffen aus und stellen eines unter das Kommando von Willem Barents. Der erfahrene Seemann stammt von der Insel Terschelling und hat sich als Kartograf einen Namen gemacht. Das Mittelmeer hat er bereist, Irland umrundet, den Norden Norwegens erforscht. Jetzt soll er ins Eis. Sein Auftrag: Er soll den Zugang zur Nordostpassage finden.

Im ersten Anlauf 1594 bleibt er beim Versuch, die sibirische Insel Nowaja Semlja im Norden zu umrunden, im Eis stecken. Doch den anderen beiden Schiffen gelingt immerhin die Durchfahrt der schmalen Jugorstraße in die Karasee. Die erste Etappe der gesuchten Nordroute ist geschafft. Die Investoren daheim sind zufrieden und schicken 1595 eine neue und mit sieben Schiffen noch besser ausgestattete Flotte los. Doch die Nordmeerfahrer kommen zu spät los; in der Karasee treffen sie auf unüberwindbare Eisbarrieren. Eisbären töten zwei Männer. Ein Streit bricht aus: Soll man eine Überwinterung im Eis wagen, wie es Barents fordert? Der Disput eskaliert und endet in einer Meuterei. Barents lässt fünf der Rebellen hinrichten und bricht die Expedition ab.

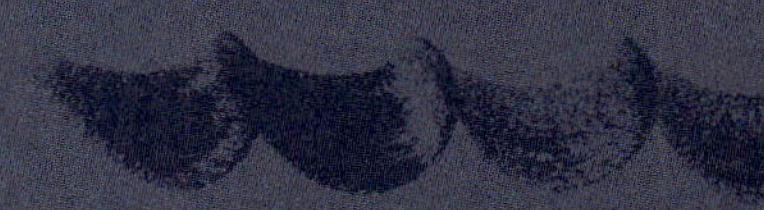

Schon im Jahr darauf segelt er wieder los. Mit zwei Schiffen, die unter dem Kommando der erfahrenen Kapitäne Jacob van Heemskerck und Jan Corneliszoon Rijp stehen; der Polarforscher Barents ist Lotse der Expedition an Bord des von Heemskerck befehligten Schiffs. Auf dem Weg nach Norden entdecken die Niederländer den Archipel, den wir heute Spitzbergen nennen. Sie landen auf der Häreninsel und erklären die Inselgruppe zum Besitz der niederländischen Krone. Dann halten sie weiter Kurs Nord, bis sie an die Eisgrenze stoßen, und biegen gen Osten ab. Barents will erneut versuchen, Nowaja Semlja zu umfahren. Aber Rijp weigert sich. Er will das Risiko einer Überwinterung im Eis nicht eingehen und kehrt um.

Am 19. August 1596 liegt das Nordostkap der Insel querab. Geschafft! Doch in der Karasee türmt sich wieder Packeis. Barents lotst das Schiff von Heemskerk in einen sicheren Eishafen an der Ostküste von Nowaja Semlja. Jetzt hat er endlich die Gelegenheit, als erster Europäer eine Überwinterung zu versuchen. Zunächst läuft alles wie geplant. Die Crew baut aus Treibholz eine Hütte an Land. Die Männer widerstehen Stürmen und der arktischen Kälte, was aus heutiger Sicht möglicherweise nicht jedem als großartige Leistung vorkommen mag. Aber damals gab es keine Spezialkleidung für solche extremen Einsätze, und wenn Schnee die Hütte der Niederländer begräbt, können sie im Inneren nicht einmal ihr Herdfeuer anfachen. Die Pioniere der Polarfahrt haben unglaubliche Strapazen zu überstehen. Was sie wohl empfinden, als das Eis im folgenden Jahr ihr Schiff nicht wieder freigibt?

Der Proviant geht ihnen aus. Barents und seiner Crew bleibt nichts anderes übrig, als die Beiboote über das Eis zu schleppen, um so schnell wie möglich offenes Wasser zu erreichen. Fünf Männer kommen auf diesem Gewaltmarsch um. Auch Willem Barents stirbt. Todesursache: Erschöpfung, Mangelernährung, Skorbut. Der Rest der Mannschaft kann sich zur russischen Halbinsel Kola durchschlagen.

Barents scheitert – und dennoch geht er als Held der Polarforschung in die Geschichte ein. Weil er wagt, was vor ihm keiner versucht hat. Weil er erkennt, dass man als Seefahrer im hohen Norden nur weiterkommt, wenn man lernt, auch im arktischen Winter zu bestehen. Ein riskanter Selbstversuch, der ihn das Leben kostet. Seine Nachfolger aber ziehen aus seinem Schicksal wertvolle Lektionen.

JAMES COOK

Expedition	Suche nach der Nordwestpassage
Todestag	14. Februar 1779
Todesursache	von Einheimischen erschlagen
Letzte Position	Kealakekua-Bucht, Hawaii

Wie bedeutend James Cook gewesen ist, beweist eine Übereinkunft der großen Seemächte, wie sie die Welt vorher noch nicht gesehen hat. Spanien, Frankreich und die USA verbieten ihren Marine-Kommandeuren, den Briten anzugreifen, selbst wenn Krieg herrscht zwischen den Nationen. Zu wichtig ist die Arbeit, die er leistet. Cook tilgt weiße Flecken auf den Seekarten. Er vermisst und zeichnet die Küsten, auf die er trifft. Mit einer solchen Präzision, dass seine Karten noch viele Jahrzehnte später verwendet werden.

Cook stammt aus einfachen Verhältnissen in Yorkshire. Sein Vater ist Tagelöhner. Mit 17 geht er bei einem Krämer in die Lehre, mit 18 heuert er auf einem Kohlenfrachter an und wird Seemann, mit 26 wechselt er zur Royal Navy. Auf einer Expedition an die Ostküste Kanadas zeigt er zum ersten Mal sein besonderes Talent: Akribisch genau fertigt er Karten an; sie verschaffen den britischen Truppen den entscheidenden Vorteil, um die Franzosen zu besiegen. Die Admiralität wird aufmerksam auf den jungen

Mann. 1769 machen sie ihn zum Leiter einer Expedition in die Südsee. Mit der „HMS Endeavor" segelt Cook in drei Jahren um die Welt – und liefert. Karten von Neuseeland: Er weist nach, dass es zwei Inseln gibt. Karten der australischen Küste: Er ist der erste Europäer auf dem Kontinent. Karten von der Meeresstraße zwischen Neuguinea und Neuholland, wie Australien damals hieß: Cook erklärt die Ostküste der Landmasse formell zum Besitz der englischen Krone. Wichtiger noch sind seine Experimente mit dem Proviant für seine Crew. Um den Skorbut zu bekämpfen, der damals so viele Seeleute dahinrafft, lässt er sie Sauerkraut essen. Die Männer murren, aber keiner wird krank auf der langen Reise.

Es folgt eine zweite Reise in die Südsee, wieder drei Jahre lang, mit einem neuen Schiff, der „HMS Resolution". Dann bricht er 1776 zur dritten großen Expedition auf, diesmal in den Norden des Pazifiks. Cook soll von Westen aus nach einer Passage nördlich des amerikanischen Kontinents suchen. Er stößt durch die Beringstraße ins Nordpolarmeer vor, scheitert aber im Packeis und segelt gen Süden. Im Januar 1779 erreicht er die Kealakekua-Bucht von Hawaii.

Die Ureinwohner feiern gerade ein Fest zu Ehren ihres Regengottes Lono. Halten sie den Kapitän, der vor ihrer Küste erscheint, für ein gottgleiches Wesen? Auf jeden Fall muss es ein grundlegendes Missverständnis zwischen Insulanern und Europäern geben, denn es kommt schnell zu Konflikten. Die Briten begraben einen Seemann – ausgerechnet auf einem Stück Land, das eigentlich den Häuptlingen vorbehalten ist. Die Stimmung kippt. Zum Glück brechen die Gäste wieder auf, bevor der Streit eskalieren kann. Doch im Sturm splittert der Fockmast.

Cook und seine Leute müssen in die Kealakekua-Bucht zurückkehren, um die „Resolution" zu reparieren. Wieder gibt es Ärger. Als ein Beiboot gestohlen wird, setzt Cook an Land über, um einen der Häuptlinge zur Strafe als Geisel zu nehmen. Er wird am Strand von den Insulanern bedrängt, verliert die Nerven und feuert mit seiner Flinte in die Menge. Als er sich umdreht, um einen Befehl zu erteilen, rammt ihm jemand ein Messer in den Rücken. Cook fällt, und die Menge stürzt sich auf ihn. Im folgenden Gemetzel verlieren vier weitere Briten ihr Leben. Am nächsten Tag, berichtet ein Matrose später, bringen die Hawaiianer „ein Stück vom Kopf, etliche abgenagte Beine und die rechte Hand von Herrn Cook. Wir bestatteten sie mit den gewöhnlichen Zeremonien in der See".

Sein Ende passt nicht ins Bild von James Cook. Als ruhig und beherrscht beschreiben ihn die Zeitgenossen, als einen strengen, aber immer gerechten Kapitän. Auf seiner dritten Expedition soll er zunehmend gereizter und angespannter gewesen sein. Fürchtete der Erfolgsverwöhnte das Scheitern seiner Expedition? War er des harten Lebens auf See überdrüssig? Der ewigen Disziplin satt? Wir wissen es nicht, denn er hat sich selbst nie erklärt und sich niemandem anvertraut. So verliert am 14. Februar 1779 der vielleicht größte britische Seefahrer sein Leben.

JEAN-FRANÇOIS DE GALAUP DE LA PÉROUSE

Expedition	Erforschung des Pazifiks
Todestag	Frühjahr 1788
Todesursache	bei Havarie ertrunken oder von Einheimischen getötet
Letzte Position	auf See, zwischen Australien und Tonga

Er gilt als Frankreichs Antwort auf James Cook: König Ludwig XVI. beauftragt den Navigator Jean-François de Galaup de La Pérouse, die Welt zu umsegeln und vor allem die Inseln und Küsten des Pazifiks zu erforschen. Natürlich will man alles besser und eine Nummer größer machen als die verhassten Briten.

Kapitän Pérouse bekommt zwei Schiffe, die „Astrolabe" und die „Boussole". An Bord geht nicht ein Naturkundler wie bei Cook, sondern gleich eine Truppe prominenter Wissenschaftler aus den Fachgebieten Astronomie, Geologie, Botanik und Mathematik. Am 1. August 1785 laufen die beiden Schiffe vom französischen Atlantikhafen Brest aus. Kurs Kap Hoorn.

La Pérouse stammt aus Albi, einem kleinen Ort im Languedoc. Er geht im Alter von 15 Jahren zur Marine. Seine Lehrjahre erlebt er im Siebenjährigen Krieg, als es für Frankreich und Großbritannien um die Vorherrschaft auf den Seewegen in die Neue Welt geht. Wie James Cook zeichnet sich La Pérouse als Navigator aus. Er macht schnell Karriere. Im Unabhängigkeitskrieg der Amerikaner befehligt er ein Geschwader, das den Briten viel Ärger bereitet. Für seine Verdienste im Seekrieg wird La Pérouse nach seiner Rückkehr zum Ritter geschlagen und befördert. Der nächste Auftrag: das Prestigeprojekt des Königs, die Pazifikreise.

Über Patagonien und die Osterinsel segelt La Pérouse nach Hawaii und weiter nach Alaska. Er sieht sich selbst als Aufklärer, als Vertreter einer neuen Philosophie. Als erster Europäer knüpft er auf Augenhöhe Kontakt zu den Ureinwohnern. Anders als Generationen von Entdeckern vor ihm nimmt er fremde Küsten auch nicht für die eigene Krone in Besitz: Sie gehören ja schon jemandem. Er will erforschen, nicht kolonisieren. Von Kalifornien aus quert er den Pazifik und erkundet seine Nebenmeere. Von der Chinesischen und der Japanischen See fertigt er genaue Karten an, er fährt die Küsten von Kamtschatka ab. In Petropawlowsk geht der Schriftsteller Jean Baptiste Barthélemy de Lesseps von Bord. Er soll auf dem Landweg nach Frankreich zurückkehren und über den bisherigen Verlauf der Expedition Bericht erstatten. Im Oktober 1788, nach einjähriger Reise, erreicht Lesseps die Heimat. Zu diesem Zeitpunkt sind La Pérouse und seine Leute möglicherweise bereits nicht mehr am Leben.

Von Sibirien aus segeln „Astrolabe" und „Boussole" nach Süden. Sie erreichen Samoa, machen Station in Australien, wo La Pérouse noch einmal eine Nachricht nach Hause schickt, in der er die weitere Reiseroute skizziert. Nach Tonga will er noch, zu den Salomonen, nach Neuguinea. Es ist das letzte Lebenszeichen.

Frankreich schickt zwei Fregatten, um nach La Pérouse und seinen Leuten zu suchen. Doch auch diese Mission endet in einer Katastrophe. Die Mannschaften sind in Revolutionäre und Königstreue gespalten; es gibt erbitterten Streit. Beide Kommandeure sterben, der eine an Schwindsucht, der andere an Skorbut, ein Schiff fällt in die Hände der Briten, das zweite wird den Niederländern übergeben.

Von La Pérouse fehlt jede Spur. Bis viele Jahre später ein irisch-britischer Handelskapitän namens Peter Dillon vor Tikopia, einer winzigen Insel im Archipel der Salomonen, vor Anker geht. Die Einheimischen bieten seiner Crew allerhand Fundstücke zum Kauf an. Darunter befindet sich die Parierstange eines Degens, eindeutig europäischer Herkunft. Woher das Ding stammt, will Dillon wissen. Die Insulaner erzählen, dass sie die sonderbare Stange und diverse andere interessante Gegenstände von der Insel Vanikoro mitgebracht hätten, wo vor vielen Jahren zwei Schiffe im Sturm gesunken seien.

Am 8. September 1827 landet Dillon auf Vanikoro und kann weitere Relikte der Pérouse-Expedition sicherstellen. Ein Jahr später entdeckt der französische Seefahrer Jules-Sébastien-César Dumont d'Urville vor der Küste der Insel ein Wrack, das man als Überreste der „Astrolabe" identifiziert. Einheimische berichten dem Franzosen, etwa dreißig Überlebende hätten sich nach der Havarie an den Strand retten können, seien dort aber von Insulanern massakriert worden.

HORATIO NELSON

Einsatz Seeschlacht am Kap Trafalgar
Todestag 21. Oktober 1805
Todesursache Schussverletzung
Letzte Position an Bord der „Victory", vor Cadíz an der Straße von Gibraltar

Wenn Briten in Umfragen nach dem größten Helden der Geschichte gefragt werden, steht jedes Mal ein Name weit oben: Horatio Nelson. Er wird verehrt, bis heute. Nicht nur, weil er Erfolg hat, meistens jedenfalls, sondern weil er sich durch zwei besondere Charakterzüge auszeichnet: Er besitzt eine natürliche Autorität, er motiviert seine Leute durch sein Einfühlungsvermögen, seine Entschlossenheit und seinen Mut. Vor der Schlacht erklärt er seinen Leuten, was er plant. Bei der Umsetzung lässt er ihnen weitgehend freie Hand. Im Englischen nennt man diese Art Führungsstil seither: the Nelson touch.

Außerdem wagt Nelson, der schon als Kind im Alter von zwölf Jahren zur Marine ging, immer wieder den Widerspruch gegen seine Vorgesetzten. Er ignoriert Befehle oder legt sie großzügig aus, wenn sie für ihn keinen Sinn ergeben. Wie 1801, bei der Seeschlacht um Kopenhagen. Der Oberbefehlshaber gibt das Kommando: Rückzug. Nelson segelt weiter, angeblich weil er das Signal nicht gesehen hat, und bringt die Dänen zur Kapitulation. Legendär ist auch seine Taktik in Seeschlachten: Üblicherweise fahren die feindlichen Verbände parallel nebeneinanderher und beschießen sich mit ihren Kanonen. Nelson aber durchbricht die Linien des Gegners. Es ist ein riskantes Manöver, jedes Mal, doch seine Kanoniere sind schneller als alle anderen – und Nelson scheut auch den Nahkampf nicht.

21. Oktober 1805, Schlacht von Trafalgar, das berühmteste Gefecht zur See überhaupt: Napoleon plant die Invasion Englands, doch Nelson stellt die Flotte des Franzosen am Kap Trafalgar, in der Straße von Gibraltar. Der Brite quert die feindlichen Linien. Er nimmt in Kauf, dass sein Schiff minutenlang von den feindlichen Kanonen beschossen wird, ohne dass er das Feuer erwidern kann. Dann attackiert er aus nächster Nähe das Flaggschiff des Gegners. Ein Scharfschütze erwischt Nelson. Die Kugel durchschlägt die Lunge und die Wirbelsäule. Im Sterben stammelt der Admiral noch zwei Sätze, die in die Geschichte eingehen. „Kiss me Hardy", bittet er seinen Vizeadmiral Thomas Hardy, was dieser auch tut. Die letzten Worte des Seehelden, in den Armen Hardys: „Thank God I have performed my duty". Gott sei Dank habe ich meine Pflicht erfüllt. Seine Crew konserviert den Leichnam in einem Rumfass und bringt ihn zurück nach England, wo er ein Staatsbegräbnis mit allem Pomp und Trara bekommt. Seine Mannschaft aber, so geht die Legende, trauert auf ihre Weise: Sie säuft den Rum, in dem ihr geliebter Kapitän seine letzte Reise angetreten hat. Nelson hätte es bestimmt gefallen so.

CHARLES FRANCIS HALL

Expedition Vorstoß zum Nordpol
Todestag 8. November 1871
Todesursache Vergiftung
Letzte Position Thank God Harbor, Nordwestküste Grönlands

Viel ist über die frühen Jahre des Amerikaners Charles Francis Hall nicht bekannt. Selbst bei seinem Geburtsort und seinem Geburtsdatum sind sich die Chronisten uneins. Er kommt um 1821 zur Welt, genauer lässt sich das nicht sagen, und möglicherweise in Vermont oder in Rochester, New Hampshire, wo er auch aufwächst. Er macht eine Lehre als Schmied, das zumindest scheint gesichert, und spezialisiert sich später auf Gravuren und auf die Herstellung von Druckvorlagen. 1849 siedelt er nach Ohio über, wo er seine eigene Zeitung gründet, den „Cincinnati Occasional".

Zur Polarforschung kommt Hall als Quereinsteiger. Er liest jede Zeile über Reisen in den hohen Norden; vor allem das rätselhafte Verschwinden des britischen Admirals John Franklin beschäftigt ihn. Franklin war 1845 mit zwei Schiffen und einer Crew von 130 Mann in die Arktis gesegelt, um die Nordwestpassage nach Alaska zu finden. Hall beschließt, seine eigene Suchexpedition zu organisieren. Zweimal, in den Jahren 1860 und 1864, lässt er sich von Walfängern im Norden der kanadischen Arktis absetzen. Mithilfe ortskundiger Inuit findet er tatsächlich Spuren der verschollenen britischen Seefahrer. Verstört bringt er eine Erkenntnis heim: Die Einheimischen haben ein Camp von Überlebenden wohl noch beobachtet, doch ihnen jegliche Hilfe verweigert. John Franklin und alle seine Männer starben an Hunger, Kälte und Skorbut. Kanadische Wissenschaftler stellen 1986 bei der Untersuchung gut erhaltener Leichen zudem fest, dass die Crew sich möglicherweise vergiftete: Ihre Konserven waren mangelhaft mit Blei verlötet.

1871 bekommt Hall seine eigene, richtige Expedition. Im Auftrag der US-Regierung soll er mit dem Segeldampfschiff „Polaris" zum Nordpol vorstoßen. Gleich im ersten Versuch stellen Hall und seine Leute einen neuen Rekord auf: Sie erreichen eine geografische Breite von 82° 29', so weit war vor der „Polaris" noch kein Schiff nach Norden gelangt. Zur Überwinterung lässt Hall in Thank God Harbour an der Nordküste Grönlands den Anker fallen. Hier lernt er Gefahren kennen, die ihm bei seinen bisherigen Solo-Unternehmungen im Eis nie begegnet sind: Streit, Insubordination, Meuterei. Er hat enormes Wissen über die Arktis angesammelt, doch er verfügt nicht über die Autorität, die es braucht, um eine Crew zu führen. Die beiden deutschen Forscher an Bord, der Meteorologe Frederick Meyer und der Arzt und Zoologe Emil Bessels, wiegeln einen Teil der Crew gegen Hall auf, dem sie jede Eignung als Expeditionsleiter absprechen. Als er von einer Erkundungstour mit dem Hundegespann zurückkehrt, erleidet Hall einen mysteriösen Anfall. Eine Woche lang liegt er im Delirium, dann stirbt er. Der Schiffsarzt notiert als Todesursache: Schlaganfall. Die Crew bestattet Charles Francis Hall an Land. Nicht alle wollen glauben, dass er eines natürlichen Todes gestorben ist.

1968 erhält der amerikanische Polarhistoriker Chauncey Chester Loomis, der an einer Biografie über Hall arbeitet, die Erlaubnis, den Leichnam zu exhumieren. Die Kälte hat die sterblichen Überreste erstaunlich gut konserviert. Die Analysen von Forensikern zeigen, dass Hall kurz vor seinem Tod offenbar eine große Dosis Arsen geschluckt hat. Wie konnte es dazu gekommen sein? Hat er ein arsenhaltiges Medikament überdosiert? Oder wurde er von den Meuterern in seiner Crew vergiftet? Das Rätsel bleibt wohl für immer ungelöst.

ROBERT FALCON SCOTT

Expedition	Marsch zum Südpol
Todestag	29. März 1912
Todesursache	Erschöpfung, Erfrierungen
Letzte Position	auf dem Ross-Schelfeis, Antarktis

Robert Falcon Scott stirbt zweimal. Er verliert das Rennen zum Südpol gegen seinen norwegischen Konkurrenten Roald Amundsen, der einen Monat vor dem Briten das Ziel erreicht. Desillusioniert macht sich Scott mit seinen vier Begleitern auf den tausenddreihundert Kilometer weiten Rückweg zum Basislager. Zu Fuß schleppen sie sich durch eisige Stürme. Ein Mann fällt in eine Gletscherspalte und stirbt, einer nimmt sich in der ausweglosen Lage das Leben. Am 29. März 1912 kritzelt der Expeditionsleiter den letzten Eintrag in sein Tagebuch: „Draußen vor der Zelttür ist die ganze Landschaft ein durcheinanderwirbelndes Schneegestöber. Ich glaube nicht, dass wir jetzt irgendwie auf Besserung hoffen können. Aber wir werden bis zum Ende aushalten; freilich werden wir schwächer, und der Tod kann nicht mehr fern sein. Es ist ein Jammer, aber ich glaube nicht, dass ich noch weiter schreiben kann. Um Gottes willen – sorgt für unsere Hinterbliebenen!"

Acht Monate später findet ein Suchtrupp die Leichen. Scott hat im Tod einen Arm um seinen Begleiter Edward Wilson gelegt.

Die Nachricht von seinem Tod im Eis erhebt den Polarforscher in den Rang eines Nationalhelden. London feiert Scott und seine Leute mit einem Gedenkgottesdienst in der St.-Pauls-Kathedrale. Die Presse überschlägt sich in Lobpreisungen: „Lasst uns den Kindern erzählen, wie Engländer sterben" titelt die „Evening News". Im Wettlauf gegen Amundsen ist Scott plötzlich der moralische Sieger. Die Erzählung geht so: Der Brite spielt fair und geht unter, der Norweger nutzt allerhand Tricks und Täuschungsmanöver und holt so den Sieg. Hatte Amundsen nicht seine Absicht, den Marsch zum Pol zu wagen, bis zuletzt geheim gehalten? Auf dem Höhepunkt der Amundsen-Missgunst düpiert Lord Curzon, der Präsident der Royal Geographical Society, den Polarforscher bei einem offiziellen Empfang mit einem bösen Trinkspruch. Ohne seine Hunde hätte der Norweger nie den Pol erreicht. Deshalb: „Ein dreifaches Hoch auf die Hunde."

Ein halbes Jahrhundert später haben die Historiker genauer hingesehen. Sie kommen nun zu einer völlig anderen Einschätzung der Leistung Scotts. Seine logistische Vorbereitung war eine einzige Katastrophe. Alle raten ihm dazu, Hunde vor die Schlitten zu spannen. Doch Scott beharrt auf dem Einsatz von Motorschleppern und Ponys. Die Trecker versagen. Die Ponys erfrieren. Seine Männer müssen die schweren Schlitten mit der Ausrüstung selbst zum Pol ziehen.

Seine Wahl der Begleiter erscheint rückblickend miserabel. Scott geht es dabei nicht um die Eignung, sondern um persönliche Sympathien. Das neue Bild von Scott zeigt einen unnahbaren, egozentrischen, starrsinnigen Mann, der seine Männer ins Verderben leitet. Mit diesem vernichtenden Urteil der Historiker stirbt der vermeintliche Held seinen zweiten Tod.

ROALD AMUNDSEN

Expedition	Suche nach dem italienischen Luftschiff-Pionier Umberto Nobile
Todestag	vermutlich 18. Juni 1928
Todesursache	verschollen nach Flugzeugabsturz
Letzte Position	nahe der Bäreninsel, Spitzbergen

Er gilt schon einmal als verschollen. 1925 versucht Roald Engelbregt Gravning Amundsen, mit zwei deutschen Flugbooten vom Typ Dornier Wal den Nordpol zu erreichen. Nur 250 Kilometer vom Ziel entfernt muss ein Flieger wegen Motorproblemen notlanden. Der zweite Wal landet ebenfalls und wird dabei so schwer beschädigt, dass er nicht mehr zu retten ist. Amundsen und seine Crew bauen aus zwei defekten

Flugzeugen ein brauchbares zusammen. Bevor sie starten können, müssen sie noch eine Startbahn freiräumen: 600 Tonnen Eis sind im Weg. Sie teilen sich ihren Proviant streng ein. 400 Gramm Nahrung am Tag, das muss reichen. Drei Wochen brauchen sie. Sie schaffen den Start. Zu Hause hat man sie längst aufgegeben.

Die Episode zeigt Amundsens größte Stärken: Er kann Strapazen aushalten und verliert ein Ziel niemals aus den Augen. Schon als Schüler will er Polarforscher werden. Er trainiert in den Bergen Norwegens, wandert tagelang, klettert über Gletscher. Er übt sich darin, Entbehrungen zu ertragen, und heuert auf Schiffen als Matrose an. 1896 unternimmt er eine erste Expedition in die Antarktis. 1906 gelingt ihm, was seinen großen Vorbildern nicht gelingen wollte: Mit einem kleinen traditionellen Frachtsegler, der gerade einmal 21 Meter langen Hardangerjakt „Gjøa", durchsegelt er die Nordwestpassage von Grönland nach Alaska.

Doch dann? Er hat große Schulden und braucht dringend einen Erfolg, der sich zu Geld machen lässt. Also will er zum Nordpol, als erster Mensch der Geschichte. Amundsen bereitet alles vor. Er kann Fridtjof Nansen überzeugen, ihm seine eistaugliche „Fram" für das Projekt zu leihen. Er kauft Schlittenhunde und Proviant für zwei Jahre. Als er erfährt, dass die Amerikaner Frederick Cook und Robert Edwin Peary unabhängig voneinander den Pol erreicht haben wollen, ändert er kurzfristig seine Pläne. Amundsen bricht trotzdem auf – und eröffnet seiner Crew erst auf See, dass er nach Süden abbiegen will. Nun geht es darum, den anderen Pol zu erreichen.

Doch auch dort gibt es Konkurrenz: Der Brite Robert Falcon Scott ist schon acht Wochen eher mit dem Ziel Antarktis aufgebrochen. Amundsen hat allerdings einige Vorteile auf seiner Seite. Er kommt mit seiner „Fram" 110 Kilometer näher an den Südpol heran. Und dank seiner besseren Ausrüstung ist er deutlich schneller unterwegs. Am 14. Dezember 1911 erreichen Amundsen und seine vier Begleiter das Ziel. Scott trifft 35 Tage später ein und findet ein Zelt und einen Brief an den norwegischen König. Die britische Crew kommt auf ihrem Rückweg um.

Rastlos plant Amundsen die nächsten Expeditionen. Er lernt fliegen, um als Erster den Nordpol mit einer der neuen Flugmaschinen zu erreichen, aber es kommt ihm der Erste Weltkrieg dazwischen. Er ordert ein neues, noch robusteres Schiff, mit dem er sich auf dem arktischen Meer einfrieren lassen will, um die Drift der Eismassen zu erforschen. Im Juni 1918 fährt er los und überwintert in Sibirien, wo er sich erst bei einem Unfall die Schulter bricht und später von einem Eisbären angefallen wird. Einen Amundsen halten solche Lappalien nicht auf. Er überwintert ein zweites Mal und erreicht schließlich den Hafen von Nome in Alaska.

Es folgt die Flugboot-Expedition 1925 und ein Jahr später, gemeinsam mit dem italienischen Luftschiff-Pionier Umberto Nobile, der Überflug des Nordpols. Nobile unternimmt 1928 eine weitere Fahrt zum Nordpol, doch auf dem Rückweg stürzt er im Norden von Spitzbergen mit seinem Luftschiff ab. Amundsen organisiert auf eigene Faust ein Flugzeug, um seinen Freund Nobile zu suchen, ein zweimotoriges französisches Flugboot vom Typ Latham 47. Auch er stürzt ab, wahrscheinlich über der Bäreninsel. Nur ein Schwimmer des Fliegers wird später gefunden. Er weist Spuren einer Bearbeitung auf; wahrscheinlich haben Amundsen und seine Crew noch versucht, daraus ein Rettungsfloß zu bauen. Doch dieses Mal kann er der Notlage nicht entkommen – er bleibt verschollen.

Amundsens Markenzeichen ist die perfekte Vorbereitung auf seine Expeditionen, das Auge für Details und auch die Übernahme von Techniken, die sich bei den Völkern des hohen Nordens seit Jahrhunderten bewährt hatten. Er stirbt, weil er überhastet aufbricht, um seinem Freund Nobile zu helfen. In der Arktis sind solche Fehler tödlich.

AMELIA EARHART

Expedition Umrundung der Erde im Flugzeug entlang des Äquators

Todestag 2. Juli 1937
Todesursache Absturz wegen Treibstoffmangels
Letzte Position über dem Pazifik, zwischen Neuguinea und der Howlandinsel

Ihre größte Leistung sind nicht die Rekorde und wagemutigen Überquerungen von Ozeanen in winzigen Flugzeugen. Ihre größte Errungenschaft ist vielmehr, dass sie ihre Wünsche und Ideen auch gegen große Widerstände durchsetzt. Amelia Earhart arbeitet als Krankenschwester beim Militär, als Sozialarbeiterin, sie fängt ein Studium der Medizin an – und hat 1920 ihr Aha-Erlebnis. Sie sitzt das erste Mal als Passagierin in einem Flugzeug und weiß sofort: Das ist es! Sie will fliegen. Nur ist der Erwerb der Pilotenlizenz unfassbar teuer. Sie wendet sich an ihre Eltern, die sich jedoch weigern, ihr zu helfen. Earhart arbeitet und spart. Bis sie Flugstunden nehmen kann. Sie schuftet und spart weiter, bis sie sich ihr erstes eigenes Flugzeug kaufen kann. Einen kleinen, einsitzigen Doppeldecker vom Typ Kinner Airster.

Zur Berühmtheit wird sie sechs Jahre später mit ihrem ersten Transatlantikflug. Eine Frau als Passagierin in einem Flugzeug? Die Öffentlichkeit staunt. Earhart aber mault im Interview: Der Pilot Wilmer Stultz sei die ganze Zeit geflogen. Sie sei „nur Gepäck" gewesen, „wie ein Sack Kartoffeln". Für die US-Gesellschaft damals unvorstellbar, dass eine Frau ein solches Abenteuer bestehen kann. Earhart will selbst fliegen, auch die schwierigsten Einsätze, um „Frauen aus dem Käfig ihres Geschlechts herauszuholen".

Die Fliegerei wird zum politischen Statement.

Earhart überquert als erste Frau den Atlantik, von Neufundland nach Irland. Fliegt als erster Mensch überhaupt von Hawaii über den Pazifik nach Kalifornien. Dann von Mexiko nach Newark. Jeder Flug ist eine Demonstration. Auf Vorträgen erklärt sie, dass Frauen zu technischen Höchstleistungen in der Lage seien; man solle sie daher nach denselben Maßstäben messen wie Männer. 1931 heiratet sie den New Yorker Verleger George P. Putnam und erklärt umgehend, dass sie die Fliegerei nicht einschränken werde, um Kinder zu haben: „Es dauert einfach viel zu lange, ein Baby zu machen."

Sie will jetzt die Erde umrunden, immer am Äquator entlang, in einer zweimotorigen Lockheed Electra. Von Miami fliegt sie nach Brasilien, dann Kurs Ost nach Westafrika, Indien, weiter nach Neuguinea. Die nächste Etappe soll sie zur winzigen Howlandinsel im Pazifik führen, dem letzten Zwischenstopp im Pazifik. Ein Schiff der US-Küstenwache geht in Position vor der Insel, um ein Funksignal zu senden, das Earhart und ihr Navigator anpeilen können. Doch es gibt ein technisches Problem, funkt Earhart. Sie kann das Signal nicht empfangen – und damit die kleine Insel nicht in den Weiten des Ozeans finden. Ihr letztes Lebenszeichen: „Wir sind auf der Positionslinie 157/337. Wir fliegen Nord–Süd." Dann reißt der Kontakt ab. 64 Flugzeuge und acht Kriegsschiffe suchen das Meer nach Earharts Electra ab. Vergeblich.

Das Schlusswort hat sie vor dem Start zu ihrem letzten Abenteuer selbst gesprochen: „Ich bin mir über die Gefahren ziemlich im Klaren. Ich will es tun, weil ich es tun will. Frauen müssen Dinge genauso versuchen, wie Männer es getan haben. Wenn sie versagen, darf ihr Versagen nichts anderes sein als eine Herausforderung für andere."

Heldin Lillian Bilocca **Ort** Hull, England **Datum** Januar 1968

LILLIAN BILOCCA

19

Die Revolutionärin MIT DEM KOPFTUCH

Das Leben der Fischer im Norden Englands ist hart. Immer wieder bleiben Trawler auf See, und man nennt Hull die „traurige Stadt". Als im Januar 1968 gleich drei Fangschiffe sinken, hat eine Frau genug. Lillian Bilocca, Arbeiterin in einer Fischfabrik, startet die „Kopftuch-Revolution".

Der Hafen von Hull im Nordosten von England ist Ende der Sechzigerjahre die Nachschubbasis für die beliebteste Mahlzeit der Briten. Hier laufen die Trawler aus, die den Kabeljau fangen, der überall im Land in „Fish & Chips"-Buden frittiert wird. An den Docks von Hull wird der Fang auch verarbeitet und weiterverkauft.

Es ist eine Welt harter Arbeit, in der Lillian Bilocca aufwächst. Ihr Vater, ihr Mann, ein maltesischer Fischer, dessen Namen sie annimmt, und ihr Sohn verdienen ihren Lebensunterhalt auf See. Sie selbst arbeitet seit ihrem vierzehnten Lebensjahr in einer Fischfabrik, zieht Fischen die Haut ab und filetiert sie. Wegen ihrer Erscheinung und ihrer unerschöpflichen Energie nennt man sie „Big Lil".

Die Arbeitsbedingungen auf den Trawlern sind schlecht, und der Beruf gilt als einer der gefährlichsten überhaupt. Die Fangreisen der kleinen und in der Regel alten Fangschiffe gehen vor die Küsten Islands. Das Wetter auf dem Nordatlantik ist oft schlecht. Stürme und gewaltige Wellen setzen den Männern zu. Auch das Eis, das sich durch gefrierende Gischt an Deck auftürmt und die Schiffe zum Kentern bringen kann, ist eine Gefahr. Nach Schätzungen ertrinken zwischen 1835 und 1980 mehr als 6000 Fischer – alleine aus

Hull. Trauer und Verlust gehören zur Hafenstadt wie die Schreie der Möwen über den Docklands. In den Medien wird Hull „Sad City“ genannt, die traurige Stadt.

Die Männer bekommen nur 36 Tage im Jahr frei; die Norm ist, dass sie nach drei Wochen auf See 72 Stunden Landgang haben. Damit die Schiffe auf See gehen, ist den Reedern beinahe jedes Mittel recht. Berüchtigt sind die Reisen der „Christmas Cracker Crews“ in den Tagen um das Weihnachtsfest. Die Feiertage mit ihren Familien sind den Stammbesetzungen der Trawler heilig. Die Reeder aber wollen das Geschäft um die Neujahrstage, an denen der Fang besonders hohe Preise erzielt, nicht verlieren. Deshalb rekrutieren die Agenten unwissende Anfänger, alte Trunkenbolde und selbst Problemfälle der Heilsarmee.

Anfang 1968 erschüttern drei Katastrophen die Hafenstadt und den Norden Englands. Am 11. Januar sinkt der Trawler „St. Romanus“ mit 20 Männern in einem schweren Sturm auf der Nordsee. Weil es keinen Funker gibt und keinerlei Notausrüstung, wird der Trawler zwar vermisst. Niemand erfährt vom Untergang bis zum 26. Januar. An diesem Tag verbreitet sich eine weitere schlechte Nachricht in den Docks und Pubs von Hull: Die „Kingston Peridot“ mit 20 Fischern ist vor Island untergegangen. Es gibt keine Überlebenden. Wenige Tage später, am 4. Februar, trifft es den Trawler „Ross Cleveland“ in einem Fjord nahe Isafjordur im Nordwesten Islands. Im Sturm läuft das Schiff auf einen Felsen. Nur ein Fischer, der 28-jährige Harry Eddom, rettet sich ans Ufer und wankt halb erfroren bis zu einem Bauernhof. Dort wartet er, bis er gefunden wird.

58 Fischer sind tot. Die Ereignisse gehen als das „Hull Triple Desaster“ in die maritime Geschichte Großbritanniens ein.

Lillian Bilocca, Arbeiterin in einer Fischfabrik, wandelt ihre Trauer in Wut. Sie organisiert mit drei anderen Frauen einen Protest in der Fischfabrik und in den Pubs von Hull. Sie schreibt einen Brief an die Chefs der Fangflotte: „Ihr feinen Herren an der Spitze, diese Kerle leben unter Bedingungen, die sich niemand vorstellen kann. Sie leben hart. Sie arbeiten hart. Sie sterben hart.“

Ausgerechnet Frauen demonstrieren gegen Lebensbedingungen in der Macho-Welt der Fischer? Die Zeitungen greifen den Protest sofort auf. Man nennt die Aktivistinnen wegen ihrer typischen Kopfbedeckungen

„Kopftuch-Revolutionäre“. Geschichten von „Big Lil“ verdrängen sogar den Vietnamkrieg von den Titelseiten. Ihre Forderungen beschreiben die Frauen in der „Charta der Fischer“: Die Sicherheitsstandards müssen stark verbessert werden. Ein Funker soll verpflichtend an Bord jedes Trawlers mitfahren. Die Wettervorhersagen müssen präzise, die Ausrüstung und medizinische Versorgung deutlich verbessert werden.

Lillian Bilocca sammelt in weniger als zehn Tagen mehr als 10.000 Unterschriften. Für die damaligen Verhältnisse, ohne Internet und Social Media, eine unglaubliche Leistung. Sie zettelt Demonstrationen in den Docks von Hull an und will verhindern, dass Boote ohne Funker auslaufen. Einmal müssen vier Polizisten „Big Lil“ daran hindern, auf das Deck eines Trawlers zu springen, der gerade von der Pier ablegt.

Die Bosse der Fischerei-Industrie sind außer sich vor Wut. Aus Rache feuert die Fischfabrik Lillian Bilocca. Sie wird beschimpft, verleumdet und sogar mit dem Tode bedroht. Gewerkschafter, die sie zu Beginn unterstützten, wenden sich von ihr ab. Doch sie macht weiter. Ihre Revolution wächst. Schließlich willigt Englands Premierminister Harold Wilson ein, sie zu treffen. Bilocca hatte vorher damit gedroht, in seinem Feriendomizil aufzukreuzen. Wenig später werden die Forderungen der „Charta“ in die Vorschriften und Arbeitsschutzgesetze übernommen.

Lillian Bilocca hat ihre Revolution gewonnen. In sechs Wochen erreicht die Arbeiterin aus der Fischfabrik mehr für den Schutz auf See, als es die Gewerkschaftsbosse in Jahren vermochten. Für sie selbst bringt der Sieg nur Niederlagen. Sie findet lange keinen Job in Hull und erst nach Jahren eine Tätigkeit als Putzfrau. Als sie im August 1988 stirbt, veröffentlicht die Zeitung „The Times“ in London einen kleinen Nachruf. Dieser gibt nicht nur den angeblich „oft hysterischen“ Protest verfälscht wieder; es ist von Gewalt die Rede, die es bei den Aktionen nie gab. Der Autor schreibt sogar den Namen Lillian Bilocca falsch.

Erst spät nach ihrem Tod wird ihr die Anerkennung zuteil, die sie verdient. Der Autor Brian W. Lavery erzählt ihre Geschichte nach. Eine Hauswand in Hull wird zu ihren Ehren bemalt, und die BBC sendet eine Serie: über die „Kopftuch-Revolutionärin“, deren Courage Tausenden Fischern das Leben rettete. ■

Held Oskar Kusch **Ort** Atlantik **Datum** 1943

OSKAR KUSCH

20

Der Aufstand DES KOMMANDANTEN

Sommer 1943, auf dem Atlantik. „U-154" befindet sich auf Feindfahrt, doch an Bord geschehen ungewöhnliche Dinge. Der junge Kommandant opponiert gegen das Hitler-Regime auf eine Weise, die ihn sofort vor ein Kriegsgericht bringen würde. Adolf Hitler nennt er einen „Idioten", dessen Porträt er aus der Offiziersmesse entfernen lässt. Er erzählt derbe Witze darüber, was Nationalsozialisten mit Bandwürmern verbindet: Beide haben mit brauner Masse zu tun und sind dem Untergang geweiht. Aus den Lautsprechern an Bord des U-Boots scheppert nicht die Propaganda des Joseph Goebbels, sondern die Nachrichten der englischen BBC.

Es ist Sommer 1943. „U-154" ist in Lorient zur Feindfahrt ausgelaufen. Was die Besatzung erlebt, ist nichts anderes als ein Aufstand ihres jungen Kommandanten. So ziemlich alles, was er unternimmt, kann ihn vor ein Kriegsgericht bringen. Oder alle an Bord? Oskar Kusch scheint es egal zu sein.

Oberleutnant zur See Oskar Kusch, 25, blond, blauäugig, ein junger Mann, der aussieht wie eine Traumfigur des Reichspropagandaministeriums, riskiert Dinge, die andere sich nicht zu denken getrauen. In den Gesprächen mit den Offizieren beschimpft er Hitler und die Führungsriege der NSDAP. Er erklärt, dass sie alle für die falsche Sache unterwegs seien. Dass kein gebildeter Mensch die Lügen vom „Weltjudentum" glauben könne.

Dies ist die Geschichte vom Aufbegehren eines Einzelnen in einem monströsen Krieg. Es ist eine Form von Courage, die später nicht von Tom Cruise in der Hauptrolle verfilmt wird. Heute ist eine kleine Nebenstraße in einem Kieler Außenbezirk nach Oskar Kusch benannt worden. Ein schmuckloser

Gedenkstein weist auf seinen Mut hin, mehr nicht. Es soll um die Kraft des Gewissens gehen, aber auch um die Frage, wie man in Deutschland lange nach Kriegsende mit bekanntem Unrecht umging. Aus Tagebüchern, Zeugenaussagen und Prozessakten, die der Bonner Historiker Dr. Heinrich Walle in einer jahrelangen, akribischen Suche in Archiven zusammengetragen hat, ergibt sich ein Eindruck vom Widerstand des Oskar Kusch.

Was auf „U-154" geschieht, ist für alle an Bord lebensgefährlich. Wer Regimekritik nicht meldet, macht sich nach einer „Verordnung über den Volksmeldedienst" von 1939 auf schwerste Weise strafbar. Kuschs Stellvertreter an Bord, Oberleutnant Dr. Ulrich Abel, der Erste Wachoffizier (I. WO.), ein promovierter, gedrungener Jurist, sechs Jahre älter als der Kommandant und frustriert, noch kein eigenes Kommando zu haben, gilt als überzeugter Nationalsozialist; vor seinem Eintritt in die Marine war er als Ortsgruppenleiter der NSDAP in Hamburg aktiv. Genau wie der Leitende Ingenieur Kurt Druschel, 23, bezeichnet sich Abel als bekennenden Verehrer Hitlers.

Die Mannschaft mag ihren jungen Kommandanten. Wegen seiner Fröhlichkeit, wegen seiner herzlichen Art, vor allem aber, weil er das Schiff besonnen führt. Kusch gilt als jemand, der trotz seines jungen Alters kein unnötiges Risiko eingeht. 44 Männer vertrauen darauf, dass er sie nach Hause bringt. „Jeder an Bord hatte eine geheime Achtung vor ihm: nie durchgedreht, kameradschaftlich und verantwortungsbewusst", schreibt Funkmaat Hanns Jancker in sein Tagebuch.

Auf dem Atlantik hat sich der Krieg zu diesem Zeitpunkt längst gewendet; immer weniger Boote kehren in die Stützpunkte von Lorient in der Bretagne zurück. Von 40.000 U-Boot-Fahrern wird nur jeder Vierte überleben. Aus Jägern sind Gejagte geworden. Alleine während der kurzen Passage durch die Biskaya musste das Boot sechs Mal vor feindlichen Flugzeugen wegtauchen, was auch wegen des schnellen und besonnenen Handelns des Kommandanten gelang.

In der Nacht des 3. Juli 1943 läuft „U-154" neben „U-126" nordwestlich von Kap Finisterre. Die Nacht ist sternenklar und die See bewegt, als überraschend ein Flugzeug angreift, um genau 2.44 Uhr. Vier Wasserbomben detonieren wenige Meter neben „U-126", das sofort abtaucht. Weil das Maschinengewehr an Deck nicht funktioniert, befiehlt Kusch: Alarmtauchen!

Er notiert hinterher im Kriegstagebuch: „Hören kurz darauf sechs bis acht dumpfe Geräusche, in der Klangfarbe ähnlich einem entfernten Geschütz." Vermutlich ist das andere U-Boot nach einem Treffer implodiert. Was Kusch nicht dokumentiert, ist ein heftiger Streit, der nach Aussagen von Zeugen nun entbrennt. Wachoffizier Abel schreit ihn an: „Lassen Sie auftauchen! Wir müssen nach Überlebenden suchen. Sofort!" „Das kann ich nicht verantworten", entgegnet Kusch, „wir werden in der Dunkelheit und bei dem Seegang niemanden finden. Außerdem steht der nächste Angriff bevor!"

„Kusch, verflucht, hören Sie: Es sind Freunde von mir an Bord, enge Freunde! Tauchen Sie auf!"

„Nein, Abel, ich werde dieses Boot und die Männer nicht opfern!" Erst im Morgengrauen beginnt er mit der Suche nach Überlebenden, die man nach einigen Stunden ohne Ergebnis abbricht. Wachoffizier Abel ist bleich vor Zorn; aus einem Gegner Kuschs ist nun ein Todfeind geworden. Drei Tage später macht „U-154" im Stützpunkt von Lorient fest. Während der Feindfahrt hatte das Boot vor Kap Roque an der Küste Brasiliens einen Geleitzug angegriffen und dabei zwei Frachter sowie einen Tanker versenkt; die Reise gilt als Erfolg, und der Flottillenchef lobt Kusch für sein „bemerkenswertes Geschick".

Von der Regime-Kritik und den Vergleichen mit Darmparasiten erfährt niemand. Die Mannschaft schützt ihren Kommandanten, der den Heimaturlaub mit seiner Verlobten Inge von Foris verbringt, einer hübschen Studentin, die ebenfalls eine Gegnerin des Nationalsozialismus ist. Auch Abel und Druschel äußern sich nicht zu dem, was sich während der Reise ereignet hat. Sie machen keine Meldung.

Noch nicht.

Seit seiner Kindheit konnte Kusch, Sohn des Berliner Versicherungsdirektors Oskarheinz Kusch, mit dem Nationalsozialismus wenig anfangen. Sein Vater weigerte sich, Mitglied der NSDAP zu werden, und die Mutter legte Wert auf eine liberale Erziehung. Im Alter von zehn Jahren kam Kusch zur „Bündnischen Jugend" (dem späteren Pfadfinderbund), doch als die Organisation mit der Hitlerjugend (HJ) zusammengelegt wurde, trat Kusch, der eine eigene

Gruppe leitete, sofort aus. Fortan wurde er von der Gestapo als „auffällig“ eingestuft und überwacht.

Kusch und seine Freunde legten Wert auf Individualität und ihre persönliche Freiheit. Sie wehrten sich, Teil jener „völkischen Masse“ zu sein, die von den Nationalsozialisten als Idealzustand propagiert wurde. Zudem empfand sich Kusch, aufgewachsen im Großbürgertum Berlins, als „deutscher Patriot“, aber als einer, der die Welt kennenlernen wollte – und nicht aus dem Sichtfenster eines Schützenpanzers. Die aggressive Rhetorik des Dritten Reichs taugte nach Kuschs Verständnis höchstens als Vorlage für derbe Scherze.

Er absolvierte im Herbst 1936 sein Abitur an einem Berliner Gymnasium und bewarb sich bald darauf als Seeoffizier der Kriegsmarine. „Vermutlich beruht seine Entscheidung darauf, sich der Verfolgung durch die Nationalsozialisten zu entziehen“, sagt Heinrich Walle, ein renommierter Militärhistoriker. Hintergrund von Kuschs Entschluss ist ein Wehrgesetz, das allen Soldaten und damit auch den Angehörigen der Kriegsmarine verbietet, einer politischen Partei anzugehören. Kusch gehörte zu den Besten seines Jahrgangs und beendete die Ausbildung zum Seeoffizier mit der Beförderung zum Leutnant. Er liest die Schriften von Schopenhauer und anderen Philosophen und gilt als sehr gebildet. Nach seinen ersten Feindfahrten als Wachoffizier zeichnet man Kusch mit dem Eisernen Kreuz Zweiter und Erster Klasse aus. Wenig später vertraut man ihm das Kommando von „U-154“ an.

Aus heutiger Sicht ist kaum nachzuempfinden, wie der junge Offizier mit der Schizophrenie seiner Situation zurechtkam. Wie mag er sich gefühlt haben, in einem Krieg zu kämpfen, den er für verbrecherisch hielt? Wie musste es sein, Torpedos auf Schiffe abzuschießen und dies als Unrecht zu empfinden? Wie geht man mit der Gewissheit um, an jedem Tag sein Leben für die Diktatur eines „Wahnsinnigen“ verlieren zu können? Als er während eines Heimaturlaubs die Villa seiner Eltern in Berlin besucht, unterhält er sich mit seinem Vater über den Krieg, den beide für verloren halten. Sein Vater schlägt vor zu desertieren, mit seinem Pass und den Offizierspapieren in die Schweiz zu fliehen, wo er ihn bei Freunden unterbringen kann. Warum wartet er nicht bis zum Kriegsende im sicheren Exil? „Nein, das kann ich meiner Besatzung nicht antun“, erwidert der Sohn. Er fühlt sich verpflichtet, das Boot heil zurückzubringen. Oskar Kusch kehrt zum U-Boot-Bunker in der Bretagne

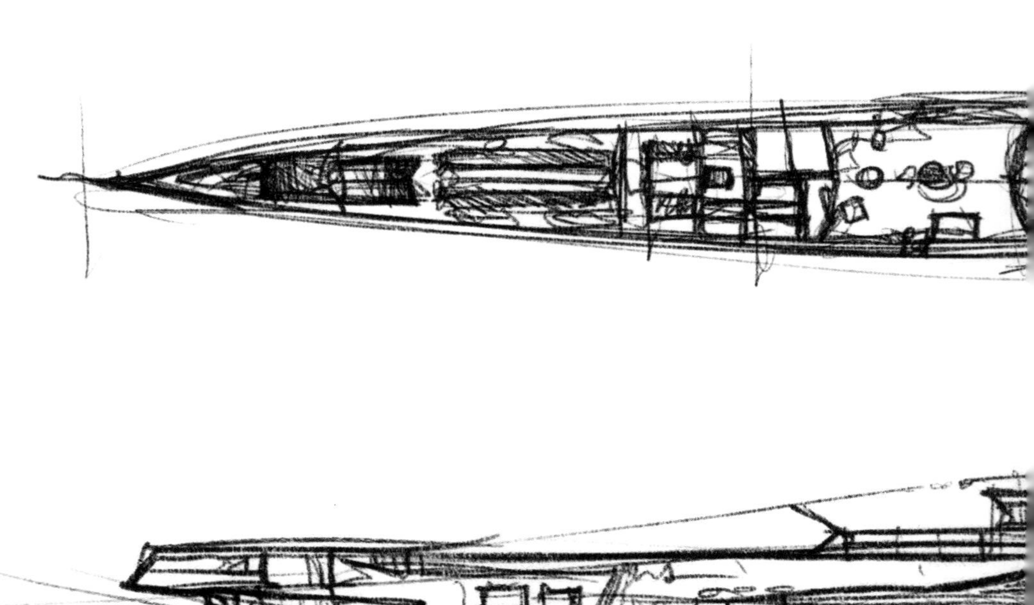

SECTION

SECTION

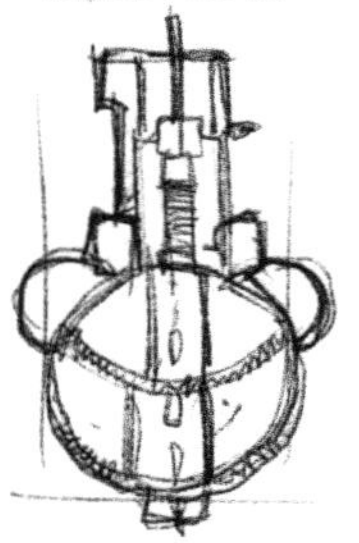

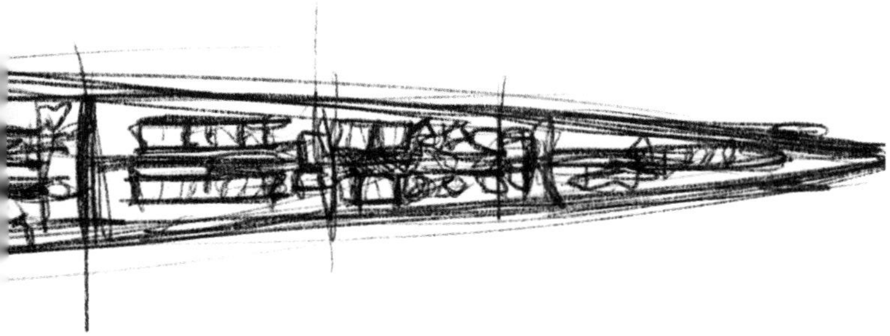

SECTION

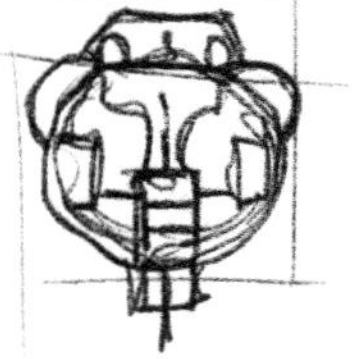

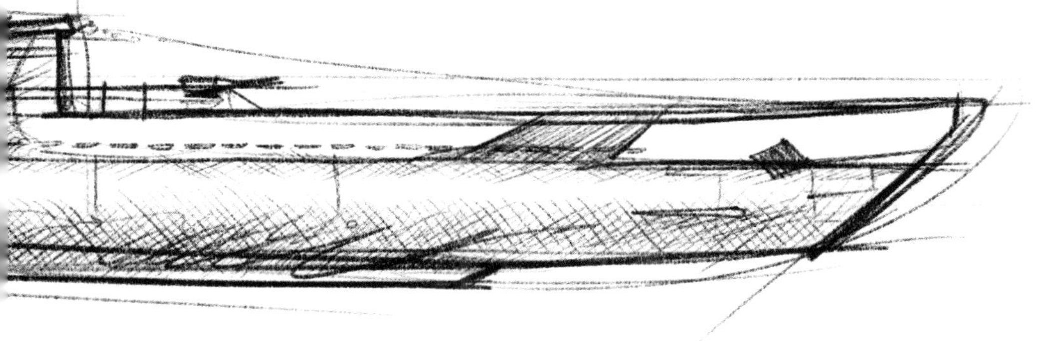

zurück. Am 2. Oktober 1943 läuft „U-154" zur sechsten Feindfahrt hinaus in den Ozean, Kurs Brasilien.

Die Situation der deutschen U-Boote verschlechtert sich mit jeder Woche, die der Krieg andauert. Durch neuartige Sichtfunkpeiler und Radargeräte, mit denen sie die Boote orten können, und durch neue Schiffe, die im Einsatz sind, genießen die Alliierten eine deutliche Überlegenheit. Außerdem ist es der Royal Navy gelungen, den Schlüssel der deutschen Funkcodes zu knacken. Eine Hetzjagd beginnt.

287 deutsche U-Boote werden im Jahr 1943 versenkt, die meisten Feindfahrten sind nichts anderes als Selbstmordkommandos. Ein Klima aus Angst und Verzweiflung macht sich breit; man nennt die Boote „Eiserne Särge". „Wir hatten 16-Jährige an Bord, in einer Art Schnellbrütverfahren frontreif gemacht, um auf eine der fürchterlichsten Weisen vom Leben zum Tode befördert zu werden", erinnerte sich Lothar-Günther Buchheim, der als Frontberichterstatter auf „U-96" mitfuhr und nach seinen Erlebnissen die Romanvorlage für den Film „Das Boot" schrieb. „Ich habe mich immer dagegen gewehrt, dass es in Todesnachrichten von U-Boot-Fahrern hieß, sie seien gefallen. Sie sind abgesoffen, ersäuft wie überzählige Katzen im Sack."

Aus Furcht vor Meutereien sieht sich der Oberbefehlshaber der Marine, Großadmiral Karl Dönitz, gezwungen, im Herbst 1943 einen „Erlass gegen Kritiksucht und Meckerei" herauszugeben: „Meckerer, die offen ihre eigene kümmerliche Einstellung auf Kameraden (...) übertragen, sind wegen Zersetzung der Wehrkraft unerbittlich kriegsgerichtlich zur Verantwortung zu ziehen."

Was Kusch an Bord von „U-154" unternimmt, das quer über den Atlantik läuft, hat mit Meckern nichts zu tun: Es ist eine Serie offener Provokationen.

Tagelang spricht Kusch nur Englisch, auch mit Mannschaftsmitgliedern, die ihn nicht verstehen. Befehle zum Auf- oder Abtauchen gibt er ausschließlich in der Fremdsprache; fast täglich hebt er zu Wutreden gegen das Dritte Reich an. Hitler: ein „elender Spinner", „ein Wahnsinniger", ein „Teppichbeißer"! Der Krieg: ein Verbrechen, alleinige Schuld der Deutschen! Die Lage der U-Boot-Waffe: lachhaft! Als ein Funkspruch des Großadmirals Dönitz eintrifft, eine Durchhalteparole, gedacht, um die Moral der Mannschaften zu stärken, greift Kusch zum Mikrofon und kommentiert über die Lautsprecher: „Zusatz vom Kommandanten: Das ist natürlich verlogener Nazikohl."

Andere Funksprüche, die unter dem Kennwort „Rose“ für die Offiziere bestimmt sind, bezeichnet er als „Sklavenpeitschen“. „Was er sagte, war von selbstmörderischer Offenheit“, schreibt der Schiffsarzt Dr. Hans Nothdurft später in einer eidesstattlichen Erklärung.

Jede Mahlzeit nutzt Kusch für seine „Erziehung zur Wahrheit“, ungeachtet der Appelle des Bordmediziners, die zwei glühenden Hitler-Verehrer am Tisch nicht bekehren zu können. Abel und Druschel sind überzeugt, dass der verhasste Kommandant eine Desertion des Bootes plant. An Bord gibt es einige Pistolen, die in Krisensituationen ausgegeben werden. Druschel verändert eine Liste, damit nur Männer, die er für regimetreu hält, eine Waffe in die Hand bekommen.

Je mehr sich das Boot dem Äquator nähert, desto schwieriger werden die Bedingungen an Bord. 48 Männer leben auf dem 76,76 Meter langen und 6,76 Meter breiten Boot zusammen. Wer seine Koje in der Nähe der Maschine hat, findet bei knapp 50 Grad Hitze kaum in den Schlaf; der Lärm der Dieselmotoren betäubt die Ohren. Wochen ohne Sonnenlicht vergehen, ohne Wolken, ohne Frischluft, es stinkt nach Öl und nach Schweiß, und in der Luft hängt ein klebriger Dunst. Viele spüren, wenn das Boot tagelang nicht aufgetaucht ist, beim Atmen Schmerzen in der Brust. Die Toilette muss nach jeder Benutzung leer gepumpt werden, was aber nur in der Theorie möglich ist. Kot und Urin schwappen aus bereitgestellten Eimern, die nachts hoch in den Turm gereicht und ausgekippt werden.

Dass niemand die Nerven verliert, liegt auch am Vertrauen in den Kommandanten Kusch, der als Einziger die Lage durch das Sehrohr sieht und entscheidet. Am 3. November 1943 entdeckt „U-154“ hundert Seemeilen nordwestlich des brasilianischen Kaps Sao Roque einen Geleitzug der Alliierten, einen Konvoi von etwa 15 Dampfern, die von zwei Fregatten, mehreren kleineren Kriegsschiffen und einem Luftschiff gesichert werden. Kusch entschließt sich, die Verfolgung aufzunehmen und im Schutze der Nacht einen Angriff zu wagen.

Um mit der Geschwindigkeit des Begleitzugs mithalten zu können, fährt „U-154“ an der Oberfläche. Um 17.57 Uhr stößt plötzlich ein Flugboot vom Typ „Catalina“ durch die Wolken und beginnt, aus Maschinengewehren zu feuern. Mehrere Wasserbomben schlagen ein. Im letzten Moment gelingt Kusch ein Ausweichmanöver, die Sprengkörper schlagen 20 Meter entfernt ins Meer

ein. Fontänen steigen auf, das Boot erzittert stark, es knirscht und knallt, und an einigen Nähten dringt zischend Wasser ein, doch der Kommandant behält die Ruhe. Er gibt Befehl, nicht zu tauchen, sondern mit der Flak bis zur letzten Sekunde zurückzuschießen – was vermutlich allen das Leben rettet. An Bord des Flugboots schafft man es nicht, die nächsten Bomben zielgenau abzuwerfen. Als „U-154“ abtaucht, verliert der Flieger den Kontakt, zieht aber wie ein Raubvogel seine Kreise am Himmel.

Kusch entscheidet sich, abzuwarten und nach Norden zu laufen, ins vorgesehene Einsatzgebiet; er lässt den Begleitzug fahren, weil sie nach der Entdeckung kaum noch eine Chance zum Angriff haben und dicht an der Küste ins Visier der Luftüberwachung geraten würden. Für ihn stellt sich angesichts der gegnerischen Überlegenheit die Frage, wer eigentlich wem entkommen ist. Ins Kriegstagebuch schreibt Kusch: „Die Verfolgung erscheint aussichtslos.“ Er gibt Order, bis zum Einbruch der Dunkelheit zu tauchen, was innerhalb der Mannschaft für tiefe Erleichterung sorgt: „Wir waren alle froh darüber, denn ein Auftauchen wäre das sichere Verderben gewesen“, schrieb der Funkmaat Kurt Isensee nach Kriegsende in einem Brief an Kuschs Vater.

Für überzeugte Nationalsozialisten der Sorte Abel und Druschel sind seine vorsichtigen Befehle unzumutbar. Nach Augenzeugenberichten zittert Abel vor Wut, als er einen Angriff auf den Begleitzug verlangt. Trotz des Flugzeugs am Himmel, trotz des Tageslichts und obwohl ihre Präsenz nun bekannt ist. Schließlich, so argumentiert er, verfüge man über neuartige Torpedos, die sich selbstständig an den Schraubengeräuschen der Schiffe ausrichten – man müsse also nicht mal genau zielen. Der Stolz eines deutschen Marineoffiziers gebiete es, diese Attacke zu riskieren. „Das größte Kriegsschiff im Geleit wird unsere Beute sein“, sagt Abel scharf, „verstehen Sie das nicht?“

„Und die kleineren stürzen sich auf uns, und aus der Ferne werden wir von der Artillerie versenkt“, erwidert Kusch.

Beide Offiziere reden auf Kusch ein und wollen ihn zwingen, seinen Entschluss rückgängig zu machen, doch der Kommandant lässt sich nicht zu einem Himmelfahrtskommando umstimmen. „U-154“ läuft nach Norden und kreuzt in den nächsten Wochen vor der Küste Brasiliens, ohne ein Handelsschiff zu sichten. Am 29. September gibt Kusch Befehl, die Heimreise anzutreten.

Vier Tage vor Weihnachten 1943 läuft das Boot nach einer Fahrt ohne Zwischenfälle in die Bunkeranlagen von Lorient ein.

Drei Schreibmaschinenseiten, eng getippt, aufgeteilt in elf Schuldvorwürfe – so lang ist die Meldung, mit der Abel seinen Kommandanten am 12. Januar 1944 denunziert. Das Abhängen des Hitler-Porträts aus der Messe, die Beleidigungen Hitlers, die Bandwürmer, die Warnungen vor der NS-Propaganda und die Bemerkung über „Nazi-Kohl", nichts fehlt in der Auflistung.

„Ich halte ihn für unfähig, ein U-Bootskommandant zu sein", schreibt Abel.

Es dauert nur wenige Stunden, bis das Flottillenkommando ein Ermittlungsverfahren wegen „Zersetzung der Wehrkraft, Beschimpfen des Reichs und sogenannter Gräuel-Propaganda" einleitet. Kusch, der sich während des Fronturlaubs mit seiner Verlobten im österreichischen Zürs aufhält, wird telefonisch nach Lorient zurückbeordert; er ahnt nichts vom Verrat, sondern vermutet, dass sein Boot schneller als erwartet seefertig geworden ist. Am Abend des 20. Januar verhaften ihn Polizisten am Bahnhof von Lorient; Kusch wird in das Gefängnis von Angers eingeliefert und schließlich ins norddeutsche Kiel transportiert, ins Marinegefängnis im Stadtteil Wik. Der Mannschaft von „U-154" erzählt Druschel, dass ihr Kommandant ernstlich erkrankt sei und deshalb nicht mehr aufs Boot einsteigen werde.

Mehrere Vorgesetzte Kuschs versuchen, Abel unter Druck zu setzen, seine Meldung zurückzunehmen oder zu mildern. Doch der ergänzt seine Vorwürfe um drei weitere Punkte, in denen er dem Kommandanten „Mangel an Angriffsgeist aus Feigheit" vorwirft. Ein ebenfalls strafbarer Vorwurf, der Kusch die Ehre nehmen soll. Nun ist die Zeit seiner Rache gekommen.

26. Januar 1944, ein Raum in der Villa Forsteck, Niemannsweg, Kiel: Es ist neun Uhr, als die Verhandlung des Kriegsgerichts beginnt. Vorsitzender ist Marineoberkriegsgerichtsrat Karl-Heinrich Hagemann, der als fanatischer Anhänger des Dritten Reichs bekannt ist. Mehrere Rechtsanwälte haben sich geweigert, Kusch zu vertreten, aus Furcht vor Repressalien. In anderen Fällen hatten Anwälte teilnahmslos an Prozessen teilgenommen oder ihren eigenen

Mandanten belastet, doch Kuschs Freunden gelingt es, mit dem Kieler Gerhard Meyer-Grieben einen engagierten Rechtsbeistand zu gewinnen. Der heimliche Sozialdemokrat hat weniger als 24 Stunden Zeit, sich in die Akten einzulesen.

Der Prozess scheint unter recht günstigen Vorzeichen für Kusch zu beginnen, denn zumindest der Vorwurf, ein feiger Kommandant gewesen zu sein, ist nach Einschätzung eines bestellten Gutachters fallen gelassen worden. Dem Geleitzug nachzusetzen, wäre zwar wünschenswert gewesen, befindet der Sachverständige, doch aus Kuschs Handlungen einen Mangel an Mut und Einsatzbereitschaft abzuleiten, sei nicht gerechtfertigt. Die Beweisaufnahme wird mit den Aussagen des Zeugen Abel eröffnet.

Was in den nächsten Stunden geschieht, ist nicht ganz so widerlich wie ein Prozess am sogenannten Volksgerichtshof des Roland Freisler, doch mit der Sprechung von Recht hat es nichts zu tun. Abel und Druschel bestätigen ihre Aussagen und beschuldigen Kusch – so erinnern sich Prozessbeobachter – genüsslich und ausführlich in allen Anklagepunkten; Druschel will sogar erfahren haben, dass Kusch plane, sich an einem Umsturzversuch in Berlin aktiv zu beteiligen. Schiffsarzt Nothdurft hingegen windet sich „wie ein Regenwurm", offenbar, weil er fürchtet, wegen einiger regimekritischer Äußerungen selbst angeklagt zu werden. Der Doktor gibt an, es könne sich aus ärztlicher Sicht um eine „zwanghafte Handlung" durch die extremen Lebensumstände an Bord handeln. Ob sein Versuch, Kusch in die Nähe eines Geisteskranken zu rücken, dem Angeklagten einen Notausgang öffnen soll? Ob er damit die eigene Rolle relativieren möchte?

Zwei Entlastungszeugen, hochrangige Offiziere der Marine, die von Kuschs Verteidiger geladen wurden, um die moralische Integrität des Angeklagten herauszustellen, kommen kaum zu Wort. Der Richter fällt auch Anwalt Meyer-Grieben so oft ins Wort, dass dieser kaum einen zusammenhängenden Satz vorbringen kann. Belastend scheint für das Gericht ein Fernschreiben der Gestapo-Leitstelle in Berlin zu sein, nach der Kusch wegen regimefeindlicher Tendenzen bereits vor seiner Marinezeit überwacht wurde. Was in der Kieler Villa abläuft, ist kein Verfahren, sondern ein Tribunal.

Kusch macht selbst dann einen gefassten Eindruck, als der Anklagevertreter im Plädoyer eine Gesamtstrafe von „zehn Jahren und sechs Monaten

KUSCH ZEICHNET, UNTER ANDEREM EINEN SENSENMANN, GEGEN DEN EIN VERZWEIFELTER SCHACH SPIELT. ER NENNT DAS BILD: „SCHACHMATT“.

Zuchthaus sowie Verlust der Wehrwürdigkeit und der bürgerlichen Ehrenrechte" fordert. Der ehemalige Kommandant macht einige Aussagen, mit denen er seinen Widerstand zu relativieren versucht; es handele sich um „Missverständnisse", führt er aus. Je länger der Prozess dauert, desto öfter schweigt Kusch. Zu eindeutig sind die Anschuldigungen. Kusch entschuldigt sich nicht, er bedauert nicht, er geht nicht auf die „Diagnose" des Schiffsarztes ein. Er verzichtet auf das letzte Wort, das ihm zusteht. Sein Anwalt stellt keinen eigenen Antrag auf ein Strafmaß. Das Gericht zieht sich zur Beratung zurück.

Nach kaum einer halben Stunde, um kurz nach sechs Uhr, verliest Richter Hagemann das Urteil:

> „Im Namen des Deutschen Volkes: Der Angeklagte wird wegen fortgesetzter Zersetzung der Wehrkraft und wegen Abhörens von Auslandssendern zum Tode und zu einem Jahr Zuchthaus verurteilt. Daneben wird auf Verlust der Wehrwürdigkeit und Verlust der bürgerlichen Ehrenrechte auf Lebenszeit erkannt."

Ein Todesurteil? Im Saal zucken einige erschrocken zusammen, selbst der Vertreter der Anklage wirkt perplex. In der schriftlichen Begründung wird festgehalten, dass Kusch sterben soll, weil er nicht an den „Endsieg" glaube, weil er „Hochverrat am Führer" begangen habe und seine „liberalen Tendenzen" nicht hinnehmbar seien.

Kusch wartet in einer Zelle des Kieler Marineuntersuchungsgefängnisses darauf, dass das Urteil – von Reichmarschall Hermann Göring bestätigt – vollstreckt wird. Er schreibt kein Gnadengesuch, dafür aber einige Briefe an Freunde und ehemalige Untergebene von „U-Sonnenschein", wie er sein Boot wegen der guten Stimmung nennt. Wegen „bedenklichen Inhalts" werden die Briefe nicht zugestellt.

Kusch zeichnet, unter anderem einen Sensenmann, gegen den ein Verzweifelter Schach spielt. Er nennt das Bild: „Schachmatt". Seine Bitte, die Verlobte von Foris ein letztes Mal sehen zu können, erfüllen die Behörden. Sie besucht ihn für wenige Minuten in seiner Zelle, obwohl sie Repressalien durch die Gestapo fürchten muss. Ein Brief, den ihr Bruder, Leutnant Henning von

Foris, an Kusch schreibt, kommt mit einer Warnung zurück, jeden Kontakt mit dem Verurteilten zu vermeiden. Anderenfalls werde man „weitere Maßnahmen“ ergreifen.

Ehemalige Vorgesetzte Kuschs versuchen, Großadmiral Dönitz zu einer Milderung des Strafmaßes zu bewegen; einer von ihnen erschleicht sich dafür sogar eine Begleitung während einer längeren Autofahrt von Frankreich nach Berlin. Dönitz aber verlangt, dass ein Exempel statuiert wird. Ihn ärgert, dass niemand etwas von der regimekritischen Haltung des Kommandanten bemerkt hatte.

Am Morgen des 12. Mai 1944, um exakt 6.30 Uhr, wie im Hinrichtungsprotokoll vermerkt ist, führt man Oskar Kusch, der einen Drillichanzug trägt, auf den Richtplatz des Schießstandes in Kiel-Holtenau. Man bindet ihn an einen Pfahl. Eine Einheit von zehn Soldaten tritt an, fünf Schritte entfernt. „Gewehr über!“, befiehlt der leitende Offizier. Ein Richter verliest die Urteilsformel und dessen Bestätigung.

„Verurteilter, wollen Sie noch etwas sagen?“, fragt er.

„Nein“, antwortet Oskar Kusch.

Ein Marinepfarrer segnet den Verurteilten. Das Exekutionskommando hebt die Gewehre. Es ist 6.32 Uhr, als zehn Schüsse über den Hof hallen.

Am Tag darauf erhält Oskarheinz Kusch ein Formschreiben, in dem ihm die Vollstreckung des Todesurteils mitgeteilt wird. Ihm wird untersagt, eine Todesanzeige oder einen Nachruf für seinen Sohn zu veröffentlichen. Ein Jahr nach Kriegsende erstattet er Anzeige wegen Mordes gegen mehrere Personen, unter anderem Marineoberkriegsgerichtsrat Hagemann, den Führer des Exekutionskommandos sowie Großadmiral Dönitz. Denunziant Abel lebt nicht mehr; er wurde mit seinem U-Boot westlich von Nantes bei einem Luftangriff getötet. Druschel starb an Bord von „U-154“, am 3. Juli 1944 nordwestlich der Azoreninsel Madeira, durch Wasserbomben amerikanischer Zerstörer.

Die Staatsanwaltschaft Kiel erhebt gegen den Richter Hagemann Anklage wegen Verbrechen gegen die Menschlichkeit in zwei Fällen (neben Kusch hatte der Richter einen weiteren Kapitänleutnant zum Tode verurteilt).

Hagemann, der vor dem Kieler Landgericht aussagt, er stehe zu seiner Entscheidung, wird im September 1950 freigesprochen. Politische Motive seien nicht zu erkennen, heißt es im Urteil, dafür aber ein militärisches Versagen Kuschs. „Ein unglaublicher Vorgang", sagt der Historiker Walle, „Kusch wurde noch einmal kriminalisiert. Man kann sagen: Er wurde ein zweites Mal zum Tode verurteilt."

Doktor Walle, der zufällig auf den Fall Kusch stößt, beginnt mit jahrelangen, intensiven Forschungen in Archiven, er sucht Zeitzeugen auf und trägt Akten zusammen. Was der ehemalige Fregattenkapitän wissenschaftlich publiziert, veranlasst eine FDP-Abgeordnete im Kieler Landtag, die Aufhebung des Todesurteils zu beantragen. Im September 1996 rehabilitiert die Kieler Staatsanwaltschaft den Kommandanten Oskar Kusch. Endlich.

Mehr als ein halbes Jahrhundert nach seiner Hinrichtung. ▪

SEEHELDEN IM ROMAN

DIE TRAUEN SICH WAS

Die Superhelden von heute können fliegen, die Zeit anhalten, mit ihrem Blick Stahl schmelzen lassen. Wir empfehlen als Kontrastprogramm zwölf Romanfiguren, die sich bei ihren Abenteuern zur See allein auf ihren Verstand, ihren Willen und ihre Beharrlichkeit verlassen müssen.

ODYSSEE

Autor Homer
Entstehung um 700 v. Chr.
Hauptfigur König Odysseus von Ithaka
Schauplatz Mittelmeer in der Antike

„Game of Thrones" ist im Vergleich dazu eine Geschichte aus dem Streichelzoo: In der „Ilias" und der „Odyssee" des griechischen Dichters Homer spinnen Götter grausame Intrigen und schicken die Menschen auf Erden in immer neue Schlachten. Odysseus von Ithaka zieht nur unwillig in den Trojanischen Krieg, aber er bewährt sich als Kämpfer, der mal mit List, mal mit größter Brutalität entscheidend zum Fall Trojas beiträgt. Nach der Zerstörung der Stadt kehren die Armeen in ihre Heimat zurück. Nur Odysseus geht auf eine Irrfahrt, die noch einmal zehn Jahre dauern wird.

Gleich zu Beginn der Reise landet er mit seiner Crew auf der Insel der Kyklopen, wo er vom einäugigen Polyphem in einer Höhle festgehalten wird. Polyphem verspeist einen Mann nach dem anderen, bis es Odysseus gelingt, den Unhold betrunken zu machen und ihm einen glühenden Pfahl ins Auge zu bohren. Die Männer aus Ithaka entkommen, aber Polyphem kann gut mit Poseidon, dem Gott der Meere, und der schickt einen verheerenden Sturm. Schön böse. Und so geht das weiter!

Die Seefahrer verscherzen es sich mit dem Windgott Aiolos. Auf der Insel der Zauberin Kirke werden sie in Schweine verwandelt. Sie machen einen Abstecher in die Unterwelt, wo ein Seher weitere harte Prüfungen prophezeit. Odysseus und seine Gefährten mogeln sich an den greifvogelgleichen Sirenen vorbei, segeln durch die Strudel der Charybdis und werden vom sechsköpfigen Seemonster Skylla attackiert. Auf der Insel Thrinakia schlachten Odysseus' Männer die Rinder und Schafe des Sonnengottes Helios, und das erweist sich als der größte Fehler von allen. Helios droht Zeus, die Sonne nicht wieder aufgehen zu lassen, wenn der oberste Gott nicht interveniert. Zeus persönlich entfesselt ein Unwetter zur Vergeltung. Das Schiff sinkt, alle kommen um – bis auf Odysseus, der ans Ufer einer Insel gespült wird, auf der die Nymphe Kalypso herrscht. Nur noch so viel: So schnell kommt er hier nicht wieder weg.

Eine größere Heldensaga als die Odyssee gibt es in der gesamten Literaturgeschichte nicht. Das Muster wird ungezählte Male kopiert und dient Generationen von Schriftstellern als Vorlage: Mensch trifft auf übermächtige Gegner. Muss Niederlagen einstecken. Lässt sich nicht unterkriegen. Wächst über sich selbst hinaus. Bezwingt seine Widersacher. Oder geht im Kampf mit ihnen zugrunde. Aber der Ausgang ist nebensächlich: Zum Helden wird, wer die Prüfung annimmt, die einem das Leben stellt.

KAPITÄN SINGLETON

Autor Daniel Defoe
Erscheinungsjahr 1720
Hauptfigur Bob Singleton
Schauplatz England, Indischer Ozean

Robert Singleton, Sohn wohlhabender Eltern, wird von einer Diebin geraubt. Die Frau verkauft ihn für kleines Geld an eine Zigeunerin, die wenig später zum Tod durch den Strang verurteilt wird. Bob wird als Waise von einer Pfarrgemeinde aufgenommen, besucht die Schule und lernt auf einem Ostindien-Segler das Handwerk des Seemanns. Als es an Bord zu einer Meuterei kommt, wird Bob auf Madagaskar ausgesetzt. Er schlägt sich durch zur Westküste Afrikas, nutzt kühl jede Gelegenheit, sich zu bereichern, und kehrt als gemachter Mann nach England zurück. Doch das Geld zerrinnt ihm unter den Händen, und er beginnt von vorne: jetzt als Pirat. Wieder passt er sich schnell an die neuen Umstände an – und lässt auch Grausamkeiten seiner Crew zu, wenn es nur dem eigenen Profit dient. Was noch lange nicht das Ende seines sonderbaren Lebenswegs ist.

Autor dieser Geschichte ist Daniel Defoe. Extreme Wendungen in seiner Biografie hat er selbst erfahren: 1659 als Sohn eines Talghändlers geboren, macht er als Kind die großen Katastrophen durch, die London heimsuchen: erst die Pest von 1665, dann das große Feuer von 1666, schließlich den Überfall der Niederländer auf die englische Flotte auf dem Fluss Medway. Defoe schließt sich später der Rebellion des Thronprätendenten James Scott an, muss nach Frankreich fliehen, kehrt in die Heimat zurück und zieht einen Handel mit Waren aus den amerikanischen Kolonien auf. Er geht bankrott, gründet eine Ziegelfabrik und landet wegen angeblicher Verfassung von Schmähschriften im Gefängnis. Er kommt frei, doch Prozesse und Haft haben ihn finanziell ruiniert. Wieder erfindet er sich neu, diesmal als Journalist und Schriftsteller. 1719 veröffentlicht er den Roman, der ihn berühmt machen soll – die Abenteuer des Robinson Crusoe. Ein Jahr später folgt die Geschichte über den Überlebenskünstler Kapitän Singleton.

DER SEEWOLF

Autor Jack London
Erstausgabe 1904
Hauptfiguren Humphrey van Weyden, Wolf Larsen
Schauplatz US-Westküste, Pazifik

Bei einem Schiffsunglück geht Humphrey van Weyden über Bord. Er wird von dem Robbenfänger „Ghost" aus dem Wasser gefischt. Kapitän des Schoners ist Wolf Larsen, ein Mann von enormer physischer Kraft, der seine Mannschaft mit großer Brutalität terrorisiert. Auch Weyden bekommt die Grausamkeit des Übermenschen Larsen zu spüren. Der Konflikt eskaliert, als eine Frau an Bord kommt.

Ein Mensch gerät in eine Extremsituation – das ist ein Motiv, das viele Romane von London durchzieht. Wie Herman Melville oder Joseph Conrad hat er vieles selbst erlebt, was die Protagonisten in seinen Büchern durchleiden. Als Kind hat er in einer Konservenfabrik gearbeitet, fuhr schon mit 15 Jahren zur See, als Austernfischer. Später heuerte er auf einem Robbenfänger an, schlug sich als Landstreicher und Hobo durch. Er schaufelte Kohle in einem Heizkraftwerk, schürfte in Alaska nach Gold.

Klar, eigene Erfahrung ist keine Garantie, dass auch Literatur daraus wird. Aber Jack London konnte schreiben – und was er zu erzählen hatte, kam bei den Lesern an. Es heißt, er sei zu seiner Zeit der meistgelesene Autor der Welt gewesen. Was er mit dem angehäuften Vermögen angestellt hat? Er ließ sich ein Schiff bauen, die „Snark", und nahm Kurs auf die Südsee. Nichts klappte wie geplant. Aber das ist eine andere Geschichte.

SEEFAHRT IST NOT

Autor Gorch Fock (Johann Wilhelm Kinau)
Erstausgabe 1913
Hauptfigur Fischer Klaus Mewes
Schauplatz Finkenwerder bei Hamburg, Nordsee

Für diesen Roman werden Fremdsprachenkenntnisse verlangt – man spricht Plattdeutsch. Es geht um das Schicksal einer Fischerfamilie aus Hamburg-Finkenwerder. Klaus Mewes will wie sein Vater zur See fahren, die Mutter versucht, es zu verhindern. „Keen een van de Seefischers nimmt son lütjen Boitel all mit an Burd, de kum en Büx mit Verstand dregen kann." Alles klar? Als der Vater von einer Fangfahrt nicht zurückkehrt, hält es den Sohn nicht mehr an Land.

Gorch Fock – ein Pseudonym des Schriftstellers Johann Wilhelm Kinau – ist heute wahrscheinlich weniger bekannt als das Segelschulschiff der Marine, das seinen Namen trägt. Zu Unrecht: Der Roman gibt den Fischern von der Elbe eine Stimme, und sie haben eine großartige Geschichte zu erzählen. Kinau ist selbst in einer Familie von Fischern aufgewachsen. Anders als der fiktive Sohn bestand er aber die Prüfungen seines Vaters nicht; er war einfach nicht geeignet für die harte Arbeit auf einem Hochseekutter und machte stattdessen eine Lehre als Kaufmann. Im Ersten Weltkrieg wurde er zum

Militärdienst eingezogen und ging auf eigenen Wunsch zur Marine. Bei der Seeschlacht im Skagerrak kam er um, er wurde 36 Jahre alt.

DIE SCHATTENLINIE

Autor Joseph Conrad
Erstausgabe 1917
Hauptfiguren junger Kapitän, intriganter Erster Offizier
Schauplatz Golf von Thailand

Ein junger Offizier erhält sein erstes eigenes Schiff – und segelt direkt in die Katastrophe. Im Golf von Thailand gerät er in eine Flaute und steckt fest. An Bord grassieren Cholera und Malaria. Das Chinin in der Bordapotheke stellt sich als wirkungslos heraus, sein Vorgänger hat die Medikamente verkauft und durch ein nutzloses weißes Pulver ersetzt. Der Erste Offizier verbreitet die Mär, das Schiff sei verflucht. Der letzte Kapitän sei auf 8° 20' bestattet worden – und nun könne man diese Linie nicht überqueren. Dann schlägt das Wetter um, ein Sturm zieht auf. Der junge Kapitän steht – ohne einsatzfähige Crew – vor einer tödlichen Bewährungsprobe. „Die Schattenlinie" ist einer der weniger bekannten Romane Joseph Conrads, doch wie die anderen großartige Literatur.

Conrad ist als junger Mann zur See gefahren, wie Herman Melville oder Jack London hat er die Welt seiner Geschichten selbst erlebt – sogar den Fieberwahn der „Schattenlinie". Als Käpten eines Flussdampfers auf dem Kongo fing er sich 1890 eine Tropenkrankheit ein, die er nie wieder ganz auskurieren konnte.

CAPTAIN BLOOD

Autor Rafael Sabatini
Erscheinungsjahr 1922
Hauptfigur der englische Arzt Peter Blood
Schauplätze Somerset, England, Barbados, Jamaika

Wir schreiben das Jahr 1685. Der Duke of Monmouth – unehelicher Sohn von Karl II. – führt eine Truppe von Verschwörern an, die den englischen König Jakob absetzen wollen, den letzten katholischen Monarchen des Landes. Der Landarzt Henry Pitman gerät in die Wirren des Aufstands, als er einen verwundeten Rebellen behandelt. Er wird festgenommen, als Verräter verurteilt und als Sklave auf die Insel Barbados deportiert. Pitman gelingt die Flucht, doch er gerät in die Fänge von Piraten.

So weit die historischen Fakten, die der italienisch-englische Schriftsteller Rafael Sabatini geschickt weiterspinnt, indem er sie mit den Biografien der legendären Piraten Henry Morgan und Alexandre Olivier Exquemelin verlängert. Bei Sabatini wird aus Henry Pitman der irische Wundarzt Peter Blood, und der schließt sich im Roman den Freibeutern an. So wird der Arzt zum Schrecken der Karibik, der reihenweise spanische Schiffe kapert. Englische Seefahrer verschont er zwar, doch der Gouverneur von Barbados, der die Flucht von Blood nicht verhindern konnte, hat sich der Aufgabe verschrieben, den Piraten zur Strecke zu bringen.

Eine großartige Abenteuergeschichte, die 1935 in Hollywood verfilmt wird und den Hauptdarsteller Errol Flynn mit einem Schlag berühmt macht. Es gibt Kritiker, die sagen: Einen besseren Piratenroman als die wilde Geschichte von Rafael Sabatini hat die Welt nicht gesehen.

DER KAPITÄN (HORNBLOWER-ZYKLUS)

Autor Cecil Scott Forester
Erscheinungsjahr 1937
Hauptfigur Horatio Hornblower, fiktiver britischer Marineoffizier
Schauplätze im Pazifik, England

Manchmal kann man einfach nur dankbar sein, wenn Menschen nicht dem Weg folgen, der ihnen vorgegeben ist. Cecil Lewis Troughton Smith, 1899 in Kairo als Sohn eines Beamten im ägyptischen Bildungsministerium geboren, soll Arzt werden. Er bricht das Studium jedoch ab, um unter dem Pseudonym Cecil Scott Forester als Journalist und Schriftsteller ein neues Leben zu beginnen. Er arbeitet für die „Times“ in London, berichtet aus dem Spanischen Bürgerkrieg. Und dann entdeckt er einen neuen Kosmos, der ihn jahrzehntelang beschäftigen und zu einem der meistgelesenen Autoren des 20. Jahrhunderts machen sollte.

1937 schreibt er einen Roman über einen britischen Marineoffizier namens Horatio Hornblower, der mit seiner Fregatte „HMS Lydia“ und einem Geheimauftrag nach Südamerika segelt. Er soll einen Aufstand gegen Spanien unterstützen und ein Kriegsschiff des Gegners stellen und versenken, das der „Lydia“ in jeder Hinsicht überlegen scheint. Aber es hat eben keinen Kapitän Hornblower an Bord. Der junge Offizier, der als schüchterner und gelegentlich von Selbstzweifeln gequälter Mann geschildert wird, nimmt die riskante Aufgabe an. Spoiler: Nicht jede Entscheidung, die ein Kapitän trifft, wenn er allein auf sich gestellt ist, gefällt nachher den Diplomaten und Bürokraten. Es wird Ärger geben.

Forester erfindet einen Helden und macht ein Genre populär, das bis dahin eher ein Nischendasein geführt hat: den marinehistorischen Roman. Das zentrale Thema ist in jedem der elf Bände dasselbe, die auf den „Kapitän“ folgen: Hornblower gerät im Laufe seiner Karriere vom Fähnrich zum Admiral immer wieder in Extremsituationen, die von ihm unmögliche Entscheidungen verlangen. Seine Stärke ist es, Gefahren und Chancen abzuwägen, um dann Lösungen zu finden, die nicht im Regelwerk der Marine verzeichnet sind.

MAGELLAN

Autor Stefan Zweig
Erscheinungsjahr 1937
Hauptfigur Ferdinand Magellan
Schauplatz Atlantik, Indischer Ozean

Als die Menschen noch nicht in Düsenjets von Kontinent zu Kontinent zischten, verbrachten sie viel Zeit auf Schiffen. So auch der Österreicher Stefan Zweig auf einer langen Seereise nach Südamerika. In der Bordbibliothek sucht er nach Lektüre – und stößt auf die Geschichte des Ferdinand Magellan. Zweig ist fasziniert und beginnt zu forschen. 1937 legt er seine Biografie des portugiesischen Seefahrers vor. In der Einleitung schreibt er: Die Fahrt Magellans sei „die herrlichste Odyssee in der Geschichte der Menschheit vielleicht, diese Ausfahrt von zweihundertfünfundsechzig entschlossenen Männern, von denen dann einzig achtzehn heimkehrten auf zermorschtem Schiffe, aber die Flagge des größten Siegs gehißt auf dem Mast“.

Magellan wagt, was sich vorher noch niemand getraut hat. Gegen den Wind kreuzt er um die Südspitze Amerikas und befährt als erster Europäer überhaupt den Pazifik. Der Name stammt übrigens von Magellan: Nach den Stürmen der ersten Etappe nennt er den neuen Ozean Mar Pacifico – das friedliche Meer. Für Zweig ist es eine tragische Wendung des Schicksals, dass sich der Seefahrer nicht belohnen kann für seine kühne Entschlossenheit, dass er die Heimat nicht wiedersehen wird. Magellan stirbt bei einem Scharmützel auf einer Insel im Archipel der Philippinen. Zweig hat ihm mit seinem Buch ein spätes Denkmal gesetzt – einem der größten Seefahrer der Geschichte.

DER ALTE MANN UND DAS MEER

Autor Ernest Hemingway
Erscheinungsjahr 1951
Hauptfigur der kubanische Fischer Santiago
Schauplatz die See vor Kuba

84 Tage hat der alte Santiago keinen Fisch gefangen, dann beißt ein Marlin an. Drei Tage kämpft der Alte, bis er den Riesen erlegen kann. Auf dem Rückweg in den

Hafen wird Santiago von Haien attackiert. Er weiß, dass er keine Chance hat, aber er ist ein typischer Hemingway-Held: Aufgeben kommt nicht infrage. Dann hat man gewonnen, auch wenn man alles verliert. Ganz tief drinnen, irgendwie. Hemingway sagt es so: „Ein Mann kann vernichtet werden, aber nicht besiegt."

Für seine Fisch-Novelle wurde Hemingway 1953 mit dem Pulitzerpreis ausgezeichnet und ein Jahr später mit dem Nobelpreis für Literatur. Es war das einzige Mal in der bisherigen Geschichte des Preises, dass ein Schriftsteller ausdrücklich für ein Buch über die See gepriesen wurde. Wie Hemingway auf die Saga von Santiago kam? Dreißig Jahre Erfahrung im Fischfang, hat er selbst erklärt. Auf seinem eigenen Schiff hatte er einen kubanischen Fischer als Skipper angeheuert, einen Mann namens Grigorio Fuentes, bei dem er sich so einiges abgeguckt hat. Die Innenwelten sind natürlich hundert Prozent Hemingway. Ein Muss für alle Liebhaber von See-Literatur.

DIE ENTDECKUNG DER LANGSAMKEIT

Autor	Sten Nadolny
Erstausgabe	1983
Hauptfigur	Polarforscher John Franklin
Schauplätze	England, Nordwestpassage

Warum oder woran scheiterte die Expedition des britischen Seefahrers John Franklin? Diese Frage ist bis heute eines der großen Rätsel in der Geschichte der Polarforschung. Franklin bricht am 19. Mai 1845 mit zwei Schiffen auf, um die Nordwestpassage zu erkunden, einen Seeweg durch das Insellabyrinth im hohen Norden Amerikas. Er kennt die Bedingungen dort, hat schon mehrere Fahrten ins Eis unternommen, er ist bestens vorbereitet. Doch Franklin und seine Crew verschwinden spurlos, diverse Suchexpeditionen scheitern. Viel später findet man ein Camp und Leichen, Pathologen stellen bei den Toten eine Bleivergiftung fest, die von unsachgemäß verlöteten Konservendosen stammen könnte. Auch gibt es Hinweise auf Kannibalismus, die typischen Schnittmuster auf Knochen. Wie es dazu kam? Wir wissen es bis heute nicht.

Sten Nadolny, ursprünglich Historiker von Beruf, schreibt eine fiktive Biografie des Polarforschers. Natürlich tauchen die Stationen aus dem wirklichen Leben Franklins auf, aber Nadolny dichtet dem Briten einen frei erfundenen Wesenszug an, der den Roman zu großer Literatur macht. Sein Franklin ist ein extrem langsamer Mensch. So langsam, dass er es als Kind nicht schafft, einen Ball zu fangen. Er lernt, die sonderbare Behinderung zu kompensieren, indem er alles gründlich überlegt, akribisch vorbereitet, und mit zähem Willen in die Tat umsetzt. Er lernt das Handwerk des Seefahrers, erweist sich als präziser Navigator und bewahrt selbst in größten Notlagen die Ruhe. Der Titel des Romans wird in tausend Abwandlungen kopiert, er wird zum Schlagwort, und das lange bevor die westliche Welt Entschleunigung als erstrebenswertes Ziel entdeckt. Um es mit einem der Literaturkritiker zu sagen: Unfassbar, wie man mit Langsamkeit eine solche Spannung erzeugen kann.

DER STURM

Autor	Sebastian Junger
Erstausgabe	1997
Hauptfiguren	Fischer auf der „Andrea Gail", Seenotretter
Schauplätze	Küste von Massachusetts, Neufundlandbank

Ein Polartief aus Nordost trifft vor der Küste von Massachusetts auf den Hurrikan „Grace". Die Stürme vereinigen sich zu einem Unwetter, das als der „Perfekte Sturm von 1991" in die Geschichte eingeht. Eine Messboje auf See vor Neufundland registriert eine maximale Wellenhöhe von 22 Metern. Ungefähr an der Position, wo die Crew des Schwertfischfängers

„Andrea Gail" am 28. Oktober einen letzten Funkspruch absetzt.

Der Reporter Sebastian Junger erzählt, wie es dazu kam, dass die Fischer bei solchen Bedingungen überhaupt noch draußen waren. Warum sich Fischer solchen Risiken aussetzen, was sie antreibt. Er stellt jeden der Männer vor, leuchtet ihren Hintergrund aus – und setzt ihnen mit seiner Geschichte ein Denkmal. Wie leicht vergisst die Gesellschaft, dass viele Jobs nicht bequem vom Schreibtisch aus zu erledigen sind. Wie kommt der Fisch auf den Tisch? Da müssen Leute raus auf See, und die kann grausam sein. Junger berichtet auch von den Seenotrettern, die nicht eine Sekunde zögern, als es darum geht, nach der „Andrea Gail" zu suchen und anderen Crews zu helfen, die in diesem perfekten Sturm in Lebensgefahr sind. 25 Menschen retten sie an diesem Tag. Einem Helikopter vom 106th Air Rescue Wing der US-Nationalgarde geht der Sprit aus, die Besatzung muss notwassern. Ein Kutter der Küstenwache macht sich auf die Suche nach Überlebenden.

Im Englischen gibt es ein schönes Wort für ein Buch wie dieses, das im Deutschen noch fehlt. Jungers Erzählung ist „unputdownable". Wer einmal drin ist in der Geschichte, kann nicht wieder aufhören. Was am Ende bleibt: Gänsehaut. Und Respekt. Hochachtung für Menschen, die ihren Arbeitsplatz auf See haben.

PERSAN

Held Leif Andreas Larsen **Ort** Shetland – Norwegen **Datum** 1943

LEIF LARSEN

21

Shetland LARSEN

1940, der deutsche Vernichtungskrieg läuft. Hitlers Truppen haben auch Norwegen überfallen und besetzt. Auf den kleinen Shetlandinseln im Nordatlantik formiert sich Widerstand, der auf Kuttern kommt.

Diese Geschichte schreibe ich auf dem Nordatlantik, auf der Fähre nach Island. Wir sind unterwegs mit unserer „Skua-Tour", die wir nach der großen Raubmöwe benannt haben. Häfen der Reise sind Torshavn auf den Färöer und ein Dorf in einem tief verschneiten Fjord in Island, doch eigentlich geht es um die 1640 Meilen auf See.

Ich liebe diese Reise durch den Sturm. Das Wetter ist typisch für den Nordatlantik im Januar. Wind weht meist mit sieben bis acht Beaufort, die Wellen sind um die fünf Meter hoch. Kapitän Jürgen Schwandt sagt, dass es keinen Ort gibt, an dem man sich so klein und unbedeutend fühlt wie auf dem Nordatlantik im Winter. Das stimmt.

Nachts gehen Schläge durch das Schiff, wenn es eine große Welle bricht. Die „Norröna" ist extra für diese rauen Bedingungen gebaut worden. Von vorne sieht die Fähre aus wie ein Keil, mit wenigen Bulleyes und einem hohen Freibord. Stabilisatoren sorgen dafür, dass sie nicht zu stark in der See rollt. Dennoch: Wenn der Nordatlantik wütend wird, dann spürt man dies auch auf der Islandfähre. Der Stahl schreit manchmal kurz auf, was gewöhnungsbedürftig ist.

Ich liege in meiner Koje und lese über die Männer der sogenannten Shetland Gang. Im Zweiten Weltkrieg bauten sie eine geheime Verbindung zwischen den Shetlandinseln und ihrer von den Deutschen besetzten norwegischen Heimat auf. So regelmäßig fuhren sie die gefährliche Route über den Atlantik in ihren Kuttern, dass der Spitzname der Operation Legende wurde: Shetland Bus. Anfangs waren die Fischer ganz auf sich gestellt, bis sie schließlich von ihrer Exilregierung und dem britischen Geheimdienst unterstützt wurden. Die Widerstandskämpfer retteten 373 Flüchtlinge, sie brachten Ausrüstung und Waffen nach Norwegen und schleusten insgesamt 192 Agenten der Alliierten ein.

Für die Fahrten über Nordsee und Nordatlantik nutzten die Männer kleine, getarnte Fischerboote. Sie warteten auf möglichst schlechtes Wetter, um von den Deutschen nicht entdeckt zu werden. Wer einmal die Wut der See weit draußen erlebt hat, der kann erahnen, welchen Mut diese „Shetland Gang“ besaß.

Aus der Perspektive einer Sturmnacht auf der „Norröna“ erscheint unglaublich, was diese Männer leisteten. Die Islandfähre taucht tief ein in eine Welle. Im Badezimmer fliegen einige Hygieneartikel durch die Gegend. Ich liege in meiner Koje, in dieser wankenden Welt, und bewundere die Männer des „Shetland Bus“ für ihre Courage. Sie nahmen es nicht nur mit den Nazis auf, mit feindlichen Flugzeugen und Schiffen, sondern auch mit diesen Elementen.

Im April 1940 hatte die Wehrmacht Dänemark und Norwegen überfallen, unter dem Decknamen „Unternehmen Weserübung“. Dem Deutschen Reich ging es um die Kontrolle der Ostsee, um Eisenerze für die Rüstungsindustrie und die Einnahme norwegischer Häfen, um im Krieg gegen Großbritannien strategische Vorteile zu erhalten. Im Laufe des Jahres flohen etwa 600 Norweger mit ihren Kuttern auf die Shetlandinseln. Die Insulaner empfingen die Flüchtlinge mit großer Gastfreundschaft, wie ein Schreiben der norwegischen Exilregierung aus dem Jahr 1944 beweist. Viele Neuankömmlinge fanden Unterschlupf in den Nissenhütten eines Heringsbetriebs.

Bekanntester Skipper des „Shetland Bus“ war Leif Andreas Larsen, allgemein nur „Shetland Larsen“ genannt. Er kommandierte nach seiner eigenen Flucht aus Norwegen 52 Überfahrten. Tatsächlich: 52 Mal fuhr er bei Sturm von Shetland nach Norwegen und zurück. Zunächst auf Kuttern, später auf dem U-Boot-Jäger „Vigra“.

Während einer Mission im März 1943 lieferte er Waffen für eine Widerstandsgruppe in Traena. Auf der Rückreise griffen deutsche Flugzeuge den Kutter an; sechs der acht Crewmitglieder wurden von Kugeln getroffen, einer starb noch im Rettungsboot. Sie ruderten vier Tage ohne Unterlass weiter, bis sie nahe Alesund von einem anderen Kutter des „Shetland Bus", der nach ihnen suchte, gerettet wurden.

Noch vor Ende des Krieges hatte „Shetland Larsen" den Ruf einer Legende. Man zeichnete ihn unter anderem mit der US Medal of Freedom, dem norwegischen Kriegskreuz mit zwei Schwertern und dem Victoria Cross aus, das eigentlich britischen Staatsbürgern vorbehalten ist. Im Hafen seiner Heimatstadt Bergen baute man Larsen ein Denkmal: Es zeigt einen Mann, der unerschütterlich hinter einem Steuerrad steht.

Was aber viel wichtiger war als Ehrungen und Ruhm: Larsen schenkte durch sein Vorbild vielen Norwegern Hoffnung in einem hoffnungslos erscheinenden Krieg. Manche Militärhistoriker sind heute der Überzeugung, dass der Widerstand des kleinen Shetland Bus Einfluss auf den Verlauf des Krieges hatte. Weil die Nationalsozialisten nicht sicher sein konnten, wo die Schiffe anlandeten und ob sich der Widerstand vergrößerte, mussten sie Truppen in Norwegen binden, die woanders effektiver im Einsatz gewesen wären.

Der Kriegsheld Larsen selbst galt als bescheidener und stiller Mann. Er wollte sich nie in den Vordergrund spielen. In einem Artikel über ihn, veröffentlicht kurz vor seinem Tod im Jahr 1990, heißt es, er habe im Laufe der Zeit gelernt, den Deutschen zu vergeben. Als er Shetland wieder besuchte, stellte er fest, dass eines der Gebäude in Scalloway, die der „Shetland Bus" einst als Versteck nutzte, heute eine Werkstatt ist.

Für deutsche Autos. ■

BIBLIOTHEK DER SEHNSUCHT:

1

Inseln stehen für Sehnsucht, für Wind und Weite und ein Leben zwischen den Wellen. Auf einer kleinen Insel sind wir den Gewalten der Natur ausgeliefert, aber die Abgeschiedenheit macht sie auch zu einem romantischen Rückzugsort. Sobald wir auf die Fähre gehen, stellen wir die Telefone aus und haben das Gefühl, dass der Alltag hinter dem Horizont verschwindet.

Darum soll es im ersten „Kleinen Buch vom Meer" gehen: um dieses besondere Inselgefühl.

Dieses Buch ist die Essenz unserer Insel-Erfahrungen. Wir sind auf Nantucket und auf Key West, auf Spitzbergen ganz im Norden und auf dem Wellenbrecher Fire Island vor New York City. Wir haben mit Störtebeker, mit Pidder Lüng und den „Ärzten" zu tun. Ein Schwerpunkt liegt vor unserer Küste: Zehn deutsche Inseln sind vertreten, darunter Föhr, Helgoland und Rügen.

20 Insel-Geschichten. 89 Insel-Episoden. 10 Insel-Buchtipps. 7 Insel-Songs. 2 Insel-Gedichte. Das erste kleine Buch vom Meer.

ISBN 978-3-945877-31-9

INSELN

www.ankerherz.de/collections/das-kleine-buch-vom-meer/products/das-kleine-buch-vom-meer-inseln

2

Leuchttürme sind Sehnsuchtsorte, Fotomotive und ein Symbol für das Meer. Sie sind Fixpunkte in einer Welt, die manchmal aus den Fugen gerät. Ihr Feuer bringt Schiffe sicher durch den Sturm. Wenn Kinder von einem Urlaub am Meer zurückkehren, dann malen sie zu Hause Leuchttürme.

Wir erzählen in diesem „Kleinen Buch vom Meer" die schönsten und dramatischsten Geschichten von, mit und über Leuchttürme.

Von Pidgeon Point in Kalifornien bis zu den Shetlands im wilden Nordatlantik, von der rauen Bretagne bis zu den lieblichen Schären der Ålands haben wir Leuchttürme besucht. Den bekanntesten Leuchttürmen Deutschlands widmen wir eigene Geschichten.

12 Leuchtturm-Geschichten. Fast 100 Leuchtturm-Episoden. Ein Leuchtturm-ABC. 10 Leuchtturm-Buchtipps. 10 Leuchtturm-Filme und eine Graphic Novel. 4 Leuchtturm-Gedichte. Das zweite kleine Buch vom Meer.

ISBN 978-3-945877-32-6

LEUCHTTÜRME

www.ankerherz.de/collections/das-kleine-buch-vom-meer/products/das-kleine-buch-vom-meer-leuchttuerme